Będzie bolało

ADAM KAY

Będzie bolało

SEKRETNY DZIENNIK MŁODEGO LEKARZA

przekład

KATARZYNA DUDZIK

insignis

Tytuł oryginału
This is Going to Hurt. Secret Diaries of a Junior Doctor

First published 2017 by Picador, an imprint of Pan Macmillan
20 New Wharf Road, London N1 9RR
Associated companies throughout the world
www.panmacmillan.com

Przekład
Katarzyna Dudzik

Redakcja
Dominika Rychel, Justyna Charęza

Korekta
Maria Brzozowska, Julia Diduch

Skład i przygotowanie do druku
Tomasz Brzozowski

ISBN 978-83-66071-02-5

Insignis Media, ul. Lubicz 17D/21–22, 31-503 Kraków
tel. +48 12 636 01 90, biuro@insignis.pl, insignis.pl
Facebook: @Wydawnictwo.Insignis
Twitter, Instagram, Snapchat: @insignis_media

Druk i oprawa
Opolgraf SA, www.opolgraf.com.pl

Wydrukowano na papierze Creamy 60 g/m², wol. 2,0
dostarczonym przez firmę
www.zing.com.pl

Wyłączna dystrybucja
Firma Księgarska Olesiejuk, www.olesiejuk.pl

Dla Jamesa
za jego nieco chwiejne wsparcie

I dla mnie samego,
bo gdyby nie ja, ta książka nigdy by nie powstała

Aby uszanować prywatność tych spośród moich przyjaciół i kolegów, którzy nie chcą, aby rozpoznano ich wśród bohaterów tej książki, zmieniłem wiele dotyczących ich szczegółów. Aby uszanować prawo pacjentów do tajemnicy lekarskiej, zmieniłem wszystkie dane kliniczne, które umożliwiłby ich identyfikację, a także wszystkie daty* oraz imiona†.

W sumie nie wiem, po jakiego grzyba to zrobiłem. I tak nikt już nie może mi wygrażać, że pozbawi mnie prawa do wykonywania zawodu.

* Pracowałem na oddziale położniczym, a ludzie zazwyczaj pamiętają daty narodzin swoich dzieci.

† Większość imion zastąpiłem imionami trzecioplanowych postaci z *Harry'ego Pottera*, co chyba wcale nie zmniejszyło ryzyka, że ktoś mnie w końcu pozwie.

Spis treści

Wstęp

W 2010 roku, po sześciu latach studiów i kolejnych sześciu latach pracy w szpitalu, zrezygnowałem z kariery medycznej. Moi rodzice do tej pory mi tego nie wybaczyli. W zeszłym roku otrzymałem od Naczelnej Izby Lekarskiej list z informacją, że wykreślono mnie z rejestru lekarzy. Nie mogę powiedzieć, że mnie to zaskoczyło, w końcu nie praktykowałem medycyny niemal przez połowę dekady*, ale trudno było mi przejść do porządku dziennego nad takim definitywnym zamknięciem pewnego rozdziału w moim życiu.

Miało to jednak swoje zalety, ponieważ w końcu mogłem pozbyć się z pokoju gościnnego całej masy pudeł

* Z badań przeprowadzonych przez brytyjskie Ministerstwo Zdrowia w 2006 roku wynika, że większość ankietowanych była przekonana (i nie ma w takim przekonaniu niczego dziwnego), że lekarze co roku poddawani są okresowej ocenie. Jednak prawda jest taka, że w tamtym czasie lekarz od dnia uzyskania dyplomu do dnia przejścia na emeryturę mógł leczyć ludzi nie niepokojony żadnymi kontrolami. Nikt nie zadawał sobie nawet trudu, żeby sprawdzić, czy wciąż pamiętamy, którą stronę strzykawki należy wetknąć w żyłę pacjenta. Skutkiem śledztwa w sprawie Harolda Shipmana, czyli niesławnego „doktora Śmierć", było wprowadzenie w 2012 roku konieczności przedłużania prawa do wykonywania zawodu. Od tamtej pory lekarze co pięć lat poddawani są ocenie. Prawdopodobnie bylibyście nieco zaniepokojeni, gdyby po drogach mogły poruszać się samochody, które ostatni przegląd techniczny przeszły pięć lat temu, ale i tak lepsze to niż nic.

pełnych różnych papierów; wpychałem do niszczarki kolejne dokumenty szybciej, niż robi to księgowy Jimmy'ego Carra. Jedyną rzeczą, której nie rzuciłem w otchłań nicości, było moje portfolio szkoleniowe. Lekarzom zaleca się, żeby prowadzili dziennik, w którym w ramach tak zwanej autorefleksji opisują przypadki wszystkich swoich pacjentów. Przeglądając to portfolio po tylu latach, doszedłem do wniosku, że cała moja autorefleksja sprowadzała się do pośpiesznego zapisywania w dyżurce, co średnio interesującego przydarzyło mi się danego dnia. Zupełnie jakbym był jakąś szpitalną Anne Frank (chociaż spałem w gorszych warunkach niż ona).

Szara proza życia ubarwiona od czasu do czasu zabawnym wydarzeniem, niezliczone przypadki, gdy jakiś przedmiot utknął w czyimś otworze ciała, bezduszna biurokracja – czytając moje portfolio, przypomniałem sobie te wszystkie straszne godziny. Przypomniałem sobie, jak ogromny wpływ na moje życie miała ta praca. Pomyślałem, że wymagano ode mnie rzeczy zupełnie nieprawdopodobnych, choć wtedy uznawałem to za coś zupełnie naturalnego. Nie zdziwiłbym się wcale, gdybym w swoich zapiskach znalazł takie fragmenty jak: „popłynąłem wpław do Islandii, żeby odwiedzić jedną z poradni ginekologiczno-położniczych" albo „musiałem dziś zjeść helikopter".

Kiedy ja przeżywałem na nowo wydarzenia opisane w moim dzienniku, młodzi lekarze znaleźli się nagle pod ostrzałem polityków. Odniosłem wrażenie, że moi koledzy po dawnym fachu nie potrafią dotrzeć do opinii publicznej ze swoją wersją wydarzeń (prawdopodobnie dlatego, że cały czas siedzą w pracy). Uświadomiłem sobie, że ludzie nie wiedzą, co to tak naprawdę znaczy być lekarzem. Zamiast wzruszyć ramionami i wrzucić dowód rzeczowy do niszczarki, postanowiłem, że muszę zrobić coś, co zmieni panujący obecnie układ sił.

Tak więc oto on – mój dziennik. Pisałem go w trudnych czasach pracy w państwowym szpitalu, czasach kurzajek i innych paskudztw. Dowiecie się z tych zapisków, jak to jest pracować na pierwszej linii frontu publicznej służby zdrowia, jaki to miało wpływ na moje życie osobiste i jak to się stało, że pewnego dnia uznałem, iż mam już tego dosyć (przepraszam za spoilery, ale oglądaliście przecież *Titanica*, wiedząc z grubsza, jak to się skończy).

Oczywiście będę wyjaśniał trudniejsze terminy medyczne i opiszę, na czym dokładnie polega praca na poszczególnych stanowiskach. Nie potraktuję was jak młodych lekarzy i nie rzucę was na głęboką wodę w przekonaniu, że sami sobie ze wszystkim poradzicie.

1

Stażysta

Decyzja o wyborze zawodu lekarza przypomina decyzję o wyborze potraw, które zjecie na firmowej wigilii, podejmowaną na początku października po otrzymaniu ponaglającego e-maila od organizatorów. Nie ryzykujecie i wybieracie kurczaka. I jest więcej niż prawdopodobne, że to dobry wybór. Co jednak, jeśli któryś z waszych znajomych dzień przed przyjęciem zamieści na Facebooku wstrząsający filmik pokazujący okropieństwa przemysłowej hodowli zwierząt i chcąc nie chcąc, staniecie się świadkami skracania kurom dziobów? Co, jeśli w październiku umrze Morrissey i z szacunku dla niego odrzucicie swój dotychczasowy styl życia, który sprowadzał się głównie do konsumowania mięsa? Co, jeśli rozwinie się u was zagrażająca życiu alergia na eskalopki? No i przecież nikt nie wie, na co będzie miał apetyt za dwa miesiące.

Każdy lekarz dokonuje wyboru zawodu w wieku szesnastu lat, dwa lata wcześniej, niż zgodnie z prawem będzie mógł wysłać komuś zdjęcie własnych genitaliów. Przystępując do egzaminów maturalnych, wkraczacie na ścieżkę, na końcu której czeka was emerytura lub śmierć. I – inaczej niż na firmowej wigilii, kiedy w końcu przekonaliście Janet z zaopatrzenia, żeby oddała wam swoje szaszłyki z sera halloumi w zamian za waszą porcję kurczaka – będziecie musieli ponieść konsekwencje swojej decyzji.

W wieku szesnastu lat, wybierając zawód lekarza, kierujecie się mniej więcej takim pobudkami: „Moja mama / mój tata jest lekarzem", „*Szpital Holby City* to świetny serial" lub „Chcę znaleźć lek na raka". Pobudki numer jeden i dwa są zupełnie idiotyczne, natomiast pobudka numer trzy – jeśli szczera – jest szlachetna i całkowicie racjonalna, tyle tylko, że takimi sprawami zajmują się nie lekarze, a naukowcy. Poza tym uznawanie deklaracji szesnastolatka odnośnie do jego zawodowej przyszłości za ostateczne i nieodwołalne wydaje się trochę niesprawiedliwe – to trochę tak, jakby potraktować wykonany w wieku pięciu lat rysunek pod tytułem „Chcę zostać astronautą" za dokument o wiążącej mocy prawnej.

Jeśli o mnie chodzi to, szczerze mówiąc, nie pamiętam, żebym „wybrał" zawód lekarza. Medycyna była po prostu zapisana w domyślnych ustawieniach mojego życia – niczym dzwonek marimba w telefonie czy zdjęcie górskich szczytów na pulpicie komputera. Wychowałem się w żydowskiej rodzinie (chociaż mam wrażenie, że moi bliscy trwali przy tej religii głównie ze względu na jej bogate tradycje kulinarne), chodziłem do szkoły, która była fabryką lekarzy, prawników i członków rządu, w dodatku mój tata był lekarzem. Mane, tekel, fares.

Ponieważ o jedno miejsce w szkole medycznej ubiega się dziesięciu kandydatów, wszyscy muszą przejść rozmowę kwalifikacyjną i tylko ci, którzy najlepiej poradzą sobie w krzyżowym ogniu pytań, zostaną wynagrodzeni przyjęciem w poczet studentów. Wszyscy kandydaci mają same piątki z egzaminów maturalnych, więc komisja rekrutacyjna podejmuje decyzję na podstawie tak zwanych kryteriów „pozaakademickich". Ma to, oczywiście, sens. Praca lekarza wymaga pewnych szczególnych predyspozycji psychicznych – lekarze muszą posiadać umiejętność działania pod ogromną presją czasu, delikatnego i empatycznego przekazywania złych wieści zapłakanej rodzinie, a także radzenia sobie na co dzień ze śmiercią. Nie nauczycie się tego z podręcznika. Dobry lekarz musi mieć ogromne serce i szeroką aortę, którą płynie cała rzeka współczucia i ludzkiej dobroci.

Tak wam się pewnie wydaje. Tymczasem członków komisji rekrutacyjnych gówno to obchodzi. Nie pytają was nawet, jak reagujecie na widok krwi. Zamiast tego mają jakąś obsesję na punkcie pozaszkolnych aktywności. Ich zdaniem idealny student medycyny to kapitan dwóch drużyn sportowych, zwycięzca zawodów pływackich co najmniej na poziomie hrabstwa, dyrygent młodzieżowej orkiestry i redaktor szkolnej gazetki jednocześnie. Przypomina to wybory Miss Wszechstronności, tyle tylko, że nikt nie wręcza wam szarf. Przeczytajcie sobie biogramy słynnych lekarzy na Wikipedii. Znajdziecie tam na przykład coś takiego: „utalentowany zawodnik rugby w lidze młodzieżowej, wyróżniał się także w biegach na długie dystanse, w ostatniej klasie liceum został zastępcą kapitana szkolnej drużyny lekkoatletycznej". Ten konkretny opis dotyczy Harolda Shipmana, więc chyba nie jest to system, który dobrze się sprawdza.

Według komisji rekrutacyjnej Imperial College w Londynie moje osiągnięcia w grze na pianinie i saksofonie, a także marne recenzje teatralne publikowane w szkolnej gazetce stanowiły gwarancję, że jestem doskonałym materiałem na lekarza. I tak oto w 1998 roku spakowałem walizki i wyruszyłem w ekscytującą i niebezpieczną prawie dziesięciokilometrową podróż z Dulwich do South Kensington.

Jak nietrudno się domyślić, poznanie każdego szczegółu anatomii i fizjologii ludzkiego ciała, a także każdej możliwej nieprawidłowości w jego funkcjonowaniu, to gargantuiczne przedsięwzięcie. Jednak podekscytowanie wywołane wizją, że pewnego dnia zostanę lekarzem – a to przecież na tyle poważna sprawa, że gdy już uzyskacie tytuł, ludzie zwracają się do was inaczej, właściwie to zyskujecie nowe imię, niczym jakiś superbohater czy przestępca o międzynarodowej sławie – napędzało mnie przez te sześć długich lat.

W końcu zostałem tak zwanym „młodszym lekarzem"*. Mógłbym wystąpić w programie *Mastermind* i zadeklarować, że będę odpowiadał na pytania z kategorii „ciało człowieka". Widzowie przed telewizorami pewnie wrzeszczeliby, że wybrałem zbyt szeroką dziedzinę wiedzy, że powinienem zdecydować się na coś bardziej specjalistycznego, jak na przykład „miażdżyca naczyń krwionośnych" albo „haluksy", ale nie mieliby racji. Odpowiedziałbym poprawnie na każde pytanie.

Nadszedł czas, kiedy wkroczyłem wreszcie na oddział uzbrojony w rozległą wiedzę medyczną. Teraz mogłem przekuć teorię w praktykę. Wprost nie mogłem się doczekać. Byłem niczym nakręcona do oporu sprężyna zegarka. Przeżyłem wstrząs, kiedy okazało się, że chociaż

* Termin „młodszy lekarz" odnosi się do każdego lekarza, który nie jest lekarzem specjalistą (czyli zarówno do stażysty, jak i do lekarza rezydenta). To trochę mylące pojęcie, ponieważ niektórzy z młodszych lekarzy lata młodości mają już dawno za sobą i mogą się pochwalić ogromnym doświadczeniem zawodowym – sporo z nich pracuje w zawodzie kilkanaście lat, obroniło doktorat i skończyło różne studia podyplomowe. To tak jakby każdego członka rządu oprócz premiera nazywać „młodszym politykiem".

spędziłem na uczelni medycznej jedną czwartą swojego życia, to nawet w najmniejszym stopniu nie przygotowało mnie to na – przypominającą przygody doktora Jekylla i pana Hyde'a – egzystencję lekarza stażysty*.

Pracę na dziennej zmianie dało się jeszcze ogarnąć, chociaż pożerała mnóstwo czasu i sprawiała, że czułem się otępiały. Każdego ranka razem z resztą lekarzy ruszałem na „obchód oddziału". Snułem się za nimi niczym zahipnotyzowane kaczątko z głową przekrzywioną na bok w geście wyrażającym współczucie dla pacjentów, zapisując każde słowo, jakie padło z ust bardziej doświadczonego ode mnie lekarza: „umówić pacjenta na rezonans magnetyczny, zadzwonić na reumatologię, załatwić EKG". Resztę dnia pracy (a na ogół także cztery niepłatne nadgodziny) spędzałem na wykonywaniu tych dziesiątek, a czasami nawet setek zadań – wypełniałem formularze, wykonywałem telefony itp., itd. Prawdę mówiąc, byłem nie tyle lekarzem, ile sekretarką z turbodoładowaniem. Nie po to studiowałem przez wiele długich lat, ale kto by się tym przejmował.

Jednak nocne dyżury były czymś, co sprawiło, że opisy piekła u Dantego wydały mi się przyjemne niczym kreskówki Disneya. To był niekończący się koszmar. I pomyśleć, że kiedyś tak rwałem się do wykorzystania w praktyce zdobytej na studiach wiedzy. W nocy dostajecie urządzonko nazywane, jakże czule, pagerem,

* Lekarska hierarchia w Wielkiej Brytanii wygląda tak: stażysta, starszy stażysta, rezydent, starszy rezydent, specjalista. Ostatnio zmieniono nazwy kolejnych stopni i mamy teraz dwa stopnie szkolenia bazowego – (Foundation Programme) F1 i F2 oraz siedem stopni szkolenia specjalizacyjnego (Specialty Training) ST1–7. Wszyscy i tak używają dawnych nazw. Dokładnie tak jak wtedy, gdy przez pewien krótki okres płatki śniadaniowe Coco Pops sprzedawano pod nazwą Choco Krispies.

i bierzecie na siebie odpowiedzialność za każdego pacjenta w szpitalu. A jest ich cholernie wielu. Starszy stażysta i rezydent schodzą na izbę przyjęć. Tam badają pacjentów i albo przyjmują ich na oddział, albo odsyłają do domu. Tymczasem wy zostajecie sami na mostku kapitańskim. Żeglujecie statkiem, który jest ogromny. I stoi w płomieniach. I tak naprawdę nikt nigdy nie powiedział wam, co robić w takiej sytuacji. Wiecie, jak sprawdzić stan układu krążenia pacjenta, wiecie, w jaki sposób działają naczynia wieńcowe, potraficie też rozpoznać każdy objaw ataku serca, to wszystko nie oznacza jednak, że zareagujecie właściwie, kiedy pierwszy raz w życiu będziecie musieli zająć się pacjentem po ataku serca.

Wciąż słyszycie sygnał pagera. Biegacie niczym w transie: z oddziału na oddział, od pielęgniarki do pielęgniarki, od jednego pilnego przypadku do drugiego. Wasi starsi koledzy pracujący na izbie przyjęć udzielają pomocy pacjentom, którzy zgłosili się do nich z konkretnymi problemami, na przykład z zapaleniem płuc albo złamaną nogą. Stan waszych pacjentów również jest poważny, ale ponieważ zostali przyjęci do szpitala, oznacza to, że już wcześniej było z nimi coś nie tak. Objawy różnych chorób nakładają się na siebie niczym kolejne warstwy w big macu: zajmujecie się pacjentem z zapaleniem płuc, który został przyjęty do szpitala z powodu niewydolności wątroby, albo pacjentem ze złamaną nogą, który spadł z łóżka z powodu napadu padaczkowego. Jesteście jednoosobową mobilną izbą przyjęć zalewaną płynami ustrojowymi (i to wcale nie tymi fajnymi). Wciąż trafiają do was pacjenci, których stan zdrowia budzi poważne obawy i którymi zaledwie dwanaście godzin wcześniej zajmował się cały zespół lekarzy. Właściwie trudno nazwać was wykwalifikowaną siłą roboczą, bo nie przeszliście odpowiedniego szkolenia. Nagle zaczynacie marzyć o papierkowej robocie, niechby nawet miała trwać szesnaście godzin (albo, jeśli bardzo się rozmarzycie, fantazjujecie o pracy, która nie byłaby ani powyżej, ani poniżej waszych kwalifikacji).

Wrzucają was na głęboką wodę i sami musicie nauczyć się pływać. Jeśli utoniecie, razem z wami utoną setki pacjentów.

Na swój perwersyjny sposób było to wyzwalające doświadczenie. Oczywiście praca była bardzo ciężka, liczba godzin, jakie musiałem w niej spędzić – nieludzka. Poznałem granice własnej wytrzymałości i widziałem rzeczy, na których wspomnienie nawet teraz mój żołądek się kurczy, ale liczyło się tylko jedno: wreszcie byłem lekarzem.

3 sierpnia 2004, wtorek

Dzień pierwszy. H.* zrobił mi kanapki do pracy. Mam nowy stetoskop†, nową koszulę i nowy adres e-mail: atom.kay@nhs.net. Dobrze wiedzieć, że niezależnie od tego, jak pójdzie mi dziś w pracy, i tak nie grozi mi tytuł najbardziej niekompetentnego pracownika szpitala. Nawet gdybym zasłużył na to miano, wina spadnie na Atoma.

Cieszę się, że będę miał fajną historyjkę do opowiedzenia, która pomoże mi przełamać pierwsze lody z kolegami i koleżankami z pracy, ale później, w pubie, okazuje się, że moja anegdota zostaje przyćmiona przez opowieść Amandy. Amanda nosi dwuczłonowe nazwisko połączone dywizem: Saunders-Vest. Szpitalny informatyk założył jej skrzynkę o adresie amanda.saundersminusvest@nhs.pl.

18 sierpnia 2004, środa

Pacjent M.O. to siedemdziesięcioletni emerytowany monter instalacji grzewczych ze Stoke-on-Trent. Ale dzisiejszej nocy Matthew jest ekscentrycznym niemieckim profesorem z niepschekonujoncy akzent. Co gorsza, nie tylko dzisiejszej nocy, ale też dzisiejszego poranka, popołudnia i każdego innego dnia jego pobytu w szpitalu. Wszystko przez demencję, która jeszcze nasiliła się w trakcie infekcji dróg moczowych‡.

* H. to mój chłopak, którego poznałem pół roku wcześniej. Nie martwcie się. Nie będziecie musieli zapamiętywać imion całego tabunu postaci. To nie *Gra o tron*.

† Będę tłumaczył trudne terminy medyczne, ale jeśli nie wiecie, co to jest stetoskop, powinniście chyba komuś sprezentować tę książkę.

‡ Infekcje dróg moczowych u pacjentów w podeszłym wieku, a także inne, nawet niezbyt poważne zakażenia, często skutkują tym, że ci pacjenci zaczynają trochę świrować.

Ulubionym zajęciem profesora M.O. jest podążanie za grupą lekarzy w trakcie obchodu. M.O. zakłada swoją szpitalną koszulę tyłem na przód, niczym biały kitel (czasem ma na sobie bieliznę, a czasem serwuje nam na śniadanie widok swojego wurstu) i snuje się za nami, wołając: „Jawohl!", „Gut!" i okazjonalnie: „Genialne!", kiedy tylko któryś z nas coś powie.

W trakcie obchodu z rezydentami i lekarzami specjalistami odholowuję go do jego łóżka i upewniam się, że pielęgniarki przetrzymają go tam przez kilka godzin. Kiedy obchodzę oddział sam, pozwalam mu się trochę powłóczyć po szpitalu. Właściwie nie do końca wiem, co robię, i brakuje mi pewności siebie przy podejmowaniu decyzji, więc podstarzała niemiecka cheerleaderka wrzeszcząca co chwilę za moimi plecami „Sehr gut!" poprawia mi nastrój.

Dzisiaj M.O. wypróżnił się na podłogę tuż obok mnie, więc z żalem musiałem zwolnić go ze służby.

30 sierpnia 2004, poniedziałek

Może nie mamy zbyt wiele wolnego czasu, ale za to mamy mnóstwo świetnych anegdotek o pacjentach. Dzisiaj, jedząc lunch w naszym pokoju socjalnym, wyposażonym w powycierane sofy i rozpadający się stół bilardowy*, dzielimy się opowiastkami o najbardziej nonsensownych objawach zgłaszanych przez pacjentów. Jak się okazało, przychodzili do nas pacjenci ze swędzącymi zębami, z nagłą poprawą słuchu i z bólem ramienia w trakcie oddawania moczu. Każda historia kwitowana jest niezbyt głośnymi, uprzejmymi chichotami, niczym przemowa

* Przez pierwszych kilka miesięcy mojej pracy w szpitalu pacjenci, których próbowałem leczyć, byli w równie złym stanie co te meble.

lokalnego polityka na uroczystości rozdania dyplomów w jakiejś szkole wyższej. Wszystkie siedzące przy stole osoby, jedna po drugiej, zabierają głos, tak jakbyśmy siedzieli przy obozowym ognisku i opowiadali sobie historie o duchach. W końcu przychodzi kolej na Seamusa, który oznajmia, że dzisiaj rano na izbie przyjęć rozmawiał z pacjentem twierdzącym, że poci się tylko jedna strona jego twarzy.

Odchyla się na krześle w oczekiwaniu na wybuch aplauzu, ale odpowiada mu cisza. Po chwili każdy z nas wysuwa to samo przypuszczenie: „To chyba zespół Hornera?". Seamus nigdy o nim nie słyszał. Ani o tym, że taki syndrom wskazuje na nowotwór płuc. Podrywa się na równe nogi, odsuwa z okropnym piskiem swoje krzesło i biegnie zadzwonić do pacjenta, by sprowadzić go z powrotem do szpitala. Dojadam jego twixa.

10 września 2004, piątek

Moje podejrzenia wzbudza fakt, że każdemu pacjentowi na oddziale w rubryce „tętno" w karcie obserwacji klinicznej wpisano liczbę 60. Ukradkiem przyglądam się, w jaki sposób salowy mierzy tętno swoim podopiecznym: najpierw wyczuwa ich puls, a potem patrzy na zegarek i skrupulatnie liczy liczbę sekund na minutę.

17 października 2007, niedziela

Muszę się pochwalić, że zdołałem jakoś opanować panikę, kiedy z ust pacjenta, którego właśnie badałem, zaczęły wydobywać się ogromne ilości krwi. Cała moja koszula została obryzgana. Z drugiej strony, chyba jednak nie nadaję się na lekarza, bo zupełnie nie wiedziałem, co zrobić. Poprosiłem pielęgniarkę, żeby przyprowadziła Hugo, przydzielonego mi rezydenta, który przebywał wtedy na sąsiednim oddziale. Czekając na niego, założyłem pacjentowi wenflon* i podałem mu dożylnie płyny. Chwilę później przyszedł Hugo. Ucieszyłem się na jego widok, bo zupełnie skończyły mi się pomysły. Co właściwie mógłbym teraz zrobić? Poszukać kurka, który da się zakręcić, żeby krew przestała wypływać? Wepchnąć pacjentowi do gardła rolkę ręcznika papierowego? Wrzucić do czerwonej kałuży kilka listków bazylii i udawać, że to gazpacho?

Hugo zdiagnozował u mężczyzny żylaki przełyku† – w sumie było dość oczywiste, że przyczyną złego stanu pacjenta jest jakiś problem z wątrobą, bo facet wyglądał jak Homer Simpson w pierwszych sezonach serialu, kiedy twórcy kreskówki stawiali jeszcze na mocny kontrast barwny, przez co każda postać wyglądała niczym naskalne malowidło – i spróbował opanować krwawienie za pomocą zgłębnika Sengstakena‡.

* Wenflon, inaczej kaniula, to plastikowa rurka, którą wbija się w zgięcie łokcia lub wierzch dłoni. Można do niego podłączyć strzykawkę lub kroplówkę bez konieczności każdorazowego wkłuwania się w żyłę i podać pacjentowi płyny lub leki. Zakładanie wenflonów to jeden z głównych obowiązków lekarza stażysty. Chociaż ukończyłem studia medyczne, nigdy czegoś takiego nie robiłem. W nocy przed pierwszym dniem pracy w szpitalu jeden ze współlokatorów z naszego przyszpitalnego mieszkania ukradł z oddziału pudełko bodaj osiemdziesięciu wenflonów i przez kilka godzin ćwiczyliśmy ich zakładanie na sobie. W końcu się nauczyliśmy. Ślady po wkłuciach mieliśmy jeszcze przez wiele dni.

† Żylaki przełyku to okropne powikłanie marskości wątroby. Powiększone żyły w przełyku w każdej chwili mogą pęknąć, czego skutkiem jest obfity krwotok.

‡ Zgłębnik Sengstakena to rurka, którą wprowadza się do gardła. Można ją nadmuchać niczym balonik, dzięki czemu jej ścianki naciskają na naczynia krwionośne, co może powstrzymać krwawienie.

Pacjent rzucał się niczym wyciągnięta z wody ryba, próbując nie dopuścić do tego, żebyśmy włożyli mu do gardła tę okropną rzecz. Krew była dosłownie wszędzie: na mnie, na Hugo, na ścianach, na zasłonach, na suficie, zupełnie jakbyśmy brali udział w wyjątkowo awangardowym odcinku programu o metamorfozie wyglądu mieszkania. Jednak to, co słyszeliśmy, przerażało nas jeszcze bardziej niż to, co widzieliśmy. Przy każdym oddechu, który zdołał zaczerpnąć pacjent, słychać było, jak krew ścieka w głąb jego płuc i jak ten biedak się nią dławi.

Zanim udało nam się włożyć zgłębnik, krwawienie ustało. Krwawienie zawsze w końcu ustaje. Tym razem ustało z tej najsmutniejszej przyczyny. Hugo stwierdził zgon pacjenta, wypełnił odpowiednie dokumenty i poprosił pielęgniarkę, żeby poinformowała rodzinę. Zdjęliśmy nasiąknięte krwią ubrania i w milczeniu przebraliśmy się w stroje chirurgów, w których spędziliśmy resztę naszej zmiany. A więc miałem to już za sobą. Po raz pierwszy byłem świadkiem czyjejś śmierci i było to tak straszne, jak tylko mogło być. Nie dostrzegłem w tym żadnego piękna ani romantyzmu. I jeszcze te odgłosy. Hugo wyciągnął mnie na papierosa. Obaj po prostu musieliśmy zaciągnąć się dymem tytoniowym. To był mój pierwszy papieros w życiu.

9 listopada 2004, wtorek

O trzeciej nad ranem moją pierwszą półgodzinną drzemkę po pracy na trzech zmianach z rzędu przerywa dźwięk pagera. Mam zejść na oddział i przepisać pigułkę nasenną pacjentowi, którego nocny wypoczynek jest, jak widać, ważniejszy niż mój. Po dotarciu na miejsce okazuje się, że mam moce potężniejsze, niż sądziłem – pacjent już śpi.

12 listopada 2004, piątek

Wyniki badań krwi pacjentki pokazują, że ma problem ze zbyt dużą krzepliwością, i nie wiemy, jaka jest tego przyczyna. W końcu Hugo to rozgryza. Kobieta, chcąc ukoić nerwy, regularnie przyjmuje tabletki z wyciągiem z dziurawca, które kupiła w sklepie zielarskim. Hugo tłumaczy jej (szczerze mówiąc, ja też słyszę o tym po raz pierwszy), że dziurawiec wchodzi w interakcję z warfaryną i że krzepliwość wróci do normy, jeśli odstawi tabletki. Kobieta jest zdumiona. „Myślałam, że to zwykłe ziółka. Nie wiedziałam, że mogą szkodzić".

Kiedy pacjentka wypowiada słowa „zwykłe ziółka", temperatura w pokoju obniża się o kilka stopni, a Hugo z trudem powstrzymuje się przed znużonym westchnięciem. Jest oczywiste, że nie pierwszy raz słyszy coś takiego.

„Pestka moreli zawiera cyjanek – odpowiada oschle. – Spożycie muchomora sromotnikowego w pięćdziesięciu procentach przypadków kończy się śmiercią. To, że coś jest naturalne, nie oznacza, że jest bezpieczne. W moim własnym ogródku rośnie pewna roślina. Wystarczyłoby, że posiedziałaby pani pod nią przez dziesięć minut, a pożegnałaby się pani z życiem".

Misja zakończona sukcesem. Kobieta wyrzuca tabletki do kubła.

Chwilę później, podczas kolonoskopii, pytam go o tę roślinę z jego ogrodu.

„To lilia wodna".

6 grudnia 2004, poniedziałek

Wszyscy młodzi lekarze zostali poproszeni o podpisanie klauzuli wyłączającej nas spod obowiązywania europejskiej dyrektywy w sprawie czasu pracy*, ponieważ umowy, które zawarliśmy ze szpitalem, nie spełniają wymagań, o jakich mowa we wzmiankowanym akcie prawnym. W tym tygodniu spędziłem z H. mniej niż dwie godziny, za to pracowałem przez dziewięćdziesiąt siedem godzin. Powiedzieć, że moja umowa „nie spełnia wymagań" dyrektywy, to nic nie powiedzieć. Moja umowa wywlekła tę dyrektywę z łóżka w środku nocy, zaciągnęła ją – wrzeszczącą wniebogłosy – do łazienki i zaczęła podtapiać w umywalce.

20 stycznia 2005, wtorek

Szanowny handlujący dragami kutasie,
w ciągu ostatnich kilku dni przyjęliśmy na oddział kilkoro młodych kobiet i mężczyzn – wszyscy byli odwodnieni, nieprzytomni z powodu hipotensji i mieli spieprzony poziom elektrolitów†. Łączyło ich to, że niedawno zażywali kokainę. Chociaż kokaina zakłóca pracę serca i niszczy tkankę przegrody nosowej, to nie wywołuje takich efektów jak powyższe. Jestem niemal stuprocentowo pewny, że znaleźli się w tym stanie, bo – i chcę nagrodę Nobla albo chociaż Pride of Britain Award, jeśli moje przypuszczenia się potwierdzą – domieszałeś do towaru trochę furosemidu‡ swojej babci. Nie dość, że przez Ciebie

* Europejską dyrektywę w sprawie czasu pracy wprowadzono, aby powstrzymać pracodawców przed zajechaniem swoich pracowników niczym łysej kobyły. Za pomocą tego aktu czas pracy ograniczono do „zaledwie" 48 godzin w ciągu tygodnia.

† Elektrolity to substancje rozpuszczone we krwi – badając poziom elektrolitów, badamy poziom jonów chlorkowych i takich pierwiastków jak sód, potas i wapń. Jeśli jest ich za mało lub za dużo, ciało wyśle wam ostrzeżenie i wasze serce się zatrzyma albo zapadniecie w śpiączkę. Całkiem sprytne, prawda?

‡ Furosemid to diuretyk – lek, dzięki któremu wydalicie z moczem nadmiar płynów zbierających się w płucach lub innych tkankach z powodu

na moim oddziale nie ma wolnych miejsc, a ja sam nie mam wolnych wieczorów, to jeszcze posyłasz do szpitala swoich własnych klientów. To godna potępienia praktyka biznesowa. Uprzejmie proszę, abyś używał kredy jak wszyscy inni dilerzy.

Z poważaniem
dr Adam Kay

31 stycznia 2005, poniedziałek

Dzisiaj uratowałem komuś życie. Pager wezwał mnie do sześćdziesięcioletniego pacjenta, który był tak blisko przejścia na drugą stronę, jak to tylko możliwe. Położył już palec na dzwonku i zaglądał przez szybę w drzwiach do domu Ponurego Żniwiarza. Poziom saturacji* tego mężczyzny wynosił 73 procent. Gdyby maszyna z batonikami się nie zepsuła i gdybym kupił, tak jak planowałem, swojego snickersa, byłoby za późno.

Nie miałem nawet sekundy, żeby stworzyć w myślach plan działania. Po prostu wykonywałem czynność za czynnością. Leciałem na autopilocie: tlen, kaniulacja, badania krwi, gazometria, diuretyki, cewnik. Nie miałem pojęcia, że zainstalowano takie oprogramowanie w moim mózgu. Pacjent szybko odzyskał przytomność, lina bungee, do której był przywiązany, skróciła się, gdy zaledwie milimetr dzielił jego głowę od betonu. Przykro mi, Ponury Żniwiarzu, dzisiejszej nocy na twoim przyjęciu

nieprawidłowego funkcjonowania nerek lub serca. Jeśli tak jak w opisywanym przypadku w waszym organizmie nie ma takiego nadmiaru, wydalicie z moczem wodę, która powinna rozrzedzać krew.

* Chodzi o nasycenie krwi tlenem, mierzy się je niewielkim klipsem zaciskanym na opuszce palca. Im wynik bliższy jest 100 procent, tym lepiej. Na pewno powinno być to więcej niż 90 procent, a już na pewno, na pewno powinno być to więcej niż 80 procent.

będzie o jednego gościa mniej. Czekając na Hugo, czułem się niczym Superman.

Uświadomiłem sobie także coś dziwnego: pracuję jako lekarz od pięciu miesięcy i dopiero teraz uratowałem komuś życie. Ludzie pewnie wyobrażają sobie, że codziennie dokonujemy aktów bohaterstwa. Nawet ja tak myślałem pierwszego dnia pracy. Tymczasem prawda jest taka, że w szpitalu ratujemy życie dziesiątków, a może nawet setek ludzi, ale dokonujemy tego w dużo mniej widowiskowy sposób, wspólnym wysiłkiem całego zespołu. Nie chodzi o decyzję jednego lekarza, ale o opracowanie sensownego planu realizowanego później przez wielu ludzi, którzy na każdym etapie leczenia sprawdzają, czy pacjent miewa się lepiej, a jeśli nie, modyfikują plan.

Jednak czasami ciężar odpowiedzialności spoczywa na barkach jednej osoby. Dzisiaj, po raz pierwszy, były to moje barki. Hugo wydaje się zadowolony, przynajmniej na tyle, na ile potrafi odczuwać zadowolenie:

„No cóż, kupiłeś mu kilka tygodni życia" – powiedział.

Ejże, Hugo, doceń superbohatera.

7 lutego 2005

Ledwo co przeniosłem się na chirurgię*, a już trafiło mi się pierwsze urazowe oskalpowanie†.

* Lekarze stażyści spędzają pół roku, poznając tajniki leczenia nieoperacyjnego, i pół roku, terminując na chirurgii. Niestety, miałem pecha i chirurgiczną część stażu odbywałem na oddziale urologicznym.

† Oskalpowanie urazowe polega na całkowitym zdarciu skóry i odsłonięciu znajdujących się pod nią tkanek. Zazwyczaj tego typu obrażenia są skutkiem wypadków motocyklowych, kiedy motocyklista szoruje rękami po ziemi. Podobno szczury potrafią zrzucić całą skórę z ogona, jeśli może im to pomóc w uwolnieniu się z pułapki – nie wiem, czemu uczą nas takich rzeczy na studiach medycznych.

Osiemnastoletni pacjent W.M. ostro imprezował ze swoimi znajomymi. Po zamknięciu wszystkich knajp postanowił kontynuować zabawę na dachu przystanku. Potańczył tam przez chwilę, a potem stwierdził, że zamiast zeskoczyć z dachu na ziemię, ześlizgnie się po słupku sąsiedniej latarni niczym strażak, który zjeżdża po rurze, śpiesząc się do pożaru. Skoczył na słupek, obłapiając go jak miś koala drzewo, i zjechał na dół. Niestety, błędnie ocenił powierzchnię słupka. Zamiast gładko sunąć w dół, doświadczył bolesnej udręki szorowania ciałem o chropowaty beton. Wkrótce potem pojawił się na izbie przyjęć z odartymi ze skóry dłońmi i całkowicie oskalpowanym prąciem.

Widziałem wiele członków w trakcie mojego krótkiego pobytu na oddziale urologicznym (i nie tylko wtedy), ale ten był najstraszniejszy ze wszystkich. Gdyby tylko dało się to zrobić, należałoby przypiąć do niego jakąś odznakę. Jak wyglądał? Kilka centymetrów cewki moczowej owinięte było cienką – mniej więcej półcentymetrową – warstwą mięsnej pulpy. To, co pozostało z tego narządu, przypominało utaplaną w zasychającym sosie pomidorowym nitkę makaronu spaghetti, jaka czasem przykleja się do dna miski. Pacjent W.M., jak można się było spodziewać, był trochę zdenerwowany. Jego niepokój wzrósł jeszcze bardziej, kiedy zapytał, czy możemy z powrotem owinąć jego penis „skalpem", a doktor Binns, lekarz specjalista, wyjaśnił mu łagodnym tonem, że jego „skalp" został rozsmarowany równiutko na dwuipółmetrowej latarni oświetlającej ulicę w jednej z dzielnic zachodniego Londynu.

21 lutego 2005, poniedziałek

Odsyłając pacjentkę do domu po zabiegu laparoskopii*, wypisuję jej zwolnienie z pracy na dwa tygodnie. Kobieta chce dać mi dziesięć funtów w zamian za miesięczne zwolnienie. Wybucham śmiechem, ale okazuje się, że to poważna propozycja. Pacjentka podbija stawkę do piętnastu funtów. Radzę jej, żeby poszła do swojego internisty, jeśli za dwa tygodnie nie będzie się czuła na tyle dobrze, żeby wrócić do pracy.

Muszę chyba zacząć się lepiej ubierać, skoro pacjenci oferują mi tak niskie łapówki. Wracając do domu, zastanawiam się, ile musiałaby mi zaproponować, żebym się zgodził. To smutne, ale dochodzę do wniosku, że wystarczyłoby pięćdziesiąt funtów.

14 marca 2005, poniedziałek

Wieczorem wychodzę coś zjeść razem z H. i kilkoma kumplami. Lądujemy w pizzerii z nieotynkowanymi ceglanymi ścianami, zbyt dużą ilością neonów i z przesadnie skomplikowanym systemem składania zamówień. Karty dań leżą na podkładkach z klipsami, w lokalu prawie w ogóle nie ma obsługi, dostajecie za to do ręki ustrojstwo, które brzęczy i wibruje, kiedy wasze zamówienie jest już gotowe. Żeby odebrać pizzę, musicie powlec się po artystycznie niedopasowanych do siebie

* Niemal każdą operację w obrębie jamy brzusznej można teraz wykonać laparoskopowo (słowo laparoskopia pochodzi ze starożytnej greki i oznacza „robić coś bardzo, bardzo wolno"). Polega to na wprowadzeniu do brzucha pacjenta przez niewielki otwór maleńkich kamer i specjalnych długich narzędzi. To skomplikowana procedura, której opanowanie wymaga długiego okresu nauki. Jeśli chcecie przekonać się, jak to jest wykonywać laparoskopię, spróbujcie zawiązać sznurówki w butach pałeczkami. Z zamkniętymi oczami. W przestrzeni kosmicznej.

płytkach podłogowych do znudzonego kelnera, który dobrze wie, że goście nie poproszą o odjęcie od rachunku przeszło dwunastu procent naliczanych za obsługę, nawet jeśli nie kiwnął palcem.

Kiedy urządzenie zaczyna brzęczeć, wołam: „O mój Boże!", i zrywam się na równe nogi. Nie żeby perspektywa zjedzenia fiorentiny tak mnie podekscytowała. Chodzi o sam dźwięk, który do złudzenia przypomina dźwięk mojego szpitalnego pagera. H. mierzy mi tętno – 95 uderzeń na minutę. Praca przyprawiła mnie o zespół stresu pourazowego.

20 marca 2005, niedziela

Złe wieści przekazywane przez lekarzy nie ograniczają się do: „Obawiam się, że to nowotwór" albo „Zrobiliśmy wszystko, co w naszej mocy". Nikt nie przygotował mnie na to, że będę musiał kiedyś usiąść obok córki pacjenta i wyjaśnić jej, że coś bardzo nieprzyjemnego przydarzyło się jej starszemu, wątłemu ojcu kilkanaście godzin wcześniej.

Musiałem jej powiedzieć, że pacjent, z którym jej ojciec dzielił salę, był bardzo pobudzony i zdezorientowany zeszłej nocy. Tak bardzo, że mężczyznę leżącego na sąsiednim łóżku uznał za własną żonę. I, niestety, zanim pielęgniarki usłyszały, że coś się dzieje, i przybiegły na miejsce, było już za późno. Pacjent usiadł okrakiem na jej ojcu i ejakulował na jego twarz.

„Przynajmniej go nie... Przynajmniej nie doszło do niczego więcej" – powiedziała córka, demonstrując godną podziwu umiejętność znalezienia pozytywnych aspektów każdej sytuacji.

11 kwietnia 2005, poniedziałek

Szykujemy się, żeby przenieść dziesięciolatka z pękniętym wyrostkiem robaczkowym z izby przyjęć na salę operacyjną.

Colin, czarujący rezydent, prowadzi właśnie zajęcia mistrzowskie z radzenia sobie z zaniepokojoną mamą. Wyjaśnia jej, co stało się w brzuszku jej synka, tłumaczy, co zrobimy, żeby to naprawić, ile to potrwa i kiedy wypiszemy go do domu. Próbuję przyswoić sobie jego metodę. Chodzi o to, żeby przekazać tyle informacji, ile to konieczne – wytłumaczyć procedurę, ale nie przytłoczyć szczegółami – i żeby posługiwać się właściwym językiem – nie używać zbyt wiele medycznego żargonu, ale też nie traktować rozmówcy protekcjonalnie. Summa summarum polega to na tym, żeby być profesjonalnym i uprzejmym.

Twarz matki od razu się wypogadza, niemal czuję, jak lęk opuszcza jej ciało – niczym dżin ulatujący z butelki albo pierdnięcie, którego nie trzeba już dłużej powstrzymywać. Najwyższa pora przewieźć dziecko na górę, więc Colin spogląda na matkę i pyta: „Szybki całus, zanim zabierzemy go na salę operacyjną?”.

Matka chłopca cmoka Colina w policzek. Chwilę później jej ukochany synek zostaje zawieziony na blok operacyjny; policzek chłopca jest zasmucająco suchy.

31 maja 2005, wtorek

Trzy noce temu przyjęliśmy do szpitala pacjenta M.J., pięćdziesięcioparoletniego bezdomnego z ostrym zapaleniem trzustki. To był jego trzeci pobyt w szpitalu, odkąd zacząłem tu pracę. Za każdym razem powodem przyjęcia było właśnie ostre zapalenie trzustki. Cierpiał, więc podaliśmy mu środki przeciwbólowe i podłączyliśmy kroplówkę z płynami.

„Przynajmniej spędzi pan kilka nocy w ciepłym łóżku" – powiedziałem.

„Żartuje pan? – odpowiedział. – Złapię tu jakiegoś cholernego gronkowca".

Myślę, że to rzecz warta odnotowania, że ulice wokół szpitala uważane są za czystsze niż szpitalne korytarze.

Nie lubię prawić nikomu kazań, ale jestem lekarzem i podejmowanie starań, żeby pacjenci nie umarli, to mój obowiązek. Przypomniałem mu więc, że znalazł się tutaj z powodu nadmiernego spożycia alkoholu*. Powiedziałem, że nie mogę, niestety, namówić go do porzucenia nałogu (bo nie mogę), ale poprosiłem, aby postarał się mu nie ulegać podczas pobytu w szpitalu, bo bardzo ułatwiłoby to nam pracę. Dodałem też, że byłoby naprawdę wspaniale, gdyby trzymał się z dala od dozowników z żelem odkażającym.

Spojrzał na mnie zdegustowany, jakbym oskarżył go o miłosne igraszki z własnym bratem bliźniakiem, i stwierdził, że nigdy nie zrobiłby czegoś takiego. Gwoli wyjaśnienia dodał, że producent zmienił ostatnio recepturę i żel jest teraz gorzki jak piołun. Po chwili przyciągnął mnie do siebie i wyszeptał mi do ucha, że najlepsze, co ten szpital ma do zaoferowania, to mokre chusteczki dezynfekujące. Potem poklepał mnie porozumiewawczo po ramieniu i dodał: „Tym razem ja stawiam". Dzisiejszej

* Zapalnie trzustki to niezwykle bolesne, często bardzo poważne schorzenie, którego główną przyczyną jest nadmierne spożycie alkoholu albo kamienie żółciowe. Istnieje też kilka innych przyczyn. Zgrabny mnemoniczny akronim GET SMASHED (ang. uchlać się, nawalić się) pomaga spamiętać je wszystkie (drugie „S" oznacza „skorpiona jad").

nocy pacjent sam wypisał się do domu, ale z pewnością wróci do nas za kilka tygodni.

Jak zwykle po zakończeniu serii nocnych dyżurów ja i starszy stażysta wybieramy się na wystawne śniadanie i butelkę białego wina do Vingt-Quatre. Pracując na nocną zmianę, żyje się w zupełnie innej strefie czasowej niż reszta społeczeństwa. Chociaż jest już dziewiąta rano, nie możemy tego nazwać kieliszkiem na dzień dobry. Dla nas jest to raczej kieliszek przed snem. Kiedy dolewam nam wina, słyszę pukanie w szybę. To M.J. Śmieje się na całe gardło, a potem posyła mi wymowne spojrzenie. „Wiedziałem!" – mówi jego wzrok. Postanawiam, że następnym razem usiądziemy dalej od okna. Albo possiemy przez chwilę w szatni chusteczkę nasączoną alkoholem.

5 czerwca 2005, niedziela

To niesprawiedliwe przypinać każdemu chirurgowi ortopedzie łatkę miażdżącego kości neandertalczyka tylko dlatego, że 99 procent z nich doskonale pasuje do tego opisu, ale moje serce wpada w gwałtowny trzepot za każdym razem, kiedy pager wzywa mnie na ich oddział.

W ten weekend skonsultowałem dwóch pacjentów ortopedycznych. Wczoraj był to mężczyzna z migotaniem przedsionków* oczekujący na operację z powodu #SKU†. Z elektrokardiogramu, który wykonano mu przy przyjęciu do szpitala, wyczytałem, że już wtedy cierpiał na migotanie przedsionków. Nikt z zespołu lekarzy, którzy przyjmowali go do szpitala, tego nie zauważył. A to

* Migotanie przedsionków to stan, w którym serce bije szybko, nieregularnie i nieefektywnie, czyli w sposób daleki od ideału.

† Skrót #SKU oznacza złamanie szyjki kości udowej. Jeśli myśleliście, że # to hashtag, dostajecie bana na dalszą lekturę tej książki.

przecież doskonale tłumaczyłoby, dlaczego rozciągnął się jak długi na podłodze w centrum handlowym. Czułem się, jakbym prowadził wykład dla oddziału ortopedii zatytułowany „Czasami ludzie przewracają się z jakiegoś konkretnego powodu".

Dzisiaj poproszono mnie o przebadanie dwudziestoletniego pacjenta, ponieważ wyniki badań krwi wskazywały, że jego nerki nie funkcjonują prawidłowo. Wchodząc do jego sali, widzę, że obie ręce ma włożone w pełny gips niczym złoczyńca ze *Scooby Doo*. Nie podłączono mu żadnej kroplówki z płynami. Na stoliku obok łóżka stoi nietknięta szklanka wody, której, mimo najszczerszych chęci, nie był w stanie podnieść do ust przez kilka ostatnich dni z tak oczywistego powodu jak prawa fizyki. Przepisuję mu kroplówkę, ale dochodzę do wniosku, że dużo skuteczniejszym rozwiązaniem byłoby przepisanie odrobiny zdrowego rozsądku niektórym z moich kolegów.

7 czerwca 2005, wtorek

Dzisiaj asystowałem przy operacji usuwania z odbytnicy „ciała obcego". Pracuję jako lekarz mniej niż rok, a już wyciągnąłem z odbytów cztery ciała obce (i to tylko na niwie zawodowej!).

Moim pierwszym przypadkiem był młody przystojny Włoch, który przybył do szpitala ze szczotką do czyszczenia toalet niemal w całości wepchniętą do jelita grubego (szczotkę włożono włosiem do przodu). Do domu wrócił z założonym workiem do kolostomii. Jego tęga włoska matka okazywała nam wdzięczność w bardzo widowiskowy sposób; brytyjskie matki nie bywają tak wylewne. Żadnemu członkowi szpitalnego personelu nie szczędziła pochwał i podziękowań za uratowanie synowi życia. Stwierdziła nawet: „Chwała Bogu, że przyjaciel syna, Philip, nocował wtedy w pokoju dla gości i mógł od razu wezwać karetkę!".

Większość osób przyjętych do szpitala z podobnych powodów cierpi na syndrom pacjenta upadłego: „Upadłem, panie doktorze. Upadłem!". Historie o tym, jak dana rzecz znalazła się tam, gdzie się znalazła, z reguły są piramidalnie głupie (nawiasem mówiąc, myślę, że to tylko kwestia czasu, kiedy usłyszę, że ktoś próbował wepchnąć sobie do tyłka piramidę), ale dzisiaj po raz pierwszy uwierzyłem w opowieść pacjenta. Była to bardzo wiarygodna relacja o bolesnym wypadku związanym z sofą i pilotem do telewizora. Usłyszawszy ją, zmarszczyłem jedynie brwi i pomyślałem sobie: „Cóż, to mogło się zdarzyć". Jednak na sali operacyjnej z odbytnicy pacjenta wydobyliśmy pilota obciągniętego prezerwatywą. Przypadek? Nie sądzę.

16 czerwca 2005, czwartek

Powiedziałem pacjentowi, że będzie miał rezonans magnetyczny dopiero w następnym tygodniu. Pacjent zrewanżował się groźbą, że połamie mi nogi. Moją pierwszą myślą było: „Dostałbym kilka tygodni zwolnienia". Niewiele brakowało, a zaproponowałbym mu, że poszukam kija baseballowego.

25 czerwca 2005, sobota

Wzywają mnie, abym stwierdził zgon* starszego pacjenta. To nie była niespodziewana śmierć – ten mężczyzna był bardzo chory, w jego przypadku podejmowanie

* Prawo nakłada na lekarzy obowiązek wypełnienia karty zgonu pacjenta i określenia w niej przyczyny śmierci. W warunkach szpitalnych są też zazwyczaj proszeni o stwierdzenie (a właściwie potwierdzenie) zgonu.

resuscytacji nie miało żadnego sensu. Pielęgniarka zabiera mnie do wydzielonej parawanem części sali i wskazuje na naszego byłego pacjenta, który obecnie przybrał barwę sinoniebieską. Przedstawia mnie też jego żonie, która – technicznie rzecz biorąc – nie jest wdową, dopóki nie stwierdzę śmierci jej męża. Natura może sama odwalić najcięższą robotę, ale wciąż potrzebujecie mojego podpisu na formularzu.

Składam kondolencje żonie i mówię, że kiedy ja będę dopełniał niezbędnych formalności, ona może zaczekać na zewnątrz. Oświadcza, że woli zostać. Nie wiem czemu. Być może ona również nie wie. Być może każda chwila z mężem jest dla niej cenna pomimo tego, że przecież nie ma go już z nami. A może chce sprawdzić, czy nie jestem jednym z tych lekarzy, o których czytała w „Daily Mail", wyczyniających z ciałami zmarłych okropne rzeczy. Jakiekolwiek są jej pobudki, zajmuje teraz swoje miejsce w pierwszym rzędzie, czy mi się to podoba czy nie.

W czasie mojej krótkiej kariery zawodowej trzykrotnie stwierdzałem zgon, jednak nigdy wcześniej nie towarzyszyła mi publiczność. Zaczynam zastanawiać się, czy nie powinienem teraz zaserwować przekąsek. Kobieta z całą pewnością nie zdaje sobie sprawy jak ciche, długie i jak bardzo przepełnione napięciem będzie to przedstawienie – nic w stylu *Priscilli, królowej pustyni*, raczej coś przypominającego jeden z dramatów Harolda Pintera.

Odczytuję dane pacjenta z opaski na jego nadgarstku. Sprawdzam, czy klatka piersiowa się porusza. Sprawdzam, czy mężczyzna reaguje na bodźce werbalne lub fizyczne. Sprawdzam tętno. Świecę mu latarką w oczy i stwierdzam, że źrenice są rozszerzone i nieruchome. Sprawdzam na zegarku, która godzina, i przez dwie minuty osłuchuję stetoskopem jego serce. Potem, przez kolejne trzy minuty, osłuchuję jego płuca. Lekka przesada, prawda? Być może przesada to niewłaściwe słowo, ale pięć minut to naprawdę długo, jeśli musicie stać nieruchomo ze stetoskopem przyciśniętym do piersi z całą pewnością martwego mężczyzny, pod jaskrawym światłem jarzeniówek i ostrzałem spojrzeń zrozpaczonej żony. To właśnie dlatego prosimy członków rodziny zmarłego, żeby poczekali za drzwiami.

Rozumiem, dlaczego pośpiech jest niewskazany w wypadku stwierdzania zgonu – nie można się spieszyć w obliczu śmierci*. Niemal wdowa pyta co chwila, czy dobrze się czuję. Może uważa, że jestem tak przytłoczony tą sytuacją, że nawet nie mogę się poruszyć. A może myśli, że po prostu nie wiem, co dalej robić. Za każdym razem, kiedy się odzywa, podskakuję jak... No cóż, jak lekarz, który usłyszał jakiś hałas w trakcie uważnego osłuchiwania klatki piersiowej denata.

Kiedy udaje mi się uspokoić oddech, zwracam się do kobiety, oficjalnie potwierdzając smutną wiadomość, po czym wypełniam odpowiednie dokumenty. To było straszne pięć minut, ale dzięki temu doświadczeniu wiem, że jeśli nie pójdzie mi z medycyną, to kariera żywego posągu w Covent Garden stoi przede mną otworem. Wystarczy, że kupię puszkę srebrnego duluxa i znajdę sobie jakąś starą skrzynkę.

* Kiedy umiera papież, nikt nie może sobie pozwolić na pomyłkę. Zgodnie z watykańskimi regułami, które przypuszczalnie wymyślił ktoś, kto uważał *Egzorcystę* za wyjątkowo nudny film, lekarz powinien trzykrotnie wypowiedzieć na głos imię papieża, następnie sprawdzić za pomocą zapalonej świecy, czy z nozdrzy hierarchy nie wydobywa się strumień powietrza mogący zdmuchnąć płomień, a potem, aby zyskać całkowitą pewność, trzepnąć go w głowę młotkiem. Dobrze, że żona zmarłego nie musiała oglądać niczego takiego.

5 lipca 2005, wtorek

Próbuję dowiedzieć się, ile alkoholu konsumuje pewna starsza pani, żeby wpisać to do jej karty. Ustaliłem już, że jej ulubionym napitkiem jest wino.
Ja: Jaką ilość wina wypija pani w ciągu jednego dnia?
Pacjentka: Jak mam dobry dzień, to tak ze trzy butelki.
Ja: Mhm, rozumiem... A jak ma pani zły dzień?
Pacjentka: O, jak mam zły dzień, to ledwo jedną.

7 lipca 2005, czwartek

Zamachy terrorystyczne w Londynie. Ogłoszono stan zagrożenia, wszyscy lekarze muszą zgłosić się na izby przyjęć.

Musiałem odwiedzić każdy oddział chirurgiczny w szpitalu i wypisać do domu tych pacjentów, których życie lub zdrowie nie było bezpośrednio zagrożone, aby zwolnić miejsca dla ofiar zamachów bombowych. Byłem niczym pług śnieżny ze stetoskopem. Wyrzuciłem precz każdego, kto był w stanie wypowiedzieć dwie pierwsze sylaby słowa „symulant", nie tracąc przy tym przytomności ani nie zaczynając kasłać krwią. Pozbyłem się kilkuset blokujących łóżka złamasów.

13 lipca 2005, środa

Do mojego szpitala nie trafiła żadna ofiara zamachów. Nie było pacjentów, więc przez tydzień nie miałem nic do roboty.

23 lipca 2005, sobota

W ten weekend mój przyjaciel Ron urządza swój wieczór kawalerski, a ja – zaledwie cztery godziny przed rozpoczęciem zabawy – musiałem oznajmić mu, że nie przyjdę. Jest to wkurzające z miliona powodów. Chociażby dlatego, że z szerokiego grona swoich przyjaciół Ron wybrał zaledwie ośmiu facetów, którzy zasłużyli na spersonalizowane T-shirty. I dlatego, że drużyny, które zetrą się ze sobą w trakcie planowanej sesji paintballu, nie będą równoliczne. A także dlatego, że zorganizowanie tego wszystkiego kosztowało mnie czterysta cholernych funtów.

Miałem tego wieczora pracować, ale załatwiłem sobie zastępstwo – w dość skomplikowany sposób (A miał pracować na mojej zmianie, B miał pracować na zmianie A, C miała wziąć zmianę B, a ja zmianę C). Zdawałem sobie sprawę, że w wypadku tego typu podmianek zawsze istnieje ryzyko. To sytuacja podobna do tej, gdy chcecie kupić nowy dom, ale musicie najpierw sprzedać swój stary dom komuś, kto będzie mógł go kupić dopiero wtedy, gdy sprzeda swój poprzedni dom. I właśnie teraz C (którą znam tylko z widzenia) ma rzeczywisty lub wymyślony problem z opiekunką zajmującą się jednym z jej rzeczywistych lub wymyślonych dzieci, więc siedzę na oddziale, zamiast nawalony tequilą zażywać uroków zorbingu.

Ludziom niezwiązanym zawodowo z medycyną* pewnie trudno zrozumieć, że nie mogę załatwiać takich spraw z dużym wyprzedzeniem. Grafik w szpitalach ustala się na zaledwie dwa miesiące do przodu. Zamawiam butelkę whisky, na którą mnie nie stać – niemal słyszę głos Eltona Johna mówiącego: „Hola, spokojnie, tylko bez przesady" – i zlecam jej dostarczenie (razem z moimi uniżonymi przeprosinami) do mieszkania Rona. Umawiamy się na poprawiny tylko dla nas dwóch za dwa tygodnie – skończę wtedy cykl nocnych dyżurów

* Powinien być jakiś fachowy termin określający tę grupę ludzi – medyczny odpowiednik „cywilów" albo „laików". Może „pacjenci"?

i odpracuję te trzy zastępstwa, które wziąłem, żeby mieć wolne w weekend, który ostatecznie spędzam w pracy.

29 lipca 2005, piątek

Dzisiaj przez całą noc czułem się tak, jakbym siedział w łódce z dziurawym kadłubem i próbował wylewać wdzierającą się do niej wodę za pomocą soczewki kontaktowej.

Każdemu pacjentowi, do którego zostaję wezwany, muszę poświęcić co najmniej piętnaście minut, a ponieważ co pięć minut dostaję nowe wezwania, nie ma możliwości, żebym wyrobił się ze wszystkim na bieżąco. Starszy stażysta i rezydent uwijają się jak w ukropie na izbie przyjęć, więc najpierw zajmuję się tymi pacjentami, którzy – sądząc z opisu ich dolegliwości – są bardziej chorzy, i próbuję jakoś radzić sobie z oczekiwaniami pielęgniarek, u których nie mogę się od razu pojawić.

„Bardzo mi przykro, ale mam całe mnóstwo pacjentów w dużo poważniejszym stanie – mówię. – Realistycznie patrząc, będę mógł do was przyjść za około sześć godzin". Niektóre wykazują się zrozumieniem, inne reagują tak, jakbym właśnie oświadczył: „Odpieprzcie się, mam tu do obejrzenia dwa ostatnie sezony *Ally McBeal*". Przez całą noc biegam od pacjentów z bólami w klatce piersiowej do tych z sepsą, od tych z migotaniem przedsionków do tych z atakiem astmy – mam wrażenie, jakbym startował w zawodach medycznego dziesięcioboju. Jakimś cudem wszystkim moim podopiecznym udaje się dożyć poranka.

O ósmej rano jedna z pielęgniarek wysyła na mój pager wiadomość, prosząc mnie o przybycie. Okazuje się, że chciała pochwalić mnie za to, jak poradziłem sobie minionej nocy; dodaje też, że jej zdaniem jestem „cudnym doktorkiem". Określenie „cudny doktorek" brzmi niczym żywcem wyciągnięte z powieści Enid Blyton, ale nie zwracam na to uwagi – jestem zbyt oszołomiony tym, że – po raz pierwszy odkąd ukończyłem studia – ktoś skomplementował moją pracę. Początkowo nie bardzo wiem, co odpowiedzieć, ale w końcu wystękuję podziękowanie. Mam taki mętlik w głowie, że na pożegnanie rzucam do pielęgniarki: „Kocham cię, pa". Po części jest to wina mojego ogromnego zmęczenia. Ale mój mózg pomylił się także dlatego, że zazwyczaj jedyną osobą, która mówi mi miłe rzeczy, jest H. Swoją drogą, w tamtej chwili naprawdę kochałem tę pielęgniarkę za to, co powiedziała.

2

Starszy stażysta – pierwsza posada

W lipcu 2005 roku zostałem starszym stażystą. Wciąż miałem niewielkie doświadczenie, w końcu pracowałem jako lekarz zaledwie od dwunastu miesięcy, ale do nazwy mojego stanowiska dorzucono słówko „starszy". Prawdopodobnie po to, aby pacjentowi łatwiej było zaufać dwudziestopięciolatkowi, który za chwilę przyłoży skalpel do jego brzucha. Podniosło to również nieco moje morale i powstrzymało mnie przed samobójczym skokiem z dachu szpitala, kiedy zobaczyłem nowy grafik. Teoretycznie awansowałem, ale taki awans, niejako z automatu, otrzymują wszyscy stażyści po roku pracy, tak samo jak pracownicy McDonalda otrzymują kolejne gwiazdki, które przypinają do swojej odznaki. Podejrzewam jednak, że Ronald płaci lepiej niż NHS (brytyjska służba zdrowia)*.

Przypuszczam, że można oblać pierwszy rok stażu i zostać zobligowanym do jego powtórzenia, ale nigdy o czymś takim nie słyszałem. Jeden z moich kolegów stażystów uprawiał w dyżurce seks z pacjentką, inny był tak rozkojarzony w trakcie pracy, że zamiast paracetamolu

* W pierwszym roku pracy na stanowisku starszego stażysty zarabiałem sześć funtów na godzinę. To trochę więcej, niż zarabia szeregowy pracownik McDonalda, ale sporo mniej, niż dostaje kierownik zmiany.

przepisał penicylinę pacjentowi uczulonemu na ten antybiotyk. Obaj zaliczyli pierwszy rok stażu, więc naprawdę nie wiem, co trzeba zrobić, żeby go oblać.

Będąc starszym stażystą, podejmujecie decyzję o wyborze specjalizacji. Jeśli chcecie zostać internistą, spędzicie w szpitalu kolejnych kilka lat, zajmując się medycyną ogólną oraz pediatrią i pracując na izbie przyjęć. Potem, gdy zaczniecie pracować jako lekarze rodzinni, kupicie sobie marynarkę z łatami na łokciach, a wasze brwi już na zawsze zastygną w wyrazie zdziwienia. Jeśli wolicie zajmować się leczeniem szpitalnym, macie przed sobą wiele dróg. Wybieracie na ślepo jedną z nich, a potem potykacie się na jej wybojach. Jeśli widzicie się jako chirurga, macie mnóstwo możliwości. Możecie zapisać się na chirurgię jelita grubego, kardiochirurgię, neurochirurgię, chirurgię ortopedyczną i tak dalej (ta ostatnia jest zarezerwowana dla członków uniwersyteckiej drużyny rugby, bo to niewiele więcej niż piłowanie i stukanie młotkiem; przypuszczam, że przyszli chirurdzy ortopedyczni nie tyle zapisują się na tę specjalizację, ile raczej wsadzają dłoń do atramentu, po czym odciskają ją na kartce).

Jeśli nie lubicie babrać się we flakach, możecie wybrać coś spośród wielu gałęzi medycyny ogólnej, na przykład geriatrię*, kardiologię, pulmonologię lub dermatologię

* O geriatrii mówi się, że to dziedzina medycyny, której celem jest „opieka nad ludźmi w podeszłym wieku". Być może autor tej definicji chciał, żeby brzmiała mniej medycznie i nie kojarzyła się ze szpitalem – miejscem, gdzie wydajecie z siebie ostatnie tchnienie – a raczej z jakimś ośrodkiem spa, w którym popijacie zielone smoothie, a wokół was skaczą manicurzystki i pedicurzystki. W niektórych szpitalach nie używa się określenia „opieka nad osobami w podeszłym wieku", tylko „opieka nad ludźmi starszymi". Moim zdaniem najbardziej trafnym sformułowaniem byłoby „zmierzenie się z tym, co nieuniknione".

(to często obrzydliwa, ale dość łatwa robota – na palcach jednej, pokrytej strupami i łuskami ręki będziecie mogli policzyć sytuacje, kiedy zostaniecie wezwani w środku nocy do nagłego przypadku). Jest też kilka specjalizacji, których nie można zaliczyć ani do medycyny stricte ogólnej, ani do chirurgii. To na przykład anestezjologia, radiologia czy ginekologia i położnictwo.

Wybrałem ginekologię i położnictwo albo „cycki i cipki", jak uroczo nazywają tę specjalizację studenci medycyny. Pisałem pracę licencjacką z zakresu ginekologii, więc miałem fory, a właściwie miałbym, gdyby ktokolwiek zapytał mnie o wskaźnik przeżywalności dzieci urodzonych przez matki z zespołem antyfosfolipidowym. Niestety, takie pytanie nigdy nie padło. W położnictwie podobało mi się to, że efektem działań lekarza jest podwojenie liczby pacjentów, co stanowi wyjątkowo dobry wynik w porównaniu z innymi specjalizacjami (tak, geriatrzy, do was piję).

Pamiętałem także, co powiedział mi pewien rezydent w trakcie moich praktyk studenckich. Zwierzył mi się, że wybrał ginekologię i położnictwo, bo to łatwa specjalizacja: „Na oddziale położniczym robisz właściwie tylko cztery rzeczy: cesarkę, poród kleszczowy, poród z próżniociągiem i pozszywanie tego całego bałaganu, który po tym zostaje"*.

* W Wielkiej Brytanii mniej więcej jedna czwarta dzieci rodzi się przez cesarskie cięcie. Niektóre z cesarek to zaplanowane operacje przeprowadzane w wypadku ciąż bliźniaczych, pośladkowego ułożenia płodu czy wcześniejszej cesarki. Reszta to nieplanowane (nagłe) operacje przeprowadzane w wypadku nieprawidłowego przebiegu akcji porodowej, niedotlenienia płodu czy innych zagrożeń dla życia dziecka lub matki. Jeśli dziecko utknie w kanale rodnym podczas ostatniej fazy porodu siłami natury, stosuje się wspomaganie w postaci kleszczy (przyrządu wyglądającego niczym spięte sztućce sałatkowe) albo próżniociągu (przypominającej mały kapturek

Odpowiadało mi także, że ginekologia to połączenie medycyny ogólnej i chirurgii – mój podyplomowy staż specjalizacyjny udowodnił jednak, że nie powinienem zajmować się ani jednym, ani drugim. Wiedziałem też, że wybór tej specjalizacji pozwoli mi na pracę w klinikach leczenia niepłodności i na oddziałach położniczych – a czy można sobie wyobrazić pracę przynoszącą więcej satysfakcji, niż sprowadzanie na świat dzieci i pomoc w ich spłodzeniu parom, które nie poradziłyby sobie z tym zadaniem bez wsparcia medycyny? Oczywiście taka praca jest bardzo obciążająca emocjonalnie, jeśli coś nie układa się po naszej myśli – nie każdy bocian ląduje bez problemów we wskazanym mu gnieździe, ale bolesne upadki to cena, jaką płacimy za radosne wzloty.

Poza tym jedna po drugiej odrzuciłem wszystkie inne specjalizacje: zbyt przygnębiająca, zbyt nudna, zbyt trudna, przyprawiająca o mdłości. Ginekologia i położnictwo to jedyna specjalizacja, która wydawała mi się ekscytująca. Naprawdę nie mogłem się doczekać, kiedy rozpocznę swoją karierę jako ginekolog położnik.

Podjęcie tej decyzji zabrało mi mnóstwo czasu. Musiały minąć miesiące, zanim dokonałem wyboru i zapisałem się na specjalizację. Myślę, że wahałem się tak długo, bo była to pierwsza znacząca decyzja w moim życiu, odkąd jako osiemnastolatek wybrałem szkołę medyczną (jeśli chodzi o tamtą decyzję, podjąłem ją głównie pod wpływem zachwytu, jaki wywołały we mnie ziemniaczane sprężynki serwowane w siedzibie zrzeszenia studentów). W wieku dwudziestu pięciu lat po raz pierwszy naprawdę samodzielnie dokonałem ważnego wyboru – w ten

końcówki ssącej połączonej z odkurzaczem) – niestety, ten ostatni opis nie jest w żadnej mierze przesadzony.

sposób zacząłem pisać kolejny rozdział w Wielkiej Księdze Mojego Życia. Musiałem nie tylko nauczyć się, jak podejmować decyzje, ale też zyskać pewność, że ta konkretna była właściwa.

Wybrałeś kleszcze porodowe.
Zajrzyj teraz na stronę 50.

8 sierpnia 2005, poniedziałek

Pierwszy tydzień pracy na oddziale położniczym. Położna wezwała mnie do pacjentki D.H., która po urodzeniu zdrowego dziecka kiepsko się czuła. Nie chciałbym wyjść na przemądrzałego młokosa, ale rozwikłanie tej zagadki naprawdę nie wymagało zatrudnienia porucznika Columbo, Jessiki Fletcher czy wszystkich mieszkańców lokalu numer 221b przy Baker Street. Pacjentka „kiepsko się czuła", bo z jej pochwy wylewała się litrami krew, czego, jakimś cudem, nikt nie zauważył. Nacisnąłem dzwonek alarmowy, mając nadzieję, że na sali pojawi się ktoś nieco bardziej użyteczny niż ja i towarzysząca mi położna, po czym w niezbyt przekonujący sposób zapewniłem pacjentkę – zajętą oblewaniem moich spodni zawartością swoich naczyń krwionośnych – że wszystko będzie w porządku.

Przybiegł starszy rezydent, wykonał PV* i usunął kawałek łożyska, który był przyczyną problemu†. Po tym zabiegu, a także po przetoczeniu kilku jednostek krwi, kobieta czuła się zupełnie dobrze.

Poszedłem do szatni, żeby przebrać się w czyste zapasowe spodnie. Po raz trzeci w tym tygodniu moje bokserki były mokre od cudzej krwi. Po raz trzeci musiałem je wyrzucić i do końca zmiany pracować bez majtek. Komplet bokserek od Calvina Kleina kosztuje piętnaście funtów, więc moja praca przynosi mi więcej strat finansowych niż zysków.

* PV oznacza badanie *per vagina* (przez pochwę). Z kolei PR to badanie *per rectum* (przez odbyt). Dlatego jeśli ktoś mówi wam, że zajmuje się PR-em, zawsze dopytajcie, co dokładnie ma na myśli.

† Jeśli cokolwiek zostanie w macicy po porodzie (łożysko, błona owodniowa, Darth Vader z zestawu Lego), macica nie może się obkurczyć, co kończy się krwotokiem. Jedynym rozwiązaniem problemu jest usunięcie tego, co zalega w macicy.

Tym razem w moją bieliznę wsiąkło wyjątkowo dużo krwi – musiałem umyć penisa. Nie wiem, co jest gorsze: świadomość, że mogłem zarazić się wirusem HIV, czy absolutna pewność, że żaden z moich przyjaciół nie uwierzyłby mi, że zaraziłem się właśnie w taki sposób.

27 sierpnia 2005, sobota

Młodszy stażysta prosi mnie, żebym przyjrzał się pacjentce, która od dziewięciu godzin nie oddaje moczu*. Odpowiadam mu, że ja nie miałem szansy wysikać się przez ostatnie jedenaście godzin, bo ludzie tacy jak on marnotrawią mój cenny czas. Jego twarz kurczy się w grymasie zawstydzenia niczym paczka chipsów w dłoni grubego dzieciaka. Czuję się okropnie z tym, że jestem dla niego taki podły – przecież sam byłem na jego miejscu zaledwie kilka miesięcy temu. Idę zobaczyć pacjentkę. Okazuje się, że faktycznie nie sikała od dziewięciu godzin. Wszystko dlatego, że rurka od cewnika utknęła pod jednym z kółek szpitalnego łóżka. Pęcherz kobiety jest teraz wielkości piłki do skakania. Już nie czuję się okropnie.

19 września 2005, poniedziałek

Mój pierwszy poród z próżniociągiem. Nagle czuję się niczym prawdziwy położnik – dopóki nie potraficie, no wiecie, wyciągnąć dziecka na świat, nazywanie was „położnikiem” to zwykłe pustosłowie. Nadzorująca moją

* Lekarze mają prawdziwego fioła na punkcie moczu – broń Boże, nie mam na myśli niczego, co mogłoby was odwieść od umówienia się z jakimś lekarzem lub lekarką na drugą randkę. Po prostu niewielka ilość wydalanego moczu świadczy o małej objętości krwi. Jest to szczególnie niepokojące w wypadku pacjentów po zabiegach chirurgicznych, bo może oznaczać albo krwotok wewnętrzny, albo dysfunkcję nerek.

pracę rezydentka, Lily, cały czas mówi mi, co mam zrobić, ale robię to całkowicie sam i czuję się z tym wspaniale.

„Gratulacje, świetna robota" – stwierdza Lily.

„Dziękuję!" – odpowiadam, a potem uświadamiam sobie, że mówiła do matki dziecka.

21 września 2005, środa

Po przyjęciu ostatniej pacjentki w przyszpitalnej poradni ginekologicznej muszę przygotować całe mnóstwo listów do lekarzy rodzinnych. Jestem pochłonięty papierkową robotą, kiedy Ernie – jeden z rezydentów, trochę arogancki, ale zabawny – wchodzi do gabinetu, żeby pożyczyć lampę zabiegową. „Wywalą cię, jeśli to tak zostawisz. Lepiej to popraw" – mówi, zaglądając mi przez ramię.

Dopiero teraz widzę, co napisałem: „przerośnięte tkanki zadu" zamiast „przerośnięte tkanki zaśniadu"*.

16 listopada 2005, środa

Zanim w trakcie obchodu poszedłem zbadać starszą pacjentkę leżącą na oddziale ginekologicznym, zerknąłem do jej karty.

Dobra wiadomość: w końcu przyszedł do niej fizjoterapeuta.

Zła wiadomość: „Pacjentka śpi. Nie ma z nią kontaktu".

Kiedy składam jej wizytę, okazuje się, że nie żyje.

22 listopada 2005, wtorek

Do tej pory asystowałem przy piętnastu cesarkach. Bardziej doświadczeni lekarze (rezydenci i specjaliści) jakieś

* W moim następnym szpitalu oddział ginekologiczny sąsiadował z Zakładem Anestezjologii Dziecięcej. Pod tabliczką z nazwą oddziału wisiała kartka z informacją: „ZAD – wejście z tyłu".

trzy lub cztery razy proponowali mi, żebym to ja trzymał skalpel, podczas gdy oni będą mnie instruować, ale za każdym razem udało mi się od tego wymigać. Jestem teraz jedynym starszym stażystą w szpitalu, który, jak z satysfakcją ujął to Ernie, nie stracił jeszcze dziewictwa.

Dzisiaj Ernie nie daje mi wyboru – przedstawia mnie pacjentce jako chirurga, który wyciągnie dziecko z jej brzucha. I to właśnie robię. Jestem bardzo przejęty moim debiutem i tym, że towarzyszy mi publiczność. Po raz pierwszy przecinam ludzką skórę, po raz pierwszy przecinam macicę i po raz pierwszy wyjmuję z niej dziecko. Chciałbym móc powiedzieć, że było to niesamowite doświadczenie, ale tak mocno koncentrowałem się na każdym ruchu, że praktycznie nic do mnie nie docierało.

Cała ta trudna i mozolna operacja zajmuje mi pięćdziesiąt pięć minut*, Ernie jest wobec mnie bardzo cierpliwy. Kiedy po wszystkim dezynfekuję ranę, pokazuje mi, że moje cięcie odchyla się od linii prostej o jakieś dziesięć stopni. „Kiedy zdejmie pani opatrunek, zauważy pani, że musieliśmy ciąć trochę po skosie" – mówi później do pacjentki, co ona przyjmuje do wiadomości bez żadnych obiekcji. Najwyraźniej radość z macierzyństwa osłodziła jej tę gorzką pigułkę.

Ernie mówi mi, co wpisać do dokumentacji medycznej, a potem zabiera mnie na krótką pogawędkę przy kawie, w trakcie której testuje pojemność swojej seksualnej metafory z zapałem godnym jakiegoś niewyżytego zboczeńca. Opowiada mi, że z biegiem czasu moja technika się poprawi, krwi będzie mniej, a atmosfera stanie się przyjemniejsza. Koniec końców będę to wszystko robił

* Przy pomyślnych wiatrach cesarskie cięcie bez powikłań powinno zająć nie więcej niż dwadzieścia pięć minut.

rutynowo, niemal ziewając z nudów. Nagle do rozmowy włącza się anestezjolog: „Postaraj się jednak skracać swoje występy".

22 grudnia 2005, czwartek

Nagły wypadek. O drugiej w nocy budzi mnie pager. Muszę zbadać nieprzytomną pacjentkę oddziału ginekologicznego. Odpowiadam pielęgniarce, że o drugiej w nocy większość ludzi jest nieprzytomna, ale ona wciąż naciska, żebym przyszedł. Oceniając stan pacjentki, przyznaję jej 14 na 15 punktów w skali Glasgow*, więc „nieprzytomna" to określenie mocno na wyrost. Widzę jednak, że kobieta jest trochę skołowana. Przypuszczam, że ma zbyt niski poziom cukru we krwi. Pielęgniarka idzie po glukometr na inny oddział. Jestem pewny swojej diagnozy, postanawiam więc nie czekać na jej powrót i proszę salowego o przyniesienie soku pomarańczowego, który trzymamy w szpitalnej lodówce właśnie na takie okazje. Pacjentka wypija sok, ale wciąż jest senna. Pora jest trochę zbyt późna, żeby bawić się w doktora House'a, ale zlecam kilka badań i wciąż czekając na przyniesienie

* Skala Glasgow to skala oceny poziomu przytomności. Możecie dostać od 1 do 4 punktów za reakcję wzrokową, od 1 do 5 punktów za reakcję werbalną i od 1 do 6 punktów za reakcję motoryczną. Jeśli wszystko jest z wami w porządku, osiągacie maksymalny wynik, czyli 15 punktów. Najniższy możliwy wynik, czyli 3 punkty, oznacza, że jesteście martwi (możecie też dostać dwa punkty, jeśli jesteście martwi i nie macie oczu). Z jakiegoś powodu (tak jakby życie lekarzy nie było już wystarczająco trudne) pacjenci (szczególnie pacjenci z izby przyjęć) lubią udawać, że są bardziej nieprzytomni, niż naprawdę są. W takiej sytuacji podręcznik zaleca zaaplikowanie jakiegoś bolesnego bodźca (wbicie kłykci w mostek, mocne uciśnięcie paznokcia itp.). Ja wolę podnieść rękę pacjenta i opuścić mu ją na twarz. Jeśli pacjent udaje, ręka w jakiś magiczny sposób odpływa na bok. Metoda ma też swoje minusy. Jeśli pacjent jest naprawdę nieprzytomny, musicie wytłumaczyć się jego krewnym ze swoich dziwnych poczynań.

glukometru, staram się dociec, jaka może być przyczyna złego samopoczucia kobiety. Nigdy nie mogę znaleźć pod ręką glukometru, chociaż są niezbędne w naszej pracy i kosztują nie więcej niż dziesięć funtów w byle aptece. Zastanawiałem się nawet wcześniej, czy nie kupić sobie własnego, ale w ten sposób wkroczyłbym na równię pochyłą. Skończyłoby się na tym, że na tylnym siedzeniu samochodu woziłbym przenośnego rentgena.

Salowy informuje mnie, że sok, który dałem do wypicia pacjentce, nie zawierał cukru. Zauważył to dopiero teraz, gdy miał wyrzucić pustą butelkę do kosza. Zamiast bezcukrowego soku równie dobrze mógłbym dać pacjentce kartę podarunkową do księgarni, byłoby z tego tyle samo pożytku. Nawet nie wiem, czy mam się śmiać czy płakać. Nie mam siły na żadną z tych czynności. Po zjedzeniu kilku czekoladek Ferrero Rocher, które zwinąłem z biurka pielęgniarek, pacjentka czuje się dużo lepiej. Pielęgniarka odpowiedzialna za zamówienia przeprasza mnie za błąd i obiecuje, że w przyszłości zakupi właściwy sok. Mogę się założyć o dwa funty, że następnym razem, kiedy przyjdę do pacjentki z hipoglikemią, pójdzie do lodówki i wróci z obniżającym poziom cukru we krwi sokiem z dyni piżmowej.

25 grudnia 2005, niedziela

Dobra wiadomość i zła wiadomość.

Dobra wiadomość: jest świąteczny poranek*.

* Jeśli jesteście zatrudnieni w państwowej służbie zdrowia, to fakt, że pracowaliście w poprzednie święta, nie ma żadnego znaczenia. Po pierwsze dlatego, że niemal na pewno w tym roku pracujecie w innym szpitalu, a po drugie dlatego, że nikogo to nie obchodzi. Oto jak wygląda porządek dziobania: pierwsi od pracy w święta wymigują się lekarze, którzy układają grafik, a drudzy – lekarze, którzy mają dzieci. Ja jestem na samym dole tej

Zła wiadomość: muszę iść do pracy.

Gorsza wiadomość: dzwoni telefon, to rezydent z mojego oddziału. Zapomniałem nastawić budzik i teraz wszyscy w szpitalu zastanawiają się, gdzie, do cholery, jestem.

Jeszcze gorsza wiadomość: okazuje się, że spałem w samochodzie. Kiedy się budzę, musi minąć trochę czasu, zanim przypomnę sobie, gdzie jestem i dlaczego jestem tu, gdzie jestem.

Dobra wiadomość: zasnąłem w samochodzie po nocnej zmianie, właściwie jestem już w pracy (a mówiąc ściślej na szpitalnym parkingu).

Wyskakuję z samochodu, biorę szybki prysznic i mogę zaczynać. Spóźniłem się zaledwie dziesięć minut. Mam osiem nieodebranych połączeń od H. i jeden SMS od niego. „Wesołych świąt". Kropka. Bez całusa.

W tym roku będziemy obchodzić Boże Narodzenie, dopiero kiedy będę miał wolne, czyli 6 stycznia. „Pomyśl tylko, o ile tańsze będą wtedy czekoladowe Mikołaje!" – to jedyna zaleta tej sytuacji, jaką potrafię znaleźć.

18 stycznia 2006, środa

Są takie dni, kiedy los w niezawoalowany sposób przypomina wam, jakie jest wasze miejsce w szpitalnej hierarchii. Dzisiaj rolę tej przypominajki odegrało wypadnięcie pępowiny u pacjentki*.

drabiny. Moja bezdzietność nakłada na mnie obowiązek pracy w święta niemal każdego roku. Mój instynkt tacierzyński jest bardzo słaby (i słabnie z każdą chwilą przepracowaną na oddziale położniczym), ale zaczynam się poważnie zastanawiać, czy nie powinienem udawać, że mam dzieci, kiedy zacznę pracę w nowym miejscu.

* Jedna lub dwie pętle pępowiny wypadają z pochwy w trakcie porodu. Jest to najzupełniej normalne zjawisko, jeśli główka dziecka już opuszcza kanał

Staję za pacjentką i pochylam się niczym weterynarz. Przewozimy ją na salę operacyjną. Dobiega tam właśnie końca inna cesarka, więc musimy poczekać w sali przedoperacyjnej. Żeby uspokoić rodzącą i nieco odczarować tę dziwną sytuację, rozmawiamy z nią o dziecięcych imionach, pieluszkach i urlopie macierzyńskim – same prozaiczne tematy.

Zanim moja znajomość z tą kobietą stała się tak... głęboka, jej partner wyskoczył na chwilę do kawiarni na dole, więc przegapił cały dramat, który się tu rozegrał. Kiedy wraca, położna każe mu się szybko przebrać w strój operacyjny i prowadzi go do pokoju przedoperacyjnego. Wchodząc, facet widzi mnie klęczącego na podłodze z ręką wsuniętą do pochwy jego partnerki niemal po łokieć. „Chryste!" – woła z silnym akcentem z Glasgow. „Przecież ostrzegałam pana, że ginekolog będzie cały czas podtrzymywał pępowinę" – przypomina położna. „Jasne – odpowiada z oczami wielkimi jak spodki. – Ale nie mówiła pani, że naciągnie sobie moją kobietę na rękę jak rękawiczkę".

24 stycznia 2006, wtorek

Do tej pory Bóg nie wtrącał się do mojej pracy. Oprócz wielokrotnego przywoływania nadaremno jego imienia,

rodny, ale jeśli dzieje się to wcześniej, trzeba natychmiast wykonać cesarskie cięcie. Rozumiem, że pępowina może czasem dać się ponieść chwili i wyskoczyć z pochwy jak filip z konopi, ale gdyby jej temperatura spadła, doszłoby do skurczu naczyń krwionośnych w jej wnętrzu, przez co krew nie mogłaby dotrzeć do dziecka, należy więc wrzucić ją z powrotem do pochwy. Aby ciśnienie wywierane na ścianki pępowiny było jak najmniejsze, ciężarna musi przyjąć pozycję kolankowo-łokciową (czyli na czworaka), lekarz zakłada bardzo długą rękawiczkę sięgającą aż do ramienia, którą żartownisie nazywają rękawicą rycerską, i stoi za rodzącą, podtrzymując pępowinę aż do momentu, kiedy kobieta kładzie się na plecach tuż przed zabiegiem cesarskiego cięcia.

nie miałem z nim zbyt wiele do czynienia. Dzisiaj poznałem M.M., która jest świadkiem Jehowy. Muszę uzyskać od niej zgodę na przeprowadzenie zabiegu miomektomii metodą otwartą*. To dość krwawa operacja i na wszelki wypadek zawsze mamy w sali operacyjnej cztery jednostki krwi odpowiedniej grupy.

Szkopuł w tym, że świadkowie Jehowy nie zgadzają się na transfuzję krwi z powodu swoich (cholernie głupich) przekonań. Wierzą mianowicie, że krew mieści w sobie duszę człowieka i że nie wolno przelać do czyjegoś ciała duszy kogoś innego. A ponieważ Wielka Brytania to wolny kraj, respektujemy wszystkie (cholernie głupie) przekonania i życzenia naszych pacjentek.

M.M. to inteligentna, czarująca i oczytana kobieta. Rozmowa z nią jest niezwykle interesująca. Zgadza się na procedurę odzyskiwania komórek krwi† w trakcie operacji. Daję jej specjalny formularz. Podpisanie go oznacza, że pacjent nie zgadza się na transfuzję krwi nawet w sytuacji zagrożenia życia. Prawdopodobieństwo takiego obrotu sprawy nie jest duże, ale istnieje. Wielu świadków Jehowy zmarło z powodu odmowy przyjęcia krwi i jej produktów pochodnych. M.M. składa swój podpis na formularzu. Przyznaje jednak, że decyzja ta

* Miomektomia to operacja usunięcia mięśniaków macicy (niezłośliwych guzów); robi się to narzędziem przypominającym korkociąg.

† Odzyskiwanie komórek krwi polega na zasysaniu krwi utraconej przez pacjenta w trakcie operacji, a potem przepuszczeniu jej przez maszynę, która odfiltrowuje wszystkie zanieczyszczenia takie jak woda używana w trakcie zabiegu, pot chirurgów czy opadłe z sufitu kawałki farby. Jeśli zaistnieje konieczność transfuzji, pacjentowi podawana jest jego własna krew. Niektórzy świadkowie Jehowy bardzo cieszą się z tego, że istnieje rozwiązanie zgodne z ich nauczaniem. Według nich, jeśli krew pozostaje w obiegu zamkniętym, nie opuszcza tak naprawdę ciała. Tak, wiem, to głupie.

jest przynajmniej częściowo podyktowana obawą przed reakcją bliskich; kobieta twierdzi, że jej rodzina zerwałaby z nią kontakt, gdyby przetoczono jej krew (moim zdaniem taka rodzina to kolejny powód, żeby zgodzić się na transfuzję).

Doktor Flitwick, lekarz specjalista, opowiada mi, że w dawnych dobrych czasach (kiedy cały świat miał kolor sepii, a lekarze z zapałem wykonywali swoje obowiązki, nie bacząc na sprzeciw pacjentów) wszyscy po prostu olewali ten formularz i jeśli była taka potrzeba, przetaczali krew – w końcu pacjent pod narkozą i tak o tym nie wiedział.

Na szczęście dzisiejsza operacja ma podręcznikowy przebieg i nie musimy korzystać z maszyny do odzyskiwania komórek krwi stojącej w kącie sali. Wieczorem odwiedzam pacjentkę na oddziale. Podczas kartkowania jej dokumentacji medycznej wpada mi w oko, że za dwa dni ma urodziny. Nie wypiszemy jej tak szybko do domu, więc mówię, jak mi przykro, że będzie musiała spędzić urodziny w szpitalu (chociaż ja sam będę spędzał w szpitalu prawdopodobnie wszystkie swoje urodziny aż do czasu, gdy będę zbyt słaby, żeby zdmuchnąć świeczkę). Tymczasem ona tłumaczy mi, że świadkowie Jehowy nie urządzają przyjęć urodzinowych ani nawet nie otrzymują prezentów. To jeszcze bardziej popieprzone niż ta cała historia z krwią.

26 stycznia 2006, czwartek

Z cyklu: dylematy moralne lekarzy. Podczas obchodu oddziału Ernie rozmawia z trzydziestolatką posługującą się językiem, jakim mówią wyższe sfery; jakby młodszą i bardziej wytworną królową angielską. Kobieta kilka dni temu zgłosiła się na izbę przyjęć ze skrętem jajników*, teraz może już wrócić do domu. Ernie rezerwuje jej wizytę w przyszpitalnej poradni za sześć tygodni i ostrzega, że nie powinna jeździć samochodem przez następne trzy tygodnie. „Och, na miłość boską! – mówi kobieta. – Ten cholerny samochód stoi teraz na szpitalnym parkingu. Może miałby pan ochotę nim pojeździć, dopóki nie przyjdę na wizytę kontrolną?" Ernie ma zamiar odmówić, to przecież szaleństwo, ale sprawy komplikują się, kiedy kobieta wyciąga z torebki kluczyki od bentleya. Obecnie Ernie przemieszcza się po mieście bentleyem continentalem GT.

27 stycznia 2006, piątek

Od trzech miesięcy codziennie przed wyjściem do domu odwiedzam mojego małego pacjenta L. na oddziale neonatologicznym (SCBU†). To już pewnego rodzaju rytuał. Miło jest zobaczyć znajomą twarz, nawet jeśli widzi się ją przez szybę inkubatora‡. Jego mama została przyjęta do

* Jajnik skręca się wokół własnej osi, co powoduje odcięcie dopływu krwi. Jeśli nie przeprowadzi się operacji wystarczająco szybko, jajnik sczernieje i obumrze. Jeśli w ogóle się tego nie zoperuje, dochodzi do zakażenia całego organizmu – tym razem istnieje duże prawdopodobieństwo, że to pacjentka sczernieje i obumrze.

† SCBU to Special Care Baby Unit (oddział noworodkowy), NICU to Neonatal Intensive Care Unit (Oddział Intensywnej Terapii Noworodka), PICU – Paediatric Intensive Care Unit (Oddział Intensywnej Opieki Pediatrycznej), a PIKACHU to jeden z Pokemonów.

‡ Jest coś bardzo niesatysfakcjonującego w pracy lekarza stażysty – nigdy nie poznajecie zakończenia historii pacjenta, zawsze brakuje ostatniego rozdziału. Wyobraźcie sobie, że leczycie mężczyznę z zapaleniem płuc. Jego stan poprawia się na tyle, że wypisujecie go ze szpitala, i wtedy pacjent znika z waszych radarów. Nie wiecie, czy żył przez kolejnych piętnaście lat, umarł w autobusie w drodze do domu, czy może przytrafiło mu się coś pośredniego między jednym a drugim. Niemal nigdy nie uda wam się poznać dalszych losów pacjenta. Podkreślam: to naprawdę nie jest wścibstwo.

szpitala podczas drugiej soboty, jaką spędziłem w tej pracy, w dwudziestym szóstym tygodniu swojej pierwszej ciąży. Uskarżała się na silne bóle głowy, szybko okazało się, że to wczesne stadium stanu przedrzucawkowego*. Ustabilizowaliśmy ją i wykonaliśmy cesarskie cięcie. Po porodzie matka spędziła kilka dni na oddziale intensywnej terapii (więc z całą pewnością nie mogliśmy czekać dłużej). Dziecko urodziło się maleńkie, ważyło niewiele więcej niż słoik dżemu.

W porównaniu z neonatologami położnicy wydają się prymitywni niczym chirurdzy ortopedyczni. Neonatolodzy są tacy akademiccy, tacy skrupulatni. Żeby uratować życie maluchom, które trafiają pod ich opiekę, zaprzeczają prawom boskim i naturalnym. Jeszcze

Możliwość przekonania się, czy wasz plan leczenia był skuteczny, dałaby wam okazję do wyciągnięcia wielu wartościowych wniosków. Zawsze podobało mi się, że w wypadku położników jest inaczej – docieracie aż do napisów końcowych. Wiedząc, jakie skutki przyniosły wasze decyzje, możecie zastanowić się nad tym, czy były właściwe, dzięki czemu rozwijacie się jako lekarze. Dlatego zawsze wpadałem na oddział neonatologiczny, żeby zobaczyć, jak radzą sobie dzieci, którym pomogłem przyjść na świat.

* Stan przedrzucawkowy, inaczej preeklampsja, to jedno z powikłań ciąży. Stan ten może doprowadzić do uszkodzenia wątroby i nerek ciężarnej, obrzęku mózgu, gromadzenia się płynu w płucach czy zmniejszenia liczby płytek krwi. Preeklampsja może też zagrozić zdrowiu rozwijającego się dziecka. Nieleczony stan przedrzucawkowy prowadzi do rzucawki, czyli potencjalnie śmiertelnego napadu drgawek. Zazwyczaj nie wywołuje groźnych następstw, ale każdej kobiecie w ciąży odwiedzającej lekarza mierzy się ciśnienie krwi i zawartość białka w moczu, żeby móc wykryć preeklampsję w jej wczesnym stadium. Jedynym remedium na stan przedrzucawkowy jest urodzenie łożyska (a najpierw, co logiczne, urodzenie dziecka). W większości przypadków wystarczające okazuje się monitorowanie stanu zdrowia pacjentki i przepisanie jej leków obniżających ciśnienie. Czasami jednak trzeba wywołać poród tydzień lub dwa tygodnie przed terminem. U niektórych pacjentek ciężka postać stanu przedrzucawkowego rozwija się już na wczesnym etapie ciąży, przez co, aby uniknąć strasznych konsekwencji dla matki i dziecka, poród trzeba wywołać dużo wcześniej.

w latach siedemdziesiątych mały pacjent L. miałby tylko 10 procent szans na przeżycie. Dzisiaj jego szanse wzrosły do 90 procent. Po dwunastu tygodniach neonatologicznej magii z przezroczystoskórej ryjówki podłączonej do dziesiątków rurek i kabelków zamienił się w rozkrzyczane, wymiotujące i przesypiające większą część dnia dziecko, które już dzisiaj po południu zostanie wypisane do domu.

Powinienem być zachwycony, że chłopczyk opuszcza już szpital – i jestem, przecież taki właśnie był nasz cel – ale wiem, że będę tęsknił za moim małym koleżką.

Kupuję najmniej tandetną kartkę w sklepie charytatywnym League of Friends. W środku piszę, jak bardzo się cieszę, że wszystko skończyło się dobrze dla mojej pacjentki i jej dziecka. Podaję też swój numer telefonu i pytam, czy mogłaby co jakiś czas wysłać mi zdjęcie swojego zucha. Proszę pielęgniarkę pediatryczną, żeby przekazała kartkę matce chłopca. Tak, wiem, że to, co robię, jest sprzeczne z wytycznymi Naczelnej Izby Lekarskiej i regulaminem szpitala. Wiem, że naruszam wszystkie zapisane drobnym drukiem klauzule, wszystkie regulacje i kodeksy dobrych praktyk, ale jestem gotów ponieść ewentualną karę*.

2 lutego 2006, czwartek

Siedzę w poradni ginekologicznej i podpisuję listy do lekarzy rodzinnych moich pacjentek.

Szanowny Panie Doktorze,
w poradni ginekologicznej naszego szpitala przyjąłem pacjentkę X.A. Podczas tej wizyty towarzyszył jej mąż Sam, Essia Sool oraz dwójka ich dzieci...

* Dostałem wiadomość ze zdjęciem malucha.

W tym momencie zacząłem się zastanawiać, jak dokładnie przebiegała ta wizyta. Kto z tej trójki jest, a kto nie jest rodzicem wspomnianych dzieci? Próbuję przypomnieć sobie Essię. Dlaczego zapisałem zarówno jej imię, jak i nazwisko? Czy jest kimś sławnym? A może żoną kogoś sławnego? Okazało się, że Essii tak naprawdę nigdy nie było w moim gabinecie.

Dwa miesiące temu zarząd zwolnił niemal wszystkie sekretarki medyczne i zastąpił je programem komputerowym. Podstawowa różnica jest taka, że teraz zamiast dawać sekretarce kasetę z dyktafonu nagrywacie swoje uwagi prosto na dysk komputera, który albo uploaduje wasze nagranie i wysyła je za granicę do czegoś w rodzaju sekretaryjnego sweatshopu, albo od razu kasuje wasze nagranie. Różnicę można dostrzec także w jakości transkrypcji. Jest to różnica, która pozwala się domyślać, że cały ten system opiera się na dwóch cynowych puszkach połączonych sznurkiem i lemurze po krótkim kursie pisania na klawiaturze. Nie żeby kogokolwiek to zmartwiło. Najważniejsze, że zwalniając tylu wykwalifikowanych, doświadczonych i oddanych swojej pracy pracowników, zarządowi szpitala udało się zaoszczędzić trochę pieniędzy. Jedyną zaletą nowego systemu jest to, że kiedy chcecie sprawdzić poprawność zapisu w przeglądanych dokumentach, możecie odsłuchać oryginalne nagranie. Klikam przycisk „play".

„Szanowny Panie Doktorze,
w poradni ginekologicznej naszego szpitala przyjąłem pacjentkę X.A. Podczas tej wizyty towarzyszył jej mąż Sam („es" jak sól) oraz dwójka ich dzieci".

Ta pomyłka zasłużyła na pierwsze miejsce w konkursie „przeinaczenia roku". Nawet „pacjent nie ma analogii" zamiast „pacjent nie ma alergii" nie może się z tym równać.

22 marca 2006, środa

Obchód oddziału o godzinie trzeciej w nocy. Pacjentka R.O. ma dwadzieścia pięć lat i jest w trzydziestym tygodniu pierwszej ciąży. Skarży się, że zauważyła wiele małych, bezbolesnych kropek na języku. Rozpoznanie: kubki smakowe.

3 kwietnia 2006, poniedziałek

Jest druga w nocy. Nie mam zbyt wiele do roboty na oddziale, więc idę do dyżurki, żeby pozałatwiać różne bardziej i mniej ważne sprawy na komputerze (między innymi zmarnować trochę czasu na Facebooku). Piszę w komentarzu, jak uroczo wygląda brzydkie nowo narodzone dziecko jednej z moich przyjaciółek. Jestem w tym bardzo przekonujący, bo każdego dnia pracy mówię takie rzeczy również nieznajomym. Moim zdaniem prawdziwy cud narodzin polega na tym, że inteligentne, racjonalne, posiadające prawa wyborcze i doceniane w pracy kobiety patrzą na jakiś na wpół rozpaćkany okrągławy kawałek mięsa z głową zniekształconą od przeciskania się przez ich drogi rodne, pokryty pięcioma rodzajami ohydnej mazi, wyglądający jakby przez kilka godzin turlał się po pizzy pokrytej dużą ilością sera i sosu pomidorowego, i naprawdę wierzą, że mają przed sobą cudownego aniołka. Modelowy przykład darwinizmu – irracjonalna miłość do własnego potomstwa. Ten sam głęboko zakodowany w mózgu instynkt podtrzymania gatunku sprowadza je na oddział położniczy osiemnaście miesięcy później. Ich krocze zostało rozerwane podczas porodu, a mimo to decydują się na powtórkę z tej potwornej rozrywki.

Czy podczas porodu dzieją się jeszcze jakieś inne cuda? Owszem. Możecie chwycić metalowymi szczypcami główkę dziecka i z siłą dwustu niutonów (to całkiem sporo, spocicie się przy tym) powoli wydobywać je na świat. O dziwo, dziecko wychodzi z tego bez szwanku, chociaż w trakcie tej procedury całkiem na serio zastanawiacie się, czy nie urwiecie mu głowy. Każda świeżo upieczona matka obsesyjnie dba o to, żeby zawsze podtrzymywać główkę dziecka dłonią. Gdyby fotografie mogły mówić, wszystkie zdjęcia bezdzietnego krewnego pozującego z noworodkiem skrzeczałyby: „Uważaj na główkę!". Tymczasem ja jestem niemal pewny, że można by takiego dzieciaka nosić, trzymając za głowę, i nic by mu się nie stało*.

Przeglądam właśnie profile moich byłych, żeby upewnić się, że beze mnie przy boku roztyli się i popadli w depresję, kiedy widzę post napisany przez Simona, szkolnego kolegę mojego młodszego brata. Ma dwadzieścia dwa lata, rozmawiałem z nim może ze dwa razy dziesięć lat temu, ale to Facebook, tutaj każdy jest twoim znajomym. To tylko trzy słowa, ale robią na mnie piorunujące wrażenie: „Żegnajcie. Mam dość".

Uświadamiam sobie, że o wpół do trzeciej nad ranem w poniedziałek jestem prawdopodobnie jedyną osobą, która to czyta, wysyłam mu więc prywatną wiadomość z pytaniem, jak się czuje. Piszę, że nie mam zamiaru kłaść się teraz do łóżka, przypominam mu, że jestem lekarzem, i podaję mu mój numer. Gdy przewijam listę kontaktów

* Nie traktujcie tego jako porady medycznej.

w telefonie, szukając numeru do jego brata, dzwoni Simon. Jest w całkowitej rozsypce: pijany i zapłakany. Właśnie zerwał z dziewczyną.

O terapii potencjalnych samobójców wiem tyle co o wymianie skrzyni biegów czy o kładzeniu parkietu, ale Simon zakłada chyba, że jestem wykwalifikowanym specjalistą. To dobrze. Dobrze dla mnie i dobrze dla niego. Rozmawiamy przez bite dwie godziny (na szczęście mój pager milczy). Pod koniec rozmowy Simon mówi mi, że weźmie taksówkę, pojedzie do matki, a rano od razu pomaszeruje do swojego internisty. Czuję ten sam wyrzut endorfin co wtedy, gdy udzielam pomocy ofierze jakiegoś wypadku – to jest to samo zmęczenie, ta sama radość i to samo trudno definiowalne poczucie, że zrobiło się „coś dobrego" (zupełnie jakbym przebiegł dziesięć kilometrów w biegu charytatywnym). Prawdopodobnie to, co zrobiłem tej nocy dla Simona, miało większe znaczenie niż to, co zrobiłem w tym czasie dla którejkolwiek z moich pacjentek.

Znowu odzywa się mój pager. Idę na oddział zbadać kobietę w trzydziestym tygodniu ciąży, która doszła do wniosku, że piąta rano to znakomita pora, żeby pokazać mi swoją egzemę. „O tej porze nie ma takiego zamieszania" – tłumaczy.

10 kwietnia 2006, poniedziałek

Starszy stażysta pracujący na izbie przyjęć kieruje pacjentkę na oddział. Kobieta ma brodawkowatą narośl na wargach sromowych. Pytam go, czy może to opisać dokładniej. „Stary, to wygląda jak kalafior. Chociaż pokryte jest zieloną wydzieliną, więc w sumie bardziej jak brokuł". – H. jest zniesmaczony, kiedy opowiadam mu tę historię przy kolacji.

21 kwietnia 2006, piątek

W przyszłym tygodniu Ron podda się drobnej operacji kolana. Chce, żebym zapewnił go, że nie umrze pod narkozą. Nie jestem co prawda anestezjologiem, ale chętnie spełniam jego życzenie.

Ron pyta mnie także, czy zdarza się czasem, że znieczulenie „nie działa". Opowiadam mu więc, co wydarzyło się tego roku w naszym szpitalu.

„Anestezjolodzy podają pacjentom dwa rodzaje leków – tłumaczę Ronowi. – Pierwszy to środek zwiotczający mięśnie, który ułatwia chirurgom pracę. Mając kompletnie sparaliżowane ciało, nie możesz oddychać bez wspomagania, dlatego na czas operacji zostajesz podłączony do respiratora. Drugi lek to mętny płyn nazywany propofolem, który powoduje wyłączenie świadomości. Dzięki niemu śpisz przez całą operację*.

A teraz wyobraź sobie, że anestezjolog przez pomyłkę sięga nie po tę ampułkę mętnego płynu, co trzeba, i wstrzykuje ci na przykład jakiś antybiotyk zamiast propofolu. Leżysz na stole operacyjnym, całkowicie sparaliżowany, ale też całkowicie świadomy, słyszysz rozmowę chirurgów, czujesz, jak twoje ciało przecierane jest środkiem antyseptycznym. I nie możesz im w żaden sposób dać znać, że coś poszło bardzo, bardzo źle. Krzyczysz bezgłośnie, kiedy skalpel przecina twoją skórę: to najgorszy ból, jakiego kiedykolwiek doświadczyłeś... – Ron wygląda teraz jak postać z obrazu Muncha. – Ale jestem pewien, że w twoim przypadku wszystko będzie dobrze!".

* Albo – jeśli jesteś Michaelem Jacksonem – zasypiasz snem wiecznym.

6 czerwca 2006, wtorek

Idę na izbę przyjęć, żeby zbadać pacjentkę, która kilka dni temu przeszła farmakologiczną aborcję, a teraz skręca się z bólu. Nie wiem, co jej dolega, ale coś musi być na rzeczy. Przyjmuję ją na oddział, zlecam podanie środków przeciwbólowych i przekazuję jej przypadek bardziej doświadczonemu lekarzowi, czyli Erniemu.

„Ma po prostu bolesne skurcze. Na USG, które zrobiono jej przed aborcją, widać, że to była prawidłowa ciąża wewnątrzmaciczna. Odeślij ją do domu" – mówi Ernie po uprzednim zbadaniu kobiety.

Próbuję uzasadnić moją wcześniejszą decyzję: „Przecież widać, jak bardzo ją to boli, prawda? Jest na morfinie!". „Bierze morfinę, bo ty ją jej przepisałeś". „Ale przecież nikt nie odczuwa takiego bólu z powodu aborcji farmakologicznej" – ciągnę. „Skąd wiesz, jaki jest jej próg bólu? – pada nonsensowna odpowiedź. – Może tak samo histeryzuje, kiedy uderzy się w palec u nogi?"

Wciąż upieram się, że coś tu jest nie tak, czym narażam się Erniemu. Odrzuca moje argumenty.

„Słyszysz stukot kopyt za oknem. Co jest jego źródłem? To może być zebra. Ale jeśli wyjrzysz przez okno, niemal zawsze zobaczysz konia" – Ernie dodaje jeszcze, że jeśli chcę, mogę przepisać pacjentce antybiotyki, żeby zapobiec infekcji, ale tak czy inaczej, należy wypisać ją do domu.

Byłoby idealnie, gdyby w tym momencie zapiszczał mój pager, zawiadamiając mnie o nagłym pogorszeniu stanu zdrowia kobiety, ale dzieje się to dopiero kilka godzin później. Skutek i tak jest ten sam: asystuję Erniemu przy operacji usuwania ciąży pozamacicznej*

* Ciąża pozamaciczna to stan, kiedy zarodek zagnieżdża się w niewłaściwym miejscu – najczęściej w jajowodzie. Jeśli zabraknie odpowiednio wczesnej

i hektolitrów krwi zalegających w miednicy kobiety. Badanie USG, które przeszła przed podaniem jej środków poronnych, z całą pewnością nie zostało prawidłowo wykonane.

Pacjentka ma się już dobrze, wróciła z sali operacyjnej na oddział. Ernie mnie nie przeprosił. Nie dziwi mnie to. Żeby to zrobić, musiałby być zupełnie innym człowiekiem. Chwilę temu zamówiłem na Amazonie breloczek z zebrą, który wkrótce mu sprezentuję.

12 czerwca 2006, poniedziałek

Mówię pacjentce, że zrzucenie kilku kilogramów złagodziłoby trochę jej PCOS*. Wypisuję skierowanie do dietetyka i pytam, czy pamięta o regularnej aktywności fizycznej. To, że coś jest oczywiste dla mnie, nie oznacza, że jest oczywiste dla pacjentki – czuję się, co prawda, jakbym pukał do drzwi budynku, z którego okien buchają płomienie, żeby poinformować właścicielkę, że w jej domu wybuchł pożar, ale czasami właśnie takie podejście sprawdza się najlepiej. Przewidując, że za chwilę usłyszę coś o braku czasu, proponuję pacjentce, żeby zapisała się na siłownię.

interwencji medycznej, dochodzi do pęknięcia jajowodu. Taka jest właśnie najczęstsza przyczyna śmierci kobiet w pierwszym trymestrze ciąży. Każdą kobietę z pozytywnym wynikiem testu ciążowego uskarżającą się na ból w jamie brzusznej należy zdiagnozować w kierunku ciąży pozamacicznej. W tym celu przeprowadza się badanie USG, które, jak widać, czasami może dostarczyć nam mylnych informacji.

* PCOS czyli zespół policystycznych jajników (*polycystic ovaria syndrome*) to najczęstsze zaburzenie endokrynologiczne występujące u kobiet. W zależności od przyjętej definicji choroby (a w trakcie powstawania tej książki pojawiły się pewnie ze cztery nowe) szacuje się, że dotyka od 5 do nawet 20 procent kobiet. PCOS może powodować problemy z płodnością, trądzik, nadmierne owłosienie na ciele i zaburzenia miesiączkowania.

„Zapisałam się już dawno temu – odpowiada. – Do tej pory wydałam na członkostwo trzy tysiące funtów, ale nie byłam tam ani razu".

19 czerwca 2006, poniedziałek

Pilne wezwanie. Muszę zbadać pacjentkę E.S. w przenoszonej ciąży*, u której trzeba było rozpocząć procedurę sztucznego wywołania porodu. Zmartwiona położna prowadzi mnie do toalety; pacjentka niedawno się wypróżniła, muszla klozetowa wygląda, jakby ktoś wrzucił do środka czerwonobrązową kulę do kąpieli (wielkością przypominającą kulę armatnią). To nie wróży nic dobrego ani dla sprzątaczek, ani dla pacjentki.

Badając kobietę, przekonuję się, że źródłem krwawienia nie jest pochwa. Z zapisu KTG† widzę, że dziecko miewa się dobrze. Badanie odbytu również nie wykazuje żadnych nieprawidłowości. Pacjentka twierdzi, że nigdy wcześniej nie przydarzyło jej się nic podobnego i że nie ma innych niepokojących objawów. Wysyłam jej krew do badania, zlecam wykonanie próby krzyżowej i odsyłam pacjentkę do gastrologa. Sprawdzam też w Google'u, czy prostaglandyny mogą wywołać obfite krwawienie z przewodu pokarmowego. Nic takiego nie miało wcześniej miejsca, to byłby pierwszy przypadek.

* Ciąża trwa czasami dłużej niż powinna. (Nie chce odpuścić – tak samo jak wasza koleżanka namawiająca was do wizyty w kolejnym klubie, chociaż już obrzygała sobie włosy). Po czterdziestu dwóch tygodniach łożysko zaczyna obumierać. Aby do tego nie dopuścić, lekarze indukują poród. Pierwszym krokiem tej procedury jest założenie krążka dopochwowego zawierającego prostaglandyny.

† KTG, czyli kardiotokografia polega na przytwierdzeniu do brzucha matki pasa z czujnikami, dzięki któremu możliwe jest monitorowanie czynności skurczowej macicy i akcji serca płodu. Wyniki badania opisuje się zazwyczaj jako „krzepiące" lub „niezbyt krzepiące".

Zastanawiam się przez chwilę, czy doczekam się kiedyś „zespołu Kaya". Wcześniej żywiłem nadzieję, że będzie to coś nieco bardziej glamour niż gwałtowna biegunka w trakcie indukcji porodu, ale może nie powinienem wybrzydzać, skoro moją nagrodą będzie sława i nieśmiertelność w podręcznikach.

Gastrolog zjawia się na miejscu, jeszcze zanim skończę moje notatki. Krótka wymiana zdań, kolejny pokryty lubrykantem palec zagłębiający się w wiadomy otwór i pacjentka zostaje zawieziona na kolonoskopię. Na szczęście wszystko wygląda normalnie, nie ma nawet śladu po krwawieniu. Gastrolog zadaje jeszcze kilka pytań i jakiś czas później daje mi znać na pager, że może już postawić diagnozę.

Ta krwawa masa, którą zobaczyłem w muszli klozetowej, była jedynie skutkiem spożycia przez pacjentkę dwóch słoików marynowanych buraków, na które, nie wiedzieć czemu, poczuła ogromną ochotę zeszłej nocy. Gastrolog „uprzejmie" mnie prosi, żebym następnym razem, kiedy postanowię skierować do niego pacjentkę tylko dlatego, że oddała nietypowy stolec, najpierw nieco uważniej przyjrzał się efektom defekacji.

20 czerwca 2006, wtorek

System komputerowy, którego używamy w szpitalu, został zaktualizowany. I tak jak to bywa w jedenastu przypadkach na dziesięć, kiedy władze szpitala chcą usprawnić działanie czegokolwiek, udało im się wszystko spieprzyć. Nowy system wygląda na nieco nowocześniejszy (i nie przypomina już tak bardzo szkolnego MS-DOS-a), ale żaden z rozlicznych problemów, jakie mieliśmy z poprzednim oprogramowaniem, nie został rozwiązany – po prostu na stary program nałożono nowy interfejs. To tak, jakby leczyć czerniaka, nakładając makijaż na zmianę chorobową. Właściwie jest gorzej. Ten cudowny interfejs zużywa tyle (ograniczonych przecież) zasobów systemu, że cały program działa z szybkością okaleczonego żółwia. A więc to nawet tak, jakby leczyć raka skóry, przypudrowując zmianę chorobową pudrem, na który pacjent jest uczulony.

Wszystkie badania krwi wybiera się teraz z rozwijanego menu, więc żeby jakieś zlecić, trzeba przebić się przez uporządkowaną alfabetycznie listę zawierającą chyba z milion pozycji. Dotarcie do „witaminy B12" zajmuje trzy minuty i siedemnaście sekund. Jeśli naciśniecie klawisz z literą „w" zamiast mozolnie skrolować listę, system się zawiesi i to tak paskudnie, że będziecie musieli wyciągnąć wtyczkę komputera z gniazdka i zabrać się do lutowania podzespołów. W 99 procentach przypadków zlecamy ten sam zestaw badań, ale twórcy programu zamiast umieścić je na początku listy (nawet easyJet wpadło na to, żeby na swojej stronie internetowej Wielką Brytanię umieścić wyżej niż Albanię i Azerbejdżan), porozrzucali je pomiędzy całym mnóstwem badań, o których nikt nie słyszał i których nikt nie zleca. Wiedzieliście, że istnieją trzy różne badania diagnostyczne na poziom selenu w surowicy krwi? W rezultacie bardzo zmniejszyła się liczba pacjentów, u których oznaczam ilość witaminy B12 we krwi. Jeśli nie macie zaawansowanej niedokrwistości, nie będę tracił czasu na przyciskanie strzałki na klawiaturze przez trzy minuty. A jeśli ją macie, również nie zlecę wam tego badania, bo zdążycie wyzionąć ducha, zanim dotrę do litery „w".

21 lipca 2006, piątek

O piątej rano pager wzywa mnie na oddział ginekologiczny. Mam wypełnić kartę wypisu dla pacjentki, która tego dnia wychodzi do domu. Powinien to zrobić inny starszy stażysta. Nie ma żadnego powodu, żebym akurat ja to robił, ale jeśli nie zrobię tego teraz, pacjentka będzie musiała dłużej czekać na swój wypis. Siadam i zabieram się do roboty – to niezbyt absorbująca papierkowa dłubanina, więc mogę też równocześnie obmyślać, jak zemszczę się na wzmiankowanym starszym stażyście. Wychodząc z oddziału, zauważam światło palące się w jednoosobowej sali zajmowanej przez pacjentkę C.R. Zaglądam do środka, żeby sprawdzić, czy wszystko u niej w porządku.

Pamiętam, że zgłosiła się na izbę przyjęć z wodobrzuszem* i została przyjęta na oddział z podejrzeniem guza jajnika. Od tamtego czasu pracowałem tylko na nocną zmianę, więc nie wiedziałem, co się z nią dalej działo. Opowiada mi całą historię. Zdiagnozowano u niej nowotwór jajnika, potem rozpoznano liczne przerzuty. Ostatnio dowiedziała się od lekarzy, że zostało jej tylko kilka miesięcy życia. Kiedy badałem ją na izbie przyjęć, mimo nasuwających mi się podejrzeń nie wypowiedziałem słowa „rak". Nauczono mnie, że jeśli wypowiem to jedno straszne słowo, nawet mimochodem, pacjent skupi się tylko na nim. Nie ważne, co jeszcze bym zrobił lub powiedział, wystarczy, że wymówiłbym słowo na „r" choć raz, a efekt byłby taki, jakbym trajkotał „rak, rak, rak, rak" przez pół godziny bez przerwy. Poza tym naprawdę, naprawdę nie chciałem, żeby miała nowotwór

* Wodobrzusze to nagromadzenie się płynu w jamie otrzewnej, niemal zawsze jest to oznaka jakiejś bardzo poważnej choroby.

(nie żebym życzył tego jakiejkolwiek innej pacjentce). Ale ta kobieta była tak zabawna, przyjacielska i rozmowna pomimo trzech litrów płynu w jej brzuchu, które niemal uniemożliwiały jej oddychanie. Byliśmy niczym dwójka dawnych przyjaciół, którzy przez przypadek spotkali się na przystanku autobusowym i w ożywionej rozmowie nadrabiają lata rozłąki. Okazało się, że jej syn studiuje medycynę, a jej córka poszła na tę samą uczelnię co moja siostra. Moja pacjentka rozpoznała nawet, że skarpetki, które miałem na sobie, to duchampy. Założyłem jej cewnik nadłonowy, żeby usunąć zalegający w jamie brzusznej płyn, i skierowałem ją na oddział, gdzie zespół lekarzy pracujących na dzienną zmianę miał wykonać wszystkie niezbędne badania.

Dopiero teraz dowiedziałem się, jakie były ich wyniki. Kobieta zaczyna płakać i mówi mi o tym wszystkim, czego już nigdy nie doczeka. Słuchając tego, uświadamiam sobie, że „na zawsze" to tylko słowa drukowane na walentynkowych kartkach. Syn skończy medycynę – a jej nie będzie na uroczystości wręczenia dyplomów. Córka wyjdzie za mąż – a ona nie pomoże jej zaplanować wesela i nie będzie sypać confetti przed młodą parą. Nigdy nie pozna swoich wnuków. Mąż nigdy nie pogodzi się z jej śmiercią. „On nawet nie wie, jak ustawić termostat!" – wybucha śmiechem, więc śmieję się razem z nią. Naprawdę nie wiem, co powiedzieć. Chciałbym skłamać i powiedzieć jej, że wszystko będzie dobrze, ale przecież oboje wiemy, że nie będzie. Przytulam ją mocno. Nigdy wcześniej nie przytuliłem pacjentki. Mówiąc szczerze, w ciągu całego swojego życia przytuliłem może z pięć osób (jedno z moich rodziców nie załapało się na tę listę). Nie wiem, co jeszcze mógłbym zrobić.

Rozmawiamy o jakichś nudnych, praktycznych rzeczach, o uzasadnionych obawach i o obawach nieuzasadnionych. Patrzę w jej oczy i widzę w nich ulgę. Nagle dociera do mnie, że prawdopodobnie jestem pierwszą osobą, przed którą się otworzyła i której opowiedziała o swoich lękach, jestem też z pewnością jedyną osobą, z którą była całkowicie szczera w tej kwestii. Dziwny to przywilej – zaszczyt, o który wcale nie prosiłem.

Uświadamiam sobie również, że żadna z tych obaw, którymi się ze mną podzieliła, nie dotyczy jej samej. Martwi się o dzieci, o męża, o siostrę, o swoich przyjaciół. Być może właśnie na tym polega bycie dobrym człowiekiem.

Kilka miesięcy temu mieliśmy na oddziale położniczym pacjentkę w ciąży, u której zdiagnozowano raka piersi z przerzutami. Lekarze, chcąc przyspieszyć rozpoczęcie terapii nowotworu, doradzali jej, żeby zdecydowała się na cesarskie cięcie w trzydziestym drugim tygodniu, ale ona poczekała aż do trzydziestego siódmego. Chciała, żeby jej dziecko urodziło się zdrowe. Nie cieszyła się długo macierzyństwem. Zmarła po dwóch tygodniach. Nie wiadomo, czy rozpoczęcie terapii miesiąc wcześniej zmieniłoby cokolwiek. Prawdopodobnie nie.

Tymczasem teraz dotrzymuję towarzystwa kobiecie, która mówi mi, że chyba nie powinna prosić, aby rozrzucono jej prochy na wyspach Scilly. Uwielbia to miejsce, ale nie chciałaby, żeby źle kojarzyło się jej bliskim. Zadziwia mnie ta całkowita bezinteresowność kobiety, która jest w pełni świadoma, jak destrukcyjny wpływ będzie miała jej śmierć na tych, których opuszcza. Rozdzwania się mój pager – starszy stażysta z porannej zmiany jest już na oddziale i prosi o przekazanie mu obowiązków. Zasiedziałem się w tym pokoju aż dwie godziny. Nigdy nie spędziłem tyle czasu z pacjentką, której nie podano narkozy. Wracając do domu, dzwonię do mamy, żeby powiedzieć jej, że ją kocham.

3

Starszy stażysta – druga posada

Jakiś czas po tym, jak zostałem starszym stażystą, obejrzałem film dokumentalny o mistrzach z klasztoru Szaolin. Ich szkolenie trwa dziesięć lat albo i dłużej; przez ten czas mieszkają w odseparowanej od świata świątyni, codziennie wstają o piątej nad ranem i trenują aż do północy, żyją w celibacie i obywają się bez dóbr materialnych. Pomyślałem sobie wtedy, że adepci z Szaolin wcale nie mają tak źle – przynajmniej nie muszą co roku pakować manatków i przeprowadzać się do nowego klasztoru.

W brytyjskiej służbie zdrowia za szkolenie absolwentów medycyny odpowiadają tak zwane dziekanaty (*deaneries*); w ramach szkolenia każdy lekarz stażysta przepracowuje w jednym szpitalu sześć lub dwanaście miesięcy, po czym jest przenoszony do innej placówki – dzięki temu ma okazję zdobywać doświadczenie pod okiem wielu lekarzy specjalistów. Takie rozwiązanie wydaje się całkiem sensowne. Sęk w tym, że każdy dziekanat zarządza szkoleniem lekarzy na sporym obszarze i może skierować stażystów do pracy w dowolnym, losowo wybranym szpitalu w podległym sobie regionie. Pod jeden z dziekanatów podlegają na przykład Kent, Surrey oraz Sussex – o ile mi wiadomo, są to trzy odrębne, a do tego całkiem duże hrabstwa (podobne zdanie ma na ten temat Brytyjski Urząd Kartograficzny). Inny dziekanat obejmuje Szkocję – tak jest, całą Szkocję, czyli ponad osiemdziesiąt tysięcy kilometrów kwadratowych. Wyobraźcie sobie, że decydujecie się na kupno domu – przypuszczam, że dość trudno jest wybrać taką lokalizację, która umożliwiałaby wam dogodne dojazdy do pracy w dowolnym zakątku Szkocji. Nawet gdybyście byli na tyle szaleni, żeby raz albo dwa razy do roku decydować się na sprzedaż starej i kupno nowej nieruchomości, byłoby to dla was dość kosztowne, ponieważ dziekanaty nie pokrywają absolutnie żadnych kosztów przeprowadzki.

Podczas gdy moi przyjaciele, którzy rozsądniej wybrali ścieżkę kariery zawodowej, spłacali kredyty hipoteczne i adoptowali szczeniaczki, H. i ja podpisywaliśmy kolejne roczne umowy najmu na mieszkania gdzieś w połowie drogi między moim a jego miejscem pracy (przynajmniej dojazdy były tak samo uciążliwe dla nas obu). Był to kolejny punkt na liście skutków ubocznych mojej pracy – skutków, które w ogromnej mierze dotykały także H. Nie dość, że był słomianym wdowcem, a po godzinach – moim psychoterapeutą, to jeszcze musiał prowadzić koczowniczy tryb życia.

Któregoś razu po jednej z naszych przeprowadzek musiałem obdzwonić dostawców mediów, Urząd Pojazdów i Kierowców oraz inne instytucje (zdaje się, że miała to być dla mnie forma pokuty za to, że nie udało mi się wziąć w pracy dnia wolnego i pomóc H. podczas przenosin). Rozmówca z firmy ubezpieczeniowej zadał mi kilka standardowych pytań; chciał między innymi wiedzieć, jak często zdarza się, że w naszym mieszkaniu przez całą noc nie ma żadnego z domowników. Uświadomiłem sobie wtedy, że gdybym mieszkał sam, miałbym trudności z ubezpieczeniem domu, ponieważ uznano by go za „pustostan".

Pomimo tych wszystkich godzin, jakie musiałem spędzać w szpitalu, podczas pierwszego roku stażu na oddziale ginekologii i położnictwa moja praca naprawdę mnie cieszyła – upewniłem się, że podjąłem trafną decyzję o wyborze specjalizacji. Z roztrzęsionego Bambi, truchlejącego na sam dźwięk pagera, przedzierzgnąłem się może nie w pełnego gracji jelenia, ale przynajmniej w kogoś, kto sprawiał wrażenie w miarę kompetentnego. Uwierzyłem, że jestem w stanie poradzić sobie z rozmaitymi nagłymi przypadkami, z jakimi miewa się do czynienia na sali porodowej; zawdzięczałem to w znacznej mierze temu, że pracowałem u boku doświadczonych lekarzy, którzy pomagali mi szlifować moje umiejętności.

Kiedy pierwszy rok stażu dobiegł końca, urzędnicy w dziekanacie ponownie rzucili kośćmi i tym razem wysłali mnie do znacznie bardziej staroświeckiego szpitala. Kiedy używa się określenia „staroświecki" w odniesieniu do osoby, zazwyczaj jest to eufemizm na określenie kogoś, kto zwykł mawiać, że „stołuje się w knajpce u żółtka". W wypadku szpitala „staroświecki" oznacza tyle, że jako początkujący lekarze nie macie tam co liczyć na wsparcie. Jesteście zdani wyłącznie na siebie.

To było zupełnie tak, jakbym z oślej łączki przeniósł się na czarną trasę narciarską, taką jak ta, na której roztrzaskał się Michael Schumacher. W moim nowym miejscu pracy obowiązywało rzadko obecnie spotykane podejście do szkolenia młodych lekarzy, które można opisać w trzech punktach: „zobacz, zrób sam, naucz innych". Przyglądaliście się zabiegowi usunięcia jajowodu albo USG jajnika i to wystarczyło, by uznano was za odpowiednio przeszkolonych do samodzielnego przeprowadzenia tej procedury. Moglibyście pomyśleć, że odbywanie stażu w takich warunkach musiało być prawdziwym koszmarem. Ale to jeszcze nie koniec, bo w tamtym szpitalu metoda „zobacz, zrób sam, naucz innych" stanowiła najbardziej optymistyczny wariant szkolenia stażystów. Punkt „zobacz" często bywał pomijany zupełnie jak gra wstępna podczas randki w toalecie nocnego klubu.

Dziś na YouTubie można znaleźć filmy instruktażowe pokazujące krok po kroku, jak przeprowadzić niemal każdy zabieg medyczny, począwszy od usunięcia wrośniętego paznokcia aż po rozdzielenie bliźniąt syjamskich*. W roku 2006 adepci medycyny zdani byli wyłącznie na pisemne instrukcje zawarte w podręcznikach. Były one dość skomplikowane (pod tym względem bliżej im było do instrukcji montażu samochodu typu kit car niż do instrukcji składania szafy z Ikei) i trzeba było wykuć je na pamięć przed przyjęciem pacjenta. Zapamiętanie ich było ważne, ponieważ lekarz, który gapiłby się na wasze genitalia, trzymając w jednej dłoni skalpel, a w drugiej podręcznik medycyny, raczej nie wzbudziłby waszego zaufania, prawda? Na szczęście szybko nauczyłem się roztaczać aurę niezachwianej pewności siebie, nawet jeśli w rzeczywistości byłem kłębkiem nerwów. Nabrałem w tym takiej wprawy, że nie radziłbym wam siadać ze mną do partyjki pokera. Polecam się za to waszej pamięci, jeśli kiedyś kupicie meble w kawałkach i będziecie mieć problemy z ich złożeniem.

Kiedy nie spałem, siedziałem w pracy. A ponieważ rzucono mnie na naprawdę głęboką wodę, uczyłem się

* Bardzo was proszę, nie próbujcie robić żadnej z tych rzeczy.

dużo i szybko. Zwolennicy staroświeckiego podejścia nie pieszczą się ze stażystami, ale ich metodzie nie można odmówić skuteczności. Patrząc z perspektywy czasu na moje przeżycia w tym szpitalu, dochodzę do wniosku, że trening w Szaolin przypomina w gruncie rzeczy obóz wakacyjny.

2 sierpnia 2006, środa

Jest Czarna Środa* i właśnie zaczynam staż w Szpitalu św. Agaty. Statystyki pokazują, że w Czarne Środy wzrasta liczba zgonów. Świadomość tego sprawia, że czuję mniejszą presję, więc nie przykładam się zbytnio do roboty.

10 sierpnia 2006, czwartek

Podczas mojego dyżuru w przyszpitalnej poradni zgłasza się do mnie pacjentka, która sześć tygodni wcześniej przeszła ciężki poród. Obecnie z jej stanem zdrowia wszystko jest w porządku, ale najwyraźniej coś ją trapi. Kiedy pytam, w czym rzecz, kobieta wybucha płaczem – obawia się, że jej dziecko ma guza mózgu, i prosi, żebym je zbadał. Niemowlęta to zdecydowanie nie moja działka†, ale zerkam na zapłakaną twarz kobiety i zdaję sobie sprawę, że nie jest to odpowiedni moment na to, żeby zachowywać się jak pracownik punktu informacji, który siedzi w okienku tylko po to, by odprawiać petentów z kwitkiem. Dlatego zamiast odesłać pacjentkę do lekarza pierwszego kontaktu, przystępuję do badania jej pociechy. Mam nadzieję, że moja dość skąpa wiedza z zakresu

* Co sześć lub co dwanaście miesięcy każdy lekarz stażysta przenoszony jest do nowego szpitala; przenosiny stażystów odbywają się zawsze w ten sam dzień, nazywany Czarną Środą. To trochę tak, jakby podczas gry w Scrabble wymienić wszystkie płytki z literami w jednej kolejce. Jeśli wydaje się wam, że to niemożliwe, by w Czarną Środę jakikolwiek szpital funkcjonował tak samo sprawnie jak dzień wcześniej, to w zasadzie macie rację.

† Rodzicom wydaje się, że lekarze położnicy są medycznymi omnibusami i posiadają specjalistyczną wiedzę na temat małych dzieci, ale takie przekonanie ma niewiele wspólnego z rzeczywistością. Tak naprawdę nie mamy o noworodkach i niemowlakach bladego pojęcia, z wyjątkiem garści informacji, jakie udało nam się zapamiętać ze studiów. Nasze zadanie kończy się w chwili przecięcia pępowiny – od tego momentu dziecko to już nie nasze zmartwienie, przynajmniej do czasu, aż osiągnie wiek prokreacyjny.

pediatrii wystarczy, by rozwiać lub potwierdzić obawy zrozpaczonej matki.

Kobieta pokazuje mi twardy guzek z tyłu główki dziecka. Na szczęście wiem, co to takiego, i mogę z pełnym przekonaniem oznajmić, że nie jest to guz mózgu, tylko guzowatość potyliczna, czyli najzupełniej normalne zgrubienie kości czaszki. Proszę spojrzeć, pani starsze dziecko ma na głowie taki sam guzek! Identyczne zgrubienie znajduje się też na pani czaszce!

„O mój Boże! – wykrzykuje kobieta, a łzy wciąż płyną ciurkiem po jej twarzy. Spogląda na swoje dzieci, wodząc wzrokiem od niemowlęcia do trzylatka, zupełnie jakby obserwowała szybką wymianę na kortach Wimbledonu. – A więc to dziedziczne".

14 sierpnia 2006, poniedziałek

Do moich obowiązków należy przeprowadzanie co dwa tygodnie badań ultrasonograficznych na Oddziale Wczesnej Ciąży. Podczas takiego badania lekarz korzysta z sondy transwaginalnej*, by przyjrzeć się czteromilimetrowemu zlepkowi komórek w macicy pacjentki. Dzisiaj muszę samodzielnie przebadać w ten sposób dwadzieścia kobiet – drżą mi ręce, bo nigdy wcześniej nie miałem okazji zobaczyć, jak przeprowadza się takie badanie.

Proszę (błagam) lekarza rezydenta, żeby pokazał mi, jak się do tego zabrać. Wprawdzie śpieszy się na salę operacyjną, ale przed wyjściem znajduje jeszcze dość

* Brzmi to jak nazwa szybkiej linii kolejowej gdzieś na Kaukazie, ale jest znacznie bardziej prozaiczne. Wprowadzacie głowicę ultrasonograficzną do pochwy i sprawdzacie, czy ciąża nie jest patologiczna, czyli na przykład pozamaciczna lub zagrożona poronieniem. Jeśli wasza diagnoza okaże się błędna, możecie zostać oskarżeni o zaniedbanie lub nieumyślne spowodowanie śmierci.

czasu, by przebadać w mojej obecności jedną pacjentkę. Okazuje się, że nie byłem jedynym stażystą, który nigdy dotąd nie wykonywał transwaginalnego USG – dla mojej koleżanki, pełniącej popołudniowy dyżur na Oddziale Wczesnej Ciąży, także jest to coś zupełnie nowego. Robię użytek z moich świeżo nabytych umiejętności i udzielam koleżance lekcji poglądowej, badając pierwszą z jej pacjentek. Zobacz, jak to się robi, zrób to dwadzieścia razy sam i naucz innych.

16 sierpnia 2006, środa

Właśnie wróciłem z sali porodowej. Odebranie porodu z użyciem próżniociągu poszło mi sprawniej niż kiedykolwiek wcześniej; asystująca mi położna stwierdziła nawet, że radziłem sobie tak dobrze, że wzięła mnie za lekarza rezydenta (ta sama położna dorobiła się wśród personelu szpitala przydomka Nieudolna Dawn, więc podchodzę do jej opinii z pewnym dystansem).

Zadzwoniła do mnie mama i powiedziała, że moja siostra Sophie dostała się na studia medyczne. Wysyłam Soph SMS-a z gratulacjami. Potem wysyłam jej jeszcze moje zdjęcie, na którym pozuję z uniesionymi kciukami, ubrany w lekarski uniform (kadruję fotkę w taki sposób, by nie było widać krwawych plam na ubraniu). Podpisuję je: „To ty za sześć lat!".

Gdyby mama zadzwoniła do mnie pod koniec dyżuru, moja wiadomość do siostry brzmiałaby nieco inaczej: RZUĆ TE STUDIA W DIABŁY.

21 sierpnia 2016, poniedziałek

Od ponad dwóch tygodni noszę przy sobie awizo. Co jakiś czas wyciągam je i wpatruję się w nie tak, jakby to było zdjęcie mojego pierworodnego dziecka albo od dawna nieżyjącej sympatii z czasów mojej wczesnej młodości. Za każdym razem odczytuję wydrukowane na kartce godziny pracy urzędu pocztowego, łudząc się żałośnie, że jakimś cudem uległy one zmianie. Ale nic z tego.

Poczta znajduje się zbyt daleko, bym zdążył odebrać przesyłkę podczas przerwy obiadowej – nawet gdybym miał jakąś przerwę obiadową. Przez dwa tygodnie miałem nadzieję, że któregoś dnia zdołam wyrwać się z pracy nieco wcześniej, ale byłoby to możliwe wyłącznie wtedy, gdyby szpital doszczętnie spłonął albo gdyby na świecie wybuchła nagle wojna atomowa. Dziś zaczynam tydzień nocnych dyżurów, więc w ciągu dnia udaje mi się wreszcie wybrać po odbiór mojej paczki. Niestety, kiedy zjawiam się na miejscu, okazuje się, że poczta przechowuje przesyłki tylko przez osiemnaście dni, a potem odsyła je do nadawcy.

Krótko mówiąc, H. nie dostanie jutro swojego prezentu urodzinowego.

14 września 2006, czwartek

C.W., pacjentka z sali przedporodowej, musi przejść badanie obrazowe płuc – zamierzam zapisać ją na rezonans magnetyczny, ale zanim to zrobię, zadaję jej kilka kontrolnych pytań*.

* W normalnych okolicznościach wykonalibyśmy tomografię komputerową, ale w wypadku kobiet w ciąży lekarze starają się unikać badania tomografem, ponieważ wiąże się ono z przyjęciem przez pacjenta dużej dawki promieniowania rentgenowskiego – a każdy, kto oglądał horrory puszczane późną nocą w telewizji, powie wam, że napromieniowanie płodu oznacza zwykle poważne kłopoty. Wiele razy tłumaczono mi zasadę działania skanera rezonansu magnetycznego, ale wciąż niewiele z tego rozumiem. Wiem tyle, że badanie tą metodą nie wymaga użycia promieniowania rentgenowskiego; obraz struktur ciała powstaje za sprawą protonów, magii

Okazuje się, że pacjentka nie kwalifikuje się do badania rezonansem magnetycznym, ponieważ przed kilkoma laty w opuszkę palca wskazującego prawej dłoni wszczepiono jej niewielki, ale silny magnes. Podobno przez pewien czas panowała moda na takie magnetyczne implanty. Wszczepiane w salonach tatuażu magnesy miały zapewniać swoim posiadaczom „dodatkowy zmysł" i umożliwiać wyczuwanie znajdujących się w pobliżu metalowych przedmiotów oraz odbieranie ich wibrującej aury (słowa mojej pacjentki), czyli zamienić was w X-Mana dla ubogich (moje słowa).

Z relacji pacjentki wynika jednak, że magnes w palcu, zamiast dostarczać mistycznych, nieziemskich wrażeń, okazał się potwornie upierdliwy – w miejsce wszczepienia implantu wielokrotnie wdawały się infekcje, a przechodzenie przez bramki kontrolne na lotniskach stało się prawdziwą udręką. Przez moment zastanawiam się, czy nie poprosić pacjentki, by spróbowała zbliżyć palec z implantem do Cormaca, jednego z zatrudnionych w szpitalu lekarzy stażystów; pozwoliłoby to zweryfikować krążące wśród stażystów plotki o tym, że nasz kolega posiada kolczyk księcia Alberta*. Pacjentka twierdzi jednak, że

oraz cholernie wielkiego magnesu. Magnes jest naprawdę ogromny – ma rozmiary kawalerki i waży kilkanaście ton. Przed wysłaniem pacjenta na rezonans magnetyczny lekarz musi zadać mu szereg kontrolnych pytań, między innymi o to, czy pacjent posiada metalową protezę zastawki serca (podczas badania zostałaby ona wyrwana z klatki piersiowej i wbiłaby się w ściankę skanera z prędkością 130 km/h), a także czy pracował w fabryce produkującej wyroby z metalu (jeśli tak, to do jego oczu prawdopodobnie dostały się drobinki metalu – kiedy wejdzie do sali, w której znajduje się aparatura do rezonansu magnetycznego, jego gałki oczne mogą eksplodować).

* Posiadanie kolczyka w genitaliach nigdy nie wydawało mi się szczególnie pociągające. Na dobre zniechęciłem się do takich ozdób po tym, jak zobaczyłem pacjenta, którego kolczyk uległ wyrwaniu podczas stosunku.

implant prawdopodobnie uległ rozmagnesowaniu, bo o jego obecności przypomina już tylko zgrubienie na opuszce palca. Dodaje też, że chce operacyjnie usunąć magnes. Otaczająca go tkanka bliznowata sprawia jednak, że taka operacja jest dość skomplikowana, a jej koszty nie podlegają refundacji przez NHS. Ostatecznie zapisuję pacjentkę na tomografię komputerową – podczas badania będzie miała na sobie ołowiany fartuch ochronny, który zabezpieczy płód przed niebezpiecznym promieniowaniem. Swoją drogą, gdybym wysłał pacjentkę na rezonans magnetyczny, pozbyłaby się implantu bez konieczności płacenia za operację.

17 września 2006, niedziela

Dziś zwariowała drukarka. Albo któraś z recepcjonistek. W każdym razie pokój pielęgniarek na oddziale położniczym zalała fala papieru. Wszyscy członkowie personelu zebrali się wokół drukarki i próbowali ją naprawić. Próby te sprowadzały się do naciskania na chybił trafił rozmaitych przycisków i nie przyniosły absolutnie żadnego efektu.

Drukarka wciąż wypluwa na podłogę kolejne kartki. Podnoszę jedną z nich – na kartce wydrukowane są samoprzylepne naklejki identyfikacyjne z nazwiskiem noworodka, które przykleja się na dokumentację medyczną, opaski na rękę itd. Przez resztę dnia wszyscy oglądamy nerwowo nasze buty i ubrania, żeby sprawdzić, czy nie przylepiła się do nich jedna z nalepek – nikt nie chce paradować z taką etykietką. Okazało się bowiem, że na wszystkich kartkach wydrukowane zostały naklejki

Podobne przypadki zdarzają się na tyle często, że urolodzy ukuli dla nich specjalny termin: „zemsta księcia Alberta".

identyfikacyjne przeznaczone dla dziecka o dość niefortunnie brzmiącym nazwisku. Na każdej nalepce widnieje napis: BABY RAPER*.

25 września 2006, poniedziałek

Historyjka z życia wyższych sfer. Na rutynową wizytę w poradni dla kobiet w ciąży przychodzi pewna bardzo elegancka pacjentka. Jej bardzo elegancki płód miewa się świetnie. Pacjentce towarzyszy jej ośmioletnia, równie elegancka pociecha, która w pewnej chwili zadaje matce pytanie o coś związanego z ekonomią (!). Bardzo elegancka pacjentka, zanim udzieli odpowiedzi, pyta swoje drugie pięcioletnie i również bardzo eleganckie dziecko: „Kochanie, a czy ty wiesz, co znaczy słowo »ekonomiczny«?".

„Tak, mamusiu. Tak się nazywa ta okropna część samolotu".

Oto dlaczego na świecie wybuchają rewolucje.

27 września 2006, środa

Dziś po raz pierwszy od początku mojego stażu nie poszedłem do pracy z powodu choroby. To, jak przyjęto w szpitalu wieści o mojej niedyspozycji, miało niewiele wspólnego ze współczuciem.

„Kurwa, niech to szlag – warknął rezydent, którego poinformowałem telefonicznie o tym, że nie pojawię się dziś w szpitalu. – Nie mógłbyś przyjść i popracować przynajmniej do południa?" Wyjaśniłem, że dopadło mnie paskudne zatrucie pokarmowe i przechodzę właśnie poważny kryzys żołądkowo-jelitowy. „No dobra..." – stwierdził rezydent. Powiedział to znużonym głosem,

* W zależności od kontekstu może to oznaczać „dziecko (o nazwisku) Raper" albo „gwałciciel dzieci" (przyp. tłum.).

w którym pobrzmiewał ton biernej agresji, z jaką zazwyczaj spotykam się wyłącznie w domu. „Ale obdzwoń kolegów i znajdź kogoś, kto ma dziś wolne i może cię zastąpić".

Jestem prawie pewien, że w Google, w GlaxoSmithKline, a nawet w Ginsters – firmie z branży garmażeryjnej – procedury postępowania w wypadku choroby pracownika wyglądają nieco inaczej. Ciekawe, czy w jakimkolwiek innym miejscu pracy szef wymaga od podwładnego, by ten sam znajdował dla siebie zastępstwo na czas choroby? Może w armii Korei Północnej? Zastanawiam się też, co musiałoby mi dolegać, żeby zwolniono mnie z tego obowiązku. Złamanie miednicy? A może chłoniak? Niewykluczone, że musiałbym wylądować na oddziale intensywnej terapii z rurką intubacyjną w tchawicy, pozbawiony zdolności mówienia.

Na szczęście w przerwach między atakami torsji (oraz biegunki) udało mi się wydusić z siebie kilka słów i namówić koleżankę ze stażu, by mnie zastąpiła. Nie wyjaśniałem mojej rozmówczyni, co robiłem podczas naszej telefonicznej konwersacji; słysząc te dziwne odgłosy, pewnie pomyślała sobie, że gram w paintballa. W przyszłości będę musiał się jej zrewanżować i odpracować za nią jeden z dyżurów – stwierdzenie, że wziąłem sobie dziś wolne z powodu choroby, byłoby więc sporym nadużyciem.

Zawsze podejrzewałem, że jeśli w końcu się rozchoruję, to stanie się to z powodu przepracowania. Obstawiałem, że będzie to jakaś forma załamania nerwowego, ostra niewydolność nerek wywołana odwodnieniem, ewentualnie obrażenia będące skutkiem pobicia przez wściekłego krewnego któregoś z pacjentów albo wjechania samochodem w drzewo po męczącym nocnym dyżurze. Sprawcą mojej niedoli okazała się tymczasem niepozorna porcja musaki domowej roboty, którą poczęstowała mnie matka jednej z pacjentek z oddziału położniczego. Mam niemal stuprocentową pewność, że zatrułem się musaką, ponieważ był to jedyny posiłek, jaki zjadłem w ciągu całego wczorajszego dnia. „Powinno być jakieś powiedzenie ostrzegające ludzi przed Grekami przynoszącymi dary", pomyślałem, siedząc na sedesie i zmagając się z kolejnym napadem sraczki. W ustach czułem posmak żółci i bakłażana.

30 września 2006, sobota

Na izbę przyjęć trafia sapiąca i dysząca kobieta, u której zaczęła się akcja porodowa. Na moje pytanie o częstotliwość skurczów mąż kobiety odpowiada, że występują one co dziesięć minut, po trzy lub cztery w jednej serii, a każdy z nich trwa około jednej minuty. Wyjaśniam, że muszę zbadać pacjentkę i sprawdzić wielkość rozwarcia*.

Mąż twierdzi, że sprawdził to przed wyjazdem z domu – rozwarcie wynosiło sześć centymetrów. Niewielu przyszłych tatusiów decyduje się zajrzeć pod maskę, dlatego pytam go, czy jest lekarzem. Zaprzecza i mówi mi, że jest tynkarzem. „Ale wiem, do czego służy centymetr" – dodaje. Po przebadaniu pacjentki okazuje się, że pomiary wykonane przez jej męża były prawidłowe. Już

* Skurcze macicy sprawiają, że jej szyjka, zamknięta przed porodem, rozszerza się stopniowo aż do pełnego rozwarcia, które w końcowej fazie akcji porodowej wynosi 10 centymetrów; wtedy też na scenie pojawia się dziecko. Początkowe niewielkie rozwarcie może utrzymywać się bardzo długo, dlatego też na porodówkę przyjmuje się zazwyczaj pacjentki, u których szyjka macicy rozwarta jest na szerokość co najmniej 3 centymetrów – niczym w specyficznym nocnym klubie nie wpuścimy kobiety na oddział, dopóki nie wsuniemy do jej szyjki dwóch palców w gumowej rękawiczce. W londyńskim Soho znajdziecie prawdopodobnie przynajmniej jeden taki klub.

samo to czyni go bardziej kompetentnym od większości moich kolegów po fachu.

7 października 2006, sobota

Minęło pół roku, odkąd przeczytałem dramatyczny wpis Simona na Facebooku; od tamtej pory odgrywam rolę jego telefonicznego konsultanta do spraw zdrowia psychicznego. Powiedziałem mu, że jeśli najdą go jakieś niepokojące myśli, może do mnie zadzwonić – i Simon skwapliwie korzysta z mojej oferty. Wielokrotnie zachęcałem go też do skorzystania z usług profesjonalnych poradni zdrowia psychicznego, ale tę propozycję Simon puszcza mimo uszu. Czuję się nieco przytłoczony, bo na dobrą sprawę mam teraz nie jeden, a dwa pagery, które w każdej chwili mogą przynieść mi złe wieści; podejrzewam też, że znacznie skuteczniej pomógłby Simonowi ktoś, kto nie musiałby w panice wpisywać do internetowej wyszukiwarki hasła: „Co powiedzieć osobie z myślami samobójczymi?". Najwyraźniej jednak moja pomoc jest lepsza niż żadna – udało mi się osiągnąć przynajmniej tyle, że Simon wciąż żyje.

Najbardziej stresujące są dla mnie te chwile, gdy odkrywam, że przegapiłem telefon od Simona – jeśli oddzwonię do niego zbyt późno i nie zdążę powstrzymać go przed targnięciem się na własne życie, to czy będzie to moja wina? Czy moja zwłoka będzie równoznaczna z wytrąceniem mu krzesła spod nóg? Chyba nie, ale ponieważ jestem lekarzem, czuję się odpowiedzialny za jego życie i zdrowie; przypuszczalnie to właśnie dlatego wpakowałem się w tę kabałę. Jeśli jesteście lekarzami i jako pierwsi zauważycie, że pacjent będący pod opieką innego lekarza ma problemy z oddychaniem albo nieprawidłowe wyniki badania krwi, to macie obowiązek niezwłocznie pomóc zagrożonej osobie, a przynajmniej dopilnować, by ktoś inny udzielił jej pomocy. Nie sądzę, by fachowcy od instalacji grzewczych czuli się równie odpowiedzialni za każdy szwankujący kocioł lub bojler, na jaki się natkną. Rzecz w tym, że lekarze w swojej pracy obcują na co dzień ze śmiercią – to właśnie odróżnia nasz zawód od wszystkich innych zawodów i sprawia, że ludziom spoza naszej profesji zazwyczaj trudno jest wczuć się w nasze położenie.

Wieczorem, po odebraniu skomplikowanego porodu, podczas którego musiałem wykonać cesarskie cięcie, oddzwaniam do Simona. Od pewnego czasu staram się ograniczać nasze telefoniczne sesje terapeutyczne do około dwudziestu minut – moje zadanie sprowadza się w zasadzie do wysłuchania Simona, okazania mu współczucia i zapewnienia, że jego przygnębienie wkrótce minie. Simon z pewnością zorientował się już, że nasze pogawędki za każdym razem przebiegają tak samo, jednak najwyraźniej wcale mu to nie przeszkadza – zapewne najważniejszy jest dla niego fakt, że ktoś okazuje zainteresowanie jego problemami. W gruncie rzeczy to właśnie na tym polega między innymi bycie lekarzem.

9 października 2006, poniedziałek

Przywykłem już do wysłuchiwania relacji na temat rozmaitych idiotycznych wyczynów moich pacjentów, ale dziś usłyszałem coś, co sprawiło, że zacząłem się poważnie zastanawiać, czy nie jestem przypadkiem w ukrytej kamerze. Odbyłem długą rozmowę z mężem jednej z pacjentek, który uskarżał się, że nie jest w stanie znaleźć dla siebie kondomów o odpowiednio dużym rozmiarze.

Koniec końców okazało się, że facet za każdym razem próbował naciągać prezerwatywę nie tylko na członka, ale także na mosznę.

10 października 2006, wtorek

Nie wiem, co było powodem sprzeczki, do jakiej doszło w poradni ginekologicznej – zdążyłem tylko zobaczyć wzburzoną pacjentkę wykrzykującą pod adresem pielęgniarki: „To z moich pieniędzy płacą pani pensję! To z moich pieniędzy płacą pani pensję!", na co pielęgniarka odkrzyknęła: „W takim razie poproszę o podwyżkę!".

19 października 2006, czwartek

Moja twarz pokerzysty przydawała mi się wielokrotnie w ciągu dotychczasowej medycznej kariery. Na przykład wtedy, gdy pewien osiemdziesięciolatek opowiadał mi o swoich doświadczeniach z gigantycznym korkiem analnym o nazwie Assmaster (Mistrz odbytu), a także wtedy, gdy podczas dyżuru w poradni leczenia niepłodności musiałem delikatnie wytłumaczyć pewnej parze, że wcieranie nasienia w pępek kobiety nie zwiększa szans na zapłodnienie. Zazwyczaj cierpliwie słucham tego, co pacjent ma mi do powiedzenia, i kiwam beznamiętnie głową niczym pies z telewizyjnej reklamy firmy ubezpieczeniowej Churchill. „Jak duży jest Assmaster, z którego pan korzysta?"

Dziś jednak moja próba zachowania pokerowej twarzy zakończyła się niepowodzeniem. Podczas porannego obchodu jeden ze studentów medycyny miał zreferować nam stan pani Ringford – siedemdziesięcioletniej pacjentki oddziału ginekologicznego, która dochodzi do siebie po przebytej niedawno operacji, mającej na celu powstrzymanie obniżania się tylnej ściany pochwy*. Zaaferowany student pomylił nazwisko pacjentki i przedstawił nam ją jako panią Ringpiece (ang. zwieracz). Nie wytrzymałem i podobnie jak pacjentka, ryknąłem śmiechem.

23 października 2006, poniedziałek

Wzywają mnie na izbę przyjęć, żebym przebadał pewnego dżentelmena po siedemdziesiątce. Dzwonię do stażysty dyżurującego na izbie przyjęć, żeby upewnić się, czy nie zaszła jakaś pomyłka – pracuję na oddziale ginekologicznym i badanie mężczyzn wykracza poza moje kompetencje. W odpowiedzi słyszę, że to skomplikowany przypadek i że wszystkiego dowiem się na miejscu.

Pacjent, pan N.S., jest sikhem i ni w ząb nie rozumie angielskiego. Przyjechał do Wielkiej Brytanii, by odwiedzić mieszkającą tu rodzinę; w szpitalu towarzyszy mu jeden z jego krewnych, który także nie mówi po angielsku. Wywiad lekarski przeprowadzany jest więc za pośrednictwem telefonicznego tłumacza – słuchawka co chwila wędruje z rąk do rąk. Szybko staje się jasne, że tłumacz musiał nieźle podrasować swoje CV – jego znajomość pendżabskiego jest tylko nieznacznie lepsza niż kogoś, kto nie zna ani słowa w tym języku.

Personel izby przyjęć ze stoickim spokojem kontynuuje wywiad, starając się zebrać jak najwięcej informacji przy pomocy niezbyt kompetentnego tłumacza.

* Ciało kobiety w dojrzałym wieku podejmuje próbę wywrócenia się na lewą stronę poprzez waginę. Można temu zapobiec, wykonując odpowiednie ćwiczenia mięśni dna miednicy. Broszury instruktażowe opisujące te ćwiczenia są jednak napisane wyjątkowo niejasnym językiem; moim pacjentkom udzielałem znacznie prostszych wskazówek: „Proszę sobie wyobrazić, że siedzi pani w wannie pełnej węgorzy i nie chce pani dopuścić, żeby któryś z nich dostał się do środka".

Przekazują mi, co udało im się do tej pory ustalić: pacjent od tygodnia krwawi „tam, na dole", a do tego jest hermafrodytą* – i to właśnie ten fakt zadecydował o wezwaniu mnie na izbę przyjęć. Odpowiadam, że szczerze wątpię, by ten starszy brodaty dżentelmen był osobą interseksualną, i proszę, by pozwolili mi porozmawiać z tłumaczem.

„Niech pan zapyta pacjenta, czy posiada macicę". Przekazuję słuchawkę starszemu panu, który po krótkiej wymianie zdań z tłumaczem zaczyna bardzo głośno i gniewnie powtarzać jakieś słowo w języku pendżabskim. W końcu nerwowo rozpina koszulę i naszym oczom ukazuje się port naczyniowy†. Doznajemy nagłego kolektywnego olśnienia. „To hemofilik!" – wołamy zgodnym chórem. Opuszczam izbę przyjęć, której personel zajmie się krwawiącym z odbytnicy pacjentem.

31 października 2006, wtorek

Z cyklu: dylematy moralne lekarzy. Siedzę w szatni oddziału porodowego; mam za sobą wyjątkowo długi dyżur. W normalnych okolicznościach skończyłbym pracę o godzinie dwudziestej, a tymczasem jest już dwudziesta druga. Wszystko przez to, że musiałem odebrać skomplikowany poród, po którym pacjentka dostała krwotoku – i to na tyle poważnego, że trafiła na salę operacyjną. Po

* Hermafrodytyzm to bardzo rzadkie zaburzenie różnicowania narządów płciowych; dotknięta nim osoba posiada zarówno jądra, jak i jajniki. Nazwa tego zaburzenia pochodzi od greckiego mitu o Hermafrodycie, dwupłciowej istocie będącej dzieckiem Hermesa i Afrodyty, którym najwyraźniej zabrakło inwencji przy wymyślaniu imienia dla swojego potomka.

† Port naczyniowy to rodzaj trwałego podskórnego dostępu do żyły, stosowanego u pacjentów wymagających częstego dożylnego podawania leków oraz pobierania krwi.

pracy wybieram się na przyjęcie halloweenowe. Niestety, jest już zbyt późno na to, bym zdążył pojechać do domu po przygotowany wcześniej kostium. Mam jednak na sobie mój lekarski uniform, w dodatku od stóp do głów jestem obryzgany krwią. Czy pojawienie się w tym stroju na imprezie z okazji Halloween byłoby aż tak naganne z etycznego punktu widzenia?

4 listopada 2006, sobota

O pierwszej w nocy odzywa się mój pager. Dostaję wezwanie do pacjentki z oddziału poporodowego. Ktoś z personelu bloku operacyjnego* odpisuje wzywającej mnie położnej, że jestem właśnie w trakcie wykonywania cesarskiego cięcia. Pager dzwoni ponownie o godzinie 1:15 (kiedy wciąż zmagam się z cesarką), a potem raz jeszcze o 1:30 (kiedy jestem zajęty sporządzaniem notatki na temat przebiegu operacji). W końcu udaję się na oddział poporodowy, zastanawiając się, jaka to pilna sprawa wymagała aż tylu ponagleń. Okazuje się, że pacjentka, która rano ma zostać wypisana ze szpitala do domu, potrzebuje podpisu lekarza na wniosku o wydanie paszportu dla jej dziecka.

15 listopada 2006, środa

Postanowiłem przystąpić do pierwszej części egzaminu MRCOG†. Zgodnie z sugestią autorów podręcznika dla osób przygotowujących się do tego egzaminu przed

* Członek personelu bloku operacyjnego jest dla anestezjologa tym, kim był Muttley dla Dicka Dastardly'ego.

† MRCOG to skrót od Memeber of the Royal College of Obstetricians and Gynaecologists (Członek Królewskiego Kolegium Położników i Ginekologów). Członkostwo w tym stowarzyszeniu to dla lekarza ginekologa jedyna furtka do zawodowego awansu. Egzamin składa się z dwóch morderczo

przystąpieniem do nauki próbuję rozwiązać jeden z testów z poprzednich lat – „Możesz być przyjemnie zaskoczony tym, jak duża jest już twoja wiedza!".

Marzec 1997, test nr 1, pytanie 1

Prawda czy fałsz? Komórki chromochłonne:

A. Są unerwione przez komórki przedzwojowe układu sympatycznego.

B. Występują w korze nadnerczy.

C. Powstają z neuroektodermy.

D. Mogą dekarboksylować aminokwasy.

E. Występują w zwojach trzewnych.

Abstrahując od tego, że znam znaczenie zaledwie połowy użytych w teście słów (z czego większość stanowią przyimki), zastanawia mnie, w jaki sposób wiedza o komórkach chromochłonnych miałyby podnieść moje umiejętności w zakresie odbierania porodów? No, ale skoro moi demoniczni panowie i władcy uznali, że powinienem posiąść tę wiedzę, to kimże ja jestem, by z nimi dyskutować?

Autorzy innego podręcznika zapewniają optymistycznie, że „do pierwszej części egzaminu MRCOG można przygotować się w ciągu zaledwie sześciu miesięcy, przy założeniu, że co wieczór poświęci się na naukę jedną lub dwie godziny". To jedna z tych formułek, które teoretycznie mają dodać wam otuchy, ale w praktyce wywierają dokładnie odwrotny efekt – „to tylko niewielki guz" albo „większość pożaru udało się już ugasić".

trudnych części i przypomina prace Herkulesa – jego główny sens polega na tym, że musicie dowieść swojego bezgranicznego oddania medycynie.

Nie jestem też pewien, skąd miałbym wziąć te dwie dodatkowe godziny dziennie – musiałbym albo porzucić moje niepoważne hobby, to znaczy sen, albo zrezygnować z czasochłonnych dojazdów do pracy i zamieszkać w szpitalnym schowku na szczotki. Poza tym do egzaminu zostało nie sześć miesięcy, a cztery.

25 grudnia 2006, poniedziałek

W zasadzie nie mam nic przeciwko pracy w Boże Narodzenie – tego dnia w szpitalu mamy pod dostatkiem różnych przekąsek, wszyscy są w dobrym nastroju, a na izbę przyjęć zgłasza się znacznie mniej niż zazwyczaj osób, którym nie dolega nic poza nadmierną troską o własny stan zdrowia*. Jeśli ktoś domaga się, by przyjąć go do szpitala w pierwszy dzień świąt, to zazwyczaj jest naprawdę chory, zaczął właśnie rodzić albo szczerze nie znosi swojej rodziny (w tym ostatnim przypadku mam więc z tą osobą coś wspólnego). Nawiasem mówiąc, nie jestem przekonany, czy H. podziela mój stosunek do spędzania świąt w pracy – zwłaszcza że wiąże się to z koniecznością wymienienia się prezentami w ekspresowym tempie o siódmej rano.

Zgodnie z tradycją panującą w Szpitalu św. Agaty w każde Boże Narodzenie dyżurujący tego dnia lekarz specjalista† przyjeżdża do szpitala, żeby przeprowadzić obchód i odciążyć w ten sposób stażystów oraz

* Wielu ludzi (nie nazywam ich pacjentami, bo nie są to osoby chore) zgłasza się do szpitala, ponieważ są błędnie przekonani o tym, że z ich organizmem jest coś nie tak. Jeśli powzięli to przekonanie na skutek tego, co wyczytali w internecie, nazywamy ich cyberchondrykami.

† Lekarze specjaliści z reguły pełnią dyżury w domu i w razie potrzeby udzielają porad i konsultacji przez telefon; w szpitalu zjawiają się tylko w naprawdę nagłych przypadkach.

rezydentów. Na obchód zabiera torbę z prezentami dla pacjentów – zwykle są to przybory toaletowe, muffinki panettone i tym podobne drobiazgi. Nie da się bowiem ukryć, że spędzanie świąt w szpitalu to dla pacjentów nic przyjemnego, a drobne podarunki mogą im nieco poprawić samopoczucie. Ale najlepsze w tej bożonarodzeniowej tradycji jest to, że lekarz specjalista przeprowadza obchód w stroju świętego Mikołaja.

Wszystkie pielęgniarki były więc wyraźnie zawiedzione, gdy doktor Hopkirk, którego dyżur wypadał w tym roku w pierwszy dzień świąt, przybył do szpitala około dziesiątej rano ubrany w sweter i spodnie w kolorze khaki. Gdy pod jego adresem posypały się wzburzone okrzyki („Grinch! Ebenezer!"), wyjaśnił, że podczas swojego poprzedniego bożonarodzeniowego dyżuru wyruszył na obchód ubrany w przepisowy kostium i z przyklejoną do twarzy sztuczną brodą. W trakcie obchodu u pewnej starszej pacjentki doszło do zatrzymania akcji serca – doktor Hopkirk przystąpił więc niezwłocznie do resuscytacji krążeniowo-oddechowej, a pielęgniarka pobiegła po wózek do przewozu chorych. O dziwo, RKO zakończyła się sukcesem* i pacjentka wróciła do świata

* Jeśli wasze serce przestanie bić, to prawdopodobnie przyjdzie wam pożegnać się z życiem. Pan Bóg jest w tej kwestii dość rygorystyczny. Jeśli zasłabniecie na ulicy i któryś z przechodniów podejmie resuscytację krążeniowo-oddechową, to wasze szanse na przeżycie wyniosą około 8 procent. Wzrosną one dwukrotnie, jeśli do ustania akcji serca dojdzie w szpitalu, gdzie wykwalifikowany personel ma do dyspozycji odpowiednie leki oraz sprzęt do defibrylacji. Mało kto zdaje sobie jednak sprawę z tego, jak koszmarnym zabiegiem jest resuscytacja – to zabieg odzierający pacjenta z godności, brutalny i w większości przypadków skazany na niepowodzenie. Kiedy bliscy pacjenta podejmują decyzję, czy w razie zatrzymania krążenia lub oddychania lekarze mają odstąpić od reanimacji (jest to tzw. polecenie DNR, czyli *do not resuscitate* – nie reanimować), zazwyczaj obstają przy tym, by lekarze „robili wszystko, co w ich mocy" w celu uratowania

żywych – tylko po to, by ujrzeć nad sobą mierzącego ponad metr osiemdziesiąt świętego Mikołaja, przyssanego ustami do jej ust i trzymającego ręce na jej piersiach. „Wciąż słyszę jej krzyk" – wyznał doktor Hopkirk.

Jedna z pielęgniarek nie potrafiła ukryć swojego rozczarowania; przypominała dziecko, które zamiast upragnionego małego kotka znalazło pod choinką zestaw do kaligrafii. „To może założy pan chociaż czerwoną czapkę?..." – wybąkała.

17 stycznia 2007, środa

„Aby zachęcić pracowników do korzystania z komunikacji publicznej", dyrekcja Szpitala św. Agaty zlikwidowała parking dla członków szpitalnego personelu. Ten akt troski o środowisko naturalne był godny podziwu; ponieważ jednak korzystanie z publicznych środków transportu wydłużyłoby mój czas dojazdu do pracy do dwóch godzin i dwudziestu minut, uznałem, że wolę skorzystać z mojego prywatnego środka transportu, dotrzeć do szpitala w siedemdziesiąt minut, a następnie zostawić mój samochód na parkingu dla pacjentów oraz ich gości. Szkopuł tkwił w tym, że system opłat za korzystanie z tego parkingu musiał zostać wymyślony przez kogoś, kto uświadomił sobie, że ma marne szanse na dwukrotne trafienie głównej wygranej na loterii w tym samym roku – i dlatego postanowił znaleźć inny sposób na osiągnięcie rocznych dochodów w podobnej wysokości. Za każdą godzinę parkowania trzeba

pacjentowi życia. Nie mają przy tym pojęcia, co to oznacza w praktyce. Pytanie zadawane rodzinie pacjenta powinno moim zdaniem brzmieć tak: „Jeśli u twojej matki dojdzie do zatrzymania akcji serca, czy chcesz, żebyśmy połamali jej wszystkie żebra i porazili ją prądem?".

zapłacić trzy funty; nie przewidziano przy tym żadnych zniżek dla kierowców zostawiających samochód na dłużej. Opłata naliczana jest codziennie, bez względu na porę dnia i nocy – z wyjątkiem pierwszego dnia świąt Bożego Narodzenia. Zapewne ktoś doszedł do wniosku, że zdzieranie z ludzi pieniędzy w taki dzień mogłoby zostać uznane za przesadną chciwość.

Jedynymi osobami zwolnionymi z tych opłat są pacjentki rodzące w naszym szpitalu. Otrzymują one specjalny voucher, uprawniający je do bezpłatnego korzystania ze szpitalnego parkingu przez trzy dni; każdy taki dokument musi zostać podpisany przez pielęgniarkę oddziałową. Na szczęście jestem w dobrych stosunkach z naszymi oddziałowymi – bynajmniej nie dlatego, że dzień w dzień zażegnuję groźne kryzysy na sali porodowej, tylko dlatego, że od czasu do czasu przynoszę na oddział pudełko ciastek z kremem. Wdzięczne oddziałowe co kilka dni wypisują mi kolejne vouchery, dzięki którym od kilku miesięcy półlegalnie zajmuję miejsce parkingowe, nie płacąc za to ani grosza.

Dziś jednak zostaję zdemaskowany: kiedy wychodzę ze szpitala, okazuje się, że na koło mojego samochodu założono blokadę. Za wycieraczką znajduję kartkę z informacją o tym, że zdjęcie blokady kosztuje sto dwadzieścia funtów. Przez moment zastanawiam się, czy nie lepiej byłoby kupić szlifierkę kątową za pięćdziesiąt funtów i samemu usunąć blokadę, ale mam za sobą dwunastogodzinny dzień pracy i chcę jak najszybciej znaleźć się we własnym łóżku. Oglądam świstek w poszukiwaniu numeru telefonu, pod który powinienem zadzwonić. Na odwrocie kartki dostrzegam dopisek od parkingowego: „Miałeś cholernie długi poród, koleś".

21 stycznia 2007, niedziela

Dopiero co pomyślałem sobie, że już dawno nie zajmowałem się wydobywaniem „ciał obcych umieszczonych w otworach ciała" – i proszę bardzo, dziś na izbie przyjęć zjawiła się dwudziestoparoletnia kobieta, która nie jest w stanie samodzielnie wyjąć wsadzonej do pochwy butelki. Wkładam wziernik dopochwowy* – cóż to będzie tym razem? Flakonik Chanel No. 5? Dwulitrowa butla oranżady? A może ampułka z magicznym eliksirem, który muszę wypić, by osiągnąć kolejny poziom w grze Dungeons & Dragons, w którą po raz ostatni grałem dwadzieścia cztery lata temu? Po chwili okazuje się, że to buteleczka po brzegi wypełniona moczem.

Nie potrafię wymyślić żadnego logicznego powodu, dla którego przedmiot ten mógłby znaleźć się w takim miejscu, więc proszę pacjentkę, by mnie oświeciła. Kobieta wyjaśnia, że ma obowiązek dostarczać swojemu kuratorowi próbki moczu, które są potem badane pod kątem obecności narkotyków – zamiast wybrać najprostsze rozwiązanie, to znaczy powstrzymać się od zażywania niedozwolonych substancji, namawiała swoją matkę, by ta siusiała do buteleczki, którą moja pacjentka przemycała następnie w pochwie i po kryjomu przelewała jej zawartość do słoiczka wręczanego jej przez kuratora. Myślę o tym, ile roboty papierkowej czekałoby mnie, gdybym zdecydował się opisać to wszystko w dokumentacji medycznej pacjentki. Koniec końców

* Wziernik to pobrzękujące metalowe narzędzie, przypominające kształtem kaczy dziób i wykorzystywane do zaglądania do wnętrza pochwy. Pierwszy wziernik zaprojektował w 1845 roku amerykański chirurg o nazwisku Sims. Po latach napisał w swojej autobiografii: „Jeśli czegoś nienawidziłem, to badania narządów miednicy u kobiet". To do pewnego stopnia wyjaśnia, dlaczego wymyślił tak szkaradny przyrząd.

postanawiam udawać, że wcale nie zadałem jej tamtego pytania, i odsyłam ją do domu.

29 stycznia 2007, poniedziałek

Dwa tygodnie temu zmarła moja ulubiona pacjentka i muszę przyznać, że bardzo mnie to dotknęło. Jej śmierć nie nastąpiła niespodziewanie: K.L. dobiegała osiemdziesiątki, chorowała na nowotwór przerzutowy jajnika i przebywała na naszym oddziale od samego początku mojego stażu, nie licząc tych kilku epizodów, gdy na krótko wypisywano ją do domu. Drobniutka, mająca nie więcej niż metr pięćdziesiąt centymetrów wzrostu, ale za to niezwykle zadziorna i wygadana staruszka z Polski o jasnych, błyszczących zawadiacko oczach; uwielbiała snuć długie, strasznie zawiłe opowieści z czasów, gdy mieszkała w swoim rodzinnym kraju – za każdym razem przerywała historię dokładnie w tym momencie, w którym zaczynała się robić interesująca. Niemal każda jej opowieść kończyła się „ple, ple, ple" i lekceważącym machnięciem ręki.

Co najlepsze, K.L. miała bardzo pogardliwy stosunek do profesora Fletchera, lekarza specjalisty sprawującego nadzór nad przebiegiem mojego stażu. Nigdy nie nazywała go inaczej jak „starcem" – chociaż sama była od niego o dobrych piętnaście lat starsza – a kiedy coś do niego mówiła, raz po raz szturchała go palcem wskazującym w pierś. Kiedyś zakomunikowała mu nawet, że chce się widzieć z jego przełożonym. Podczas każdego obchodu czekałem na moment, gdy znajdę się przy jej łóżku i będziemy mogli uciąć sobie krótką pogawędkę – zawsze świetnie nam się rozmawiało i miałem wrażenie, że dobrze ją poznałem.

K.L. natychmiast rozpoznała we mnie Polaka i to pomimo tego, że moja rodzina od trzech pokoleń żyje w Anglii, mieszając się z rodowitymi Brytyjczykami i posyłając swoje potomstwo do drogich prywatnych szkół. Zapytała mnie, jak brzmiało nazwisko moich polskich przodków. „Strykowski" – odparłem, na co K.L. stwierdziła, że to wielka szkoda, by takie dobre polskie nazwisko wypadło z obiegu. Jej zdaniem powinienem być dumny ze swoich korzeni i wrócić do tego nazwiska*.

Przez kilka ostatnich miesięcy miałem okazję poznać wszystkie jej dzieci, a także wielu jej przyjaciół i sąsiadów, którzy odwiedzali ją w szpitalu. „Teraz nagle wszyscy mnie polubili!" – mawiała żartobliwie. Prawda była jednak taka, że nie sposób było jej nie lubić; miała mnóstwo nieodpartego uroku.

Zrobiło mi się bardzo smutno, gdy usłyszałem o jej śmierci. Postanowiłem pójść na pogrzeb – czułem, że tak właśnie powinienem zrobić. Żeby zdążyć na uroczystość, zamieniłem się po południu dyżurami w poradni. Zanim wyszedłem, zajrzałem jeszcze do profesora Fletchera i przez grzeczność poinformowałem go, dokąd się wybieram.

Odpowiedział, że nie mogę tego zrobić – lekarze nie chadzają na pogrzeby swoich pacjentów, to nieprofesjonalne i sprzeczne z etyką zawodową. Nie rozumiałem, na czym polega problem. Profesor Fletcher zaczął mówić o potrzebie rozgraniczenia życia prywatnego i zawodowego – do pewnego stopnia skłonny byłem się z tym zgodzić – ale ton jego głosu zdradzał, że według niego wybieram się na pogrzeb pacjentki głównie po to, by

* Strykowski wymawia się po angielsku strike-offski – dlatego nie jestem przekonany, czy to aby na pewno dobre nazwisko dla lekarza (*strike off* oznacza m.in. pozbawić prawa do wykonywania zawodu).

uwieść jej wnuki albo podstępnie nakłonić jej rodzinę do uwzględnienia mnie przy podziale spadku. Podejrzewam, że u podstaw tej niepisanej zasady o nieuczęszczaniu lekarzy na pogrzeby pacjentów leży staroświeckie przekonanie, że zgon pacjenta to „przegrana" czy też „porażka" lekarza; w rezultacie lekarz może odczuwać wstyd lub obawiać się, że rodzina zmarłego będzie go winić za śmierć bliskiej im osoby. W wypadku ginekologii onkologicznej takie obawy nie mają jednak sensu – lekarze tej specjalności tracą i zawsze będą tracić wiele pacjentek.

Byłem rozczarowany – wychodziło na to, że niepotrzebnie oddałem do pralni chemicznej mój garnitur – ale profesor Fletcher jest moim przełożonym i postawił sprawę jasno. Po głębszym namyśle doszedłem jednak do wniosku, że pójdę na ten pogrzeb – między innymi dlatego, że olanie zakazu Fletchera było czymś w rodzaju pokazania mu środkowego palca, co z pewnością spodobałoby się K.L. Uroczystość pogrzebowa była bardzo piękna i jestem pewien, że pojawiając się tam, postąpiłem właściwie – zrobiłem to zarówno dla siebie, jak i dla bliskich oraz przyjaciół mojej pacjentki. Poza tym udało mi się zaciągnąć do łóżka jednego z jej wnuków*.

* „Moim zdaniem powinieneś zaznaczyć, że to tylko żart" – poradził mi jeden z prawników.

4

Starszy stażysta – trzecia posada

Zdaję sobie sprawę, że niemal wszyscy utyskują na swoje zarobki i są przekonani, że powinni zarabiać więcej. Zamierzam dołączyć do tego chóru, ponieważ uważam, że jako starszy stażysta zarabiałem zdecydowanie zbyt mało. Wynagrodzenie starszych stażystów jest zupełnie nieadekwatne do spoczywającej na nich odpowiedzialności – od podejmowanych przez nich decyzji zależy często ludzkie życie – a także do ich wykształcenia i doświadczenia zawodowego: każdy starszy stażysta ukończył sześcioletnie studia medyczne, ma za sobą trzy lata praktyki w zawodzie lekarza i jest w trakcie zdobywania podyplomowej specjalizacji. Tymczasem nie dość, że jego tygodniowa wypłata jest niższa od tej maszynisty kolejowego, to na dodatek musi na nią harować nawet ponad sto godzin tygodniowo – co oznacza, że za każdą przepracowaną godzinę trafia do jego kieszeni mniej pieniędzy, niż zostawia w parkometrze kierowca parkujący przez godzinę pod szpitalem.

Mimo to lekarze na ogół nie narzekają na swoje pobory. Wbrew temu, co sugerują niektórzy politycy, osoby myślące głównie o tym, żeby się dorobić, wybierają zwykle inne ścieżki kariery niż medycyna. Poza tym nawet jeśli lekarz jest niezadowolony ze swoich zarobków, to i tak guzik może na to poradzić, ponieważ wysokość lekarskich pensji ustalana jest odgórnie, na szczeblu centralnym.

Swoją drogą, pensja to nie najlepsze słowo na określenie pieniędzy, jakie otrzymują od NHS lekarze. Urzędnicy NHS powinni nazywać je raczej zasiłkiem, a także przyznać wprost, że kwoty te wypadają blado na tle stawek obowiązujących na rynku pracy – stałoby się wtedy jasne, że lekarze wykonują swój zawód z powołania, a nie z pobudek finansowych*.

Lekarze wynagradzani są w zupełnie odmienny sposób niż przedstawiciele innych zawodów. Nie otrzymują na przykład żadnych premii ani dodatków. Młodzi lekarze mogą załapać się co najwyżej na tzw. *ash cash* („prochowe") w wysokości czterdziestu funtów – tyle płacą im przedsiębiorcy pogrzebowi za złożenie podpisu na zaświadczeniu, że w ciele zmarłego pacjenta, który ma zostać poddany kremacji, nie znajduje się rozrusznik serca (urządzenia te wybuchają pod wpływem wysokich temperatur; przy okazji może wylecieć w powietrze cały budynek krematorium, o czym przekonali się na własnej skórze uczestnicy pewnej wyjątkowo stresującej uroczystości pogrzebowej). Przedstawiciele wielu profesji są wynagradzani za dobre wyniki osiągane w pracy – w wypadku lekarzy nie ma o tym mowy. Młodszy stażem lekarz nie ma też co liczyć na to, że zrobi dobre wrażenie na przełożonych i przeskoczy swoich kolegów w kolejce do awansu. W tym zawodzie wszyscy pną się po szczeblach kariery w regulaminowym tempie.

* Tak jak kapłani, którzy otrzymują wynagrodzenie za posługę duchową pełnioną z miłości do Boga (albo do ministrantów, w zależności od wyznania kapłana).

Wielu ludzi sądzi, że kiedy lekarz podróżuje samolotem, od razu po wejściu na pokład zapraszany jest do kabiny wyższej klasy. Takie sytuacje faktycznie się zdarzają, o ile lekarz włożył wcześniej garnitur, a następnie zatrudnił się w branży finansowej, zarobił więcej pieniędzy i kupił bilet na lot w klasie biznes. Bycie lekarzem ma jednak pewne zalety: jedną z nich jest to, że w swoim miejscu pracy macie niemal nieograniczony dostęp do lekarzy różnych specjalności i kiedy coś wam dolega, możecie zwrócić się do nich z prośbą o koleżeńską konsultację. Nawiasem mówiąc, może to być dla was jedyna szansa na uzyskanie porady lekarskiej – spędzacie bowiem w pracy tyle czasu, że prawdopodobnie nie wystarczy go wam na wizytę w przychodni. Z drugiej strony wasi znajomi przy każdej okazji zadręczają was prośbami o fachową opinię na temat ich dolegliwości. Zamiast: „Hej, cieszę się, że cię widzę", słyszycie na powitanie: „Hej, czy mógłbyś rzucić na to okiem?"*. Ja miałem przynajmniej to szczęście, że nie musiałem udzielać medycznych porad moim krewnym, ponieważ prawie każdy w mojej rodzinie jest lekarzem.

Wszyscy lekarze, chcąc nie chcąc, godzą się z brakiem widoków na szybki awans, a także z brakiem premii i dodatków motywacyjnych do pensji; trudniej jest im pogodzić się z tym, że niemal nigdy nie słyszą słów pochwały. Przypuszczam, że nawet kamerdynerzy z pałacu Buckingham, którym dworska etykieta nakazuje opuszczać każde pomieszczenie tyłem oraz zabrania nawiązywania kontaktu wzrokowego z królową, spotykają się w pracy z większym uznaniem niż przeciętny lekarz. Po tym, jak piąty czy szósty raz obsztorcowano mnie za

* Teraz, gdy zostałem scenarzystą telewizyjnym, jest jeszcze gorzej. Wolałem: „Co sądzisz o tej wysypce?" niż: „Co sądzisz o tym scenariuszu?".

jakąś błahostkę, zdałem sobie sprawę, że przez te wszystkie lata mojego stażu żaden z lekarzy specjalistów nigdy nie wziął mnie na stronę, żeby pogratulować mi podjęcia trafnej decyzji, ocalenia komuś życia czy wykazania się wyjątkową przytomnością umysłu albo by podziękować mi za to, że bez szemrania przepracowałem trzydzieści zmian z rzędu. Młody lekarz nie wstępuje w szeregi NHS dla poklasku; nie oczekuje też złotej gwiazdki ani ciasteczka w nagrodę za to, że się dobrze spisał. Elementarna znajomość psychologii (i odrobina zdrowego rozsądku) nakazywałaby jednak raz na jakiś czas nagrodzić lub przynajmniej pochwalić swoich podwładnych, choćby tylko po to, by zmotywować ich do jeszcze lepszej pracy.

Pacjenci na ogół to rozumieli. Kiedy któryś z nich nam dziękował, nie mieliśmy wątpliwości, że robi to szczerze, nawet jeśli podziękowania dotyczyły czegoś, co nie wydawało się nam niczym nadzwyczajnym – jednego z wielu małych dramatów, z jakimi musieliśmy się uporać danego dnia. Do dziś mam wszystkie kartki z podziękowaniami, które otrzymałem od pacjentów. Urodzinowe i bożonarodzeniowe kartki od rodziny i przyjaciół prędzej czy później lądowały w koszu na śmieci, ale dotąd przechowuję kartki od pacjentów. Przetrwały wszystkie przeprowadzki, a nawet czystkę w moich medycznych papierach, którą przeprowadziłem po porzuceniu zawodu. Te drobne dowody ludzkiej życzliwości dawały mi pozytywnego kopa i pchały mnie naprzód, gdy moi szefowie nie potrafili – albo nie chcieli – zdobyć się na podobny gest.

Dopiero w trzecim szpitalu, do którego skierowano mnie podczas stażu, poczułem się po raz pierwszy dostrzeżony i doceniony przez lekarza specjalistę. Po kilku przepracowanych tam miesiącach zostałem wezwany przez opiekunkę stażu, która oznajmiła mi, że jeden z tamtejszych rezydentów odchodzi ze stanowiska, by zająć się pracą badawczą. Chciała wiedzieć, czy byłbym zainteresowany przejęciem jego obowiązków. Dodała też, że jest pod wielkim wrażeniem mojej dotychczasowej pracy na oddziale. Wiedziałem, że to wierutna bzdura, bo do tamtej pory mieliśmy ze sobą do czynienia zaledwie dwukrotnie: wtedy, gdy przyjmowała mnie do pracy, i wtedy, gdy opieprzyła mnie za przepisanie pacjentowi antybiotyków doustnych zamiast dożylnych. Byłem pewien, że przejrzała po prostu CV wszystkich starszych stażystów zatrudnionych na oddziale i zauważyła, że mam z nich wszystkich największe doświadczenie. Czasem jednak nie ma znaczenia, dlaczego ktoś zwrócił na was uwagę – liczy się to, że zostaliście dostrzeżeni. Uśmiechnąłem się więc promiennie i oświadczyłem, że jestem zachwycony jej propozycją.

Liczyłem, że przyjęcie tej oferty przyniesie mi też wymierne korzyści. H. i ja byliśmy ze sobą już trzy lata. Uznaliśmy, że pora zrobić kolejny krok ku dorosłości i kupić mieszkanie. Byłem nawet gotów ponieść ofiarę w postaci dłuższych dojazdów do pracy. Chciałem, żebyśmy mieli wreszcie swój własny kąt – miejsce, które byłoby dla nas prawdziwym domem i w którym moglibyśmy powiesić obrazek na ścianie bez obawy, że właściciel mieszkania potrąci nam za to pięćdziesiąt funtów z kaucji. Większość moich niebędących lekarzami przyjaciół była już wówczas właścicielami nieruchomości. Na pewno znacie to nieprzyjemne uczucie, gdy wszyscy wasi przyjaciele i znajomi dokonali już czegoś, czego wam wciąż nie udało się osiągnąć. Nieważne, czy chodzi o zrobienie dziewczynie palcówki na imprezie, zdanie egzaminu na prawo jazdy czy wydanie setek tysięcy funtów na kupno paskudnej nory o ścianach pokrytych pleśnią – nikt nie lubi zostawać w tyle.

Ponieważ każdy dodatkowy pens na czeku z wypłatą zwiększał naszą szansę na uzyskanie kredytu hipotecznego, zapytałem opiekunkę stażu, czy skoro mam zastępować rezydenta, to otrzymam taką samą pensję co lekarze rezydenci. Kiedy to usłyszała, wybuchnęła śmiechem – śmiała się tak długo i tak głośno, że z pewnością słychać ją było na całej porodówce, od której dzieliły nas dwie pary drzwi.

12 lutego 2007, poniedziałek

Podczas dyżuru na izbie przyjęć przepisuję tabletkę „dzień po". Nagle pacjentka zadaje mi pytanie: „Wczoraj w nocy przespałam się z trzema facetami. Czy jedna tabletka na pewno wystarczy?".

22 lutego 2007, czwartek

Poranek spędzam na przeglądaniu moich wyciągów bankowych z ostatnich trzech miesięcy; towarzyszy mi doradca kredytowy, który ma ocenić, jak przedstawiają się moje wydatki. „Jest pan raczej... domatorem, prawda?" – zauważa doradca, dodając kolejne pozycje z listy wydatków. To jeden z tych nielicznych momentów, gdy z wdzięcznością myślę o swojej pracy – gdybym miał dość czasu na życie towarzyskie, jakie prowadzi każda normalna osoba zbliżająca się do trzydziestki, to nie udałoby się nam zaoszczędzić sumy potrzebnej na zaliczkę.

To dość przygnębiające zobaczyć czarno na białym, na co wydaję pieniądze: kupuję dużo kawy, benzyny i pizzy na wynos, czyli rzeczy niezbędne i praktyczne. Na liście moich wydatków niewiele miejsca zajmuje rozrywka i zbytkowne błahostki – żadnych rachunków z pubów czy restauracji, biletów do kina czy wyjazdów na wczasy. Chwila, a cóż to takiego? No proszę, a jednak: bilety do teatru! A tuż obok rachunek z kwiaciarni. Musiałem zamówić w niej kwiaty po tym, jak wystawiłem H. do wiatru i bez uprzedzenia nie pojawiłem się w teatrze. Takie sytuacje zdarzają mi się na tyle często, że nie potrafię sobie przypomnieć, czy to jakiś nagły przypadek, czy może braki kadrowe w szpitalu zatrzymały mnie w pracy tamtego dnia.

28 lutego 2007, środa

Dziś przyjmuję w poradni ginekologicznej. Wchodzę do internetu, żeby sprawdzić pewne informacje przed podaniem wytycznych jednej z pacjentek. Okazuje się, że informatycy z działu IT zablokowali dostęp do strony internetowej Królewskiego Kolegium Położników i Ginekologów. Zaklasyfikowali ją jako „pornograficzną".

12 marca 2007, poniedziałek

Jestem niemal pewien, że jeśli zawalę egzaminy i nie zostanę dopuszczony do specjalizacji z ginekologii i położnictwa, to w ciągu kwadransa uda mi się przekwalifikować na psychiatrę – kilkanaście rozmów z Simonem wystarczyło do zdobycia podstawowych umiejętności z tej dziedziny. Kiedy zadzwonił do mnie dziś wieczorem, byłem dość mocno zestresowany i skorzystałem z okazji, by ponarzekać na moją pracę. O dziwo, moje biadolenie najwyraźniej poprawiło mu nastrój. Są dwie możliwości: albo Simon jest wstrętnym sadystą, czerpiącym satysfakcję z tego, że miałem okropny dzień, albo dodaje mu otuchy świadomość, że nie jest jedyną osobą, w życiu której zdarzają się parszywe chwile. Nieszczęścia lubią towarzystwo – aby się o tym przekonać, wystarczy zajrzeć do szpitalnego pokoju socjalnego dla lekarzy.

Być może Simon czuje się jak osoba, która po raz pierwszy znalazła się w poważnym związku i poznała rodzinę swojego partnera – i przekonała się, że nie tylko jej własna rodzina jest żałosną zbieraniną szurniętych indywiduów, skrywających mroczne sekrety i zachowujących się przy stole w groteskowy sposób. Na zakończenie dzisiejszej rozmowy opowiedziałem Simonowi o tym, jak podczas ręcznego usuwania łożyska kawałek tego narządu wpadł mi do ust, a ja musiałem poinformować o tym fakcie szpitalną komisję do spraw bezpieczeństwa i higieny pracy. Simon śmiał się do rozpuku. Po zastanowieniu dochodzę do wniosku, że chyba jednak jest sadystą.

15 marca 2007, czwartek

„W którym jest pani obecnie tygodniu?" – pytam pacjentkę poradni położniczej. Zapada długie milczenie. Niemal słyszę, jak pracują trybiki w jej głowie. Mam wrażenie, jakby kamera przesuwała się powoli po kompletnym pustkowiu. Zdaję sobie sprawę, że matematyka może sprawiać ludziom spore problemy, ale przecież odpowiedź na moje pytanie mieści się w dość wąskim przedziale od sześciu do czterdziestu – w dodatku jest to pytanie, które każdej kobiecie w ciąży zadawane jest nieskończenie wiele razy. W końcu pacjentka przerywa milczenie:

„Łącznie?"

Tak, łącznie.

„Boże, nie potrafię nawet powiedzieć, ile to już miesięcy..."

Czy ta biedaczka cierpi na amnezję? A może to tylko klon kobiety przetrzymywanej w kryjówce jakiegoś złoczyńcy rodem z filmów science fiction? Zaczynam pytać o datę ostatniej miesiączki, gdy nagle pacjentka wchodzi mi w słowo.

„Cóż, w czerwcu skończę trzydzieści dwa lata, więc łącznie to będzie chyba ponad tysiąc tygodni..."

Chryste.

22 marca 2007, czwartek

Pomysł do programu *Dragon's Den – jak zostać milionerem*: pager z przyciskiem drzemki.

5 kwietnia 2007, czwartek

Zemsta to danie, które najlepiej smakuje na zimno – niestety, bywa przy tym ciężkostrawne. Wezwano mnie, żebym przebadał pacjentkę z oddziału ginekologicznego, która rano przeszła zabieg laparoskopowego drenażu ropnia miednicy mniejszej; przez cały wieczór po operacji utrzymywało się u niej podwyższone tętno. Przejrzałem jej dokumentację medyczną. Pięćdziesięcioparoletnia kobieta w rocznicę swojego ślubu odkryła, że nie była jedyną osobą, którą jej małżonek obdarował naszyjnikiem z pereł. Zareagowała na to w sposób, który wydaje się żywcem wyjęty ze scenariusza jakiegoś niszowego pornosa: zabrała kartę kredytową męża i poleciała do Trynidadu i Tobago, gdzie przez dwa tygodnie oddawała się miłosnym igraszkom z tyloma mężczyznami, z iloma tylko była w stanie, włączając do swojego łóżkowego (oraz plażowego) repertuaru także seks analny.

Wkrótce po powrocie do domu – do którego wkroczyła na chwiejnych nogach, ale z dumnie uniesioną głową – pacjentce zaczął dokuczać okropny ból brzucha, a także obfite niczym deszcze monsunową porą ropne wycieki z jej Trynidadu oraz Tobago. Lekarze zdiagnozowali zapalenie przydatków*, z którym nie mogły sobie poradzić

* Czyli zapalenie narządów miednicy mniejszej – dochodzi do niego wtedy, gdy nieleczona rzeżączka lub zakażenie chlamydią rozprzestrzenia się poza pochwę i obejmuje narządy miednicy. Schorzenie to bywa trudne w leczeniu i może doprowadzić do przewlekłego zespołu bólowego miednicy;

nawet podawane dożylnie antybiotyki – wyglądało na to, że na Karaibach szaleje wyjątkowo agresywna odmiana rzeżączki. Miałem nadzieję, że zabieg laparoskopii załatwi sprawę i pomoże pacjentce wrócić do zdrowia.

Jak się okazało, jej podwyższone tętno nie był spowodowane powikłaniami pooperacyjnymi, tylko tym, że kobieta zalewała się łzami. Gdy spytałem ją o powód płaczu, odparła, że nazajutrz przychodzi do niej z wizytą jej osiemnastoletni syn, a ona nie wie, co mu powiedzieć. Jak zareaguje, gdy się dowie, dlaczego trafiła do szpitala? Zapewniłem ją, że każdy osiemnastolatek wolałby obedrzeć ze skóry własne jądra i zanurzyć je w occie niż zadawać pytania o powody, dla których jego matka znalazła się na oddziale ginekologicznym. Wystarczy krótka wzmianka o „kobiecych problemach" – zwłaszcza jeśli pacjentka wypowie te dwa słowa przyciszonym głosem, patrząc mu prosto w oczy – by chłopak momentalnie zapragnął zmienić temat rozmowy, choćby nawet wymagało to od niego wzniecenia małego pożaru dla odwrócenia uwagi. Płacz ustał i tętno pacjentki wróciło do normy. A ja pomyślałem, że mimo wszystko powinna przygotować sobie jakieś przekonujące wyjaśnienie, jak dorobiła się takiej imponującej opalenizny...

9 kwietnia 2007, poniedziałek

Ogłoszono dziś wyniki pierwszej części egzaminu MRCOG. Jakimś cudem udało mi się zdać i teraz razem z Ronem świętujemy ten sukces w pubie. Niestety, jestem skazany wyłącznie na napoje bez procentów, ponieważ prosto

jest to zarazem jedna z najczęstszych przyczyn niepłodności u kobiet. Używajcie zatem prezerwatyw, bo w przeciwnym razie możecie doprowadzić do tego, że już nigdy nie będą wam one potrzebne.

z pubu muszę udać się na nocny dyżur – pojawienie się w szpitalu w stanie upojenia alkoholowego mogłoby być źle widziane. Ron zdawał niedawno egzamin na certyfikat księgowy, więc możemy wymienić się wrażeniami. Firma, w której pracuje Ron, zmniejszyła mu liczbę godzin, jakie musiał spędzać w biurze, żeby miał więcej czasu na naukę; ja musiałem zakuwać po całym dniu spędzonym w pracy i ślęczałem nad książkami tak długo, aż moje przekrwione ślepia zaczynały odmawiać posłuszeństwa. Przed egzaminem Ron dostał miesięczny urlop, żeby mógł poświęcić się wyłącznie nauce; ja poprosiłem o tydzień wolnego, ale z powodu braków kadrowych w szpitalu mój urlop został w ostatniej chwili anulowany. Firma Rona pokryła wszystkie koszty jego egzaminu i sfinansowała zakup materiałów naukowych; ja musiałem wysupłać z własnej kieszeni trzysta funtów na podręczniki, pięćset funtów na kurs przygotowujący do egzaminu, sto funtów na materiały dostępne online i czterysta funtów na opłatę egzaminacyjną – w sumie tysiąc trzysta funtów, czyli jedną trzecią moich miesięcznych dochodów.

Moje odpowiedzi nie były nawet oceniane przez człowieka. Egzamin MRCOG to test wielokrotnego wyboru, w którym zaznacza się odpowiedzi ołówkiem na specjalnych kartach; potem są one skanowane i oceniane przez komputer. Pokazuję Ronowi ołówek Królewskiego Kolegium Położników i Ginekologów, który udało mi się zwędzić z sali egzaminacyjnej.

Ron po zdaniu egzaminu dostał podwyżkę i awans. Ja muszę zadowolić się możliwością przystąpienia do drugiej części egzaminu.

„Wychodzi na to – stwierdził współczującym tonem Ron – że wydałeś tysiąc trzysta funtów na ołówek".

19 kwietnia 2007, czwartek

Zespół Kontroli Zakażeń rozesłał do wszystkich lekarzy e-mail z informacją o wprowadzeniu zakazu noszenia przez nas koszul z długim rękawem na terenie szpitala. Po zbadaniu mankietów lekarskich koszul okazało się bowiem, że znajduje się na nich tyle zarazków, że byłoby bardziej higienicznie zastąpić wspomniane koszule ubraniami wykonanymi ze świeżych ludzkich odchodów oraz nieszczelnych fiolek z wirusem Ebola. To samo dotyczy krawatów, które dyndając, ocierają się o zainfekowane rany, a potem rozsiewają groźne bakcyle po całym szpitalu niczym śmiercionośne poliestrowe pszczoły.

Zgodnie z nowymi wytycznymi możemy odtąd nosić jedynie koszule z krótkim rękawem. Porzucam ostatecznie nadzieję na to, że moje zdjęcie przy pracy trafi kiedyś na okładkę „Vogue'a", i udaję się na zakupy, by wydać moje oszczędności na pięć koszul z krótkim rękawem. Krawaty także zostały zakazane, więc mogę albo paradować z gołym kołnierzykiem, albo zawiązać sobie pod szyją muszkę. Zatem będę wyglądać albo jak steward, albo jak pedofil. Chyba jednak zrezygnuję z muszki. Życzą sobie państwo herbatę? Kawę? A może gorący ręcznik?

2 maja 2007, środa

Kończę przekonywać pewną parę do wyrażenia zgody na zabieg cesarskiego cięcia.

„Czy mają państwo jakieś pytania?"

„Tak – odzywa się ich sześcioletnie dziecko, które towarzyszy im w gabinecie. – Czy Jezus był czarny?"

5 maja 2007, sobota

Postanowiłem zrekompensować sobie brak motywacyjnego systemu wynagrodzeń i na własną rękę pobieram dodatkowe świadczenia pracownicze: wynoszę ze szpitala lekarskie uniformy i używam ich w domu jako piżamy, a w czasie nocnej zmiany podkradam z lodówki jedzenie przygotowane dla pacjentów. Jest pierwsza w nocy, a ja umieram z głodu – kradzież to jedyny sposób na zdobycie czegoś do jedzenia w ciągu najbliższych siedmiu godzin. Chyłkiem przemykam do kuchni na oddziale ginekologicznym. Najwyraźniej nie jestem jedynym amatorem darmowych posiłków – na drzwiach lodówki ktoś przykleił ogłoszenie skierowane do członków personelu przypominające nam o tym, że posiłki przeznaczone są tylko i wyłącznie dla pacjentów. Trudno uznać to za szczególnie wyrafinowane zabezpieczenie antykradzieżowe: kartka formatu A4, kawałek masy klejącej Blu Tack oraz Comic Sans to trochę za mało, by powstrzymać zdeterminowanego złodzieja.

Dzisiejszy specjał to „Pikantny placek z quornem* i rodzynkami". Można by pomyśleć, że administracja szpitala wezwała na pomoc tęgie głowy z firmy konsultingowej Accenture i zleciła im wymyślenie przepisu na najmniej apetyczne danie. Dochodzę do wniosku, że obędę się bez jedzenia. Skrzydeł doda mi redbull oraz nerwowa atmosfera na oddziale.

12 maja 2007, sobota

Podczas każdej podróży samolotem staram się urżnąć na tyle, żeby żadnej stewardessie nie przyszło do głowy

* Quorn to substytut mięsa, składający się głównie z masy grzybowej (przyp. tłum.).

korzystać z mojej pomocy w razie choroby jakiegoś pasażera. Przez kilka ostatnich lat taka strategia okazywała się skuteczna*, ale dzisiejszej nocy w końcu dopadła mnie karma. Mój karmiczny dług spłaciłem jednak nie na pokładzie samolotu, tylko dwanaście godzin później, na ulicy w Glasgow. Ron, jego żona Hannah i ja wybraliśmy się do tego miasta na weekend; po kolacji i po wypiciu dobrych kilku drinków ruszyliśmy w drogę powrotną do hotelu.

O pierwszej w nocy na Bath Street natknęliśmy się na trzech starszych nastolatków, którzy stali na schodkach prowadzących do sklepiku w suterenie. Pod ich nogami dostrzegłem mnóstwo krwi – było jej tak dużo, że wyglądało to wręcz sztucznie, niczym na miejscu zbrodni w jednym z filmów kryminalnych, jakie lecą na Channel 5. Wszyscy nastolatkowie byli mocno wstawieni – choć pewnie nie bardziej niż nasza trójka – a jeden z nich krwawił obficie z rany na przedramieniu. Wszystko wskazywało na to, że ma przerwaną tętnicę. Nie byłem w stanie dokładnie ocenić, ile krwi już stracił, ale sądząc po wielkości kałuży, na pewno nie mniej niż litr. Chłopak był przytomny, ale ani on, ani jego kumple nie robili nic, by zatamować krwawienie.

* Pozostali członkowie mojej rodziny są znacznie bardziej uczynni ode mnie. Któregoś razu mój tata usłyszał, jak załoga samolotu British Airways zadaje pasażerom pytanie: „Czy jest wśród państwa lekarz?". Tata natychmiast zaoferował pomoc. Okazało się, że jedyne, co musi zrobić, to podać komuś lek antyhistaminowy z pokładowej apteczki – mimo to British Airways podziękowało mu, obdarowując go na Boże Narodzenie dwoma biletami powrotnymi do dowolnego miejsca na świecie. Najbardziej zaskoczyło to mojego brata – on także jest lekarzem internistą i jakiś czas wcześniej, podróżując samolotem pewnych tanich linii lotniczych, przeprowadził dość długo trwającą akcję ratunkową i ocalił życie pasażerowi z poważnymi zaburzeniami pracy serca. Nie doczekał się jednak słowa podziękowania, a co dopiero darmowych biletów na Bali.

Ten widok otrzeźwił mnie w okamgnieniu. Kiedy powiedziałem, że jestem lekarzem, koledzy rannego wskazali na rozbite szklane drzwi sklepiku i zaczęli mnie zapewniać, że ich kolega potknął się i upadł prosto na szybę w drzwiach. Było dość oczywiste, że w rzeczywistości cała trójka próbowała włamać się do sklepu, jednak teraz nie miało to żadnego znaczenia. Nastolatkowie twierdzili, że wezwali już karetkę. Mimo to kazałem Ronowi zadzwonić pod 999 i ponaglić dyspozytora pogotowia; poprosiłem też Hannah, by podarła nasze T-shirty i zrobiła z nich prowizoryczne opaski uciskowe. Sam zaś uniosłem do góry zranioną rękę chłopaka i mocno ją ścisnąłem. Jego tętno było wolne i ledwo wyczuwalne*; chłopak zaczął na przemian tracić i odzyskiwać przytomność. Ani przez chwilę nie przestawałem do niego mówić: zapewniałem, że karetka jest już w drodze, mówiłem, że jestem lekarzem, i obiecywałem, że wszystko będzie dobrze. W takich sytuacjach nie jest istotne, ile razy powtórzycie to samo ani czy cokolwiek z tego jest prawdą – w tym wypadku prawdą było przynajmniej to, że jestem lekarzem – ważne, żebyście mówili z przekonaniem, bo tylko wtedy uwierzy wam osoba, której próbujecie pomóc.

Czułem, że lada moment może nastąpić zatrzymanie akcji serca, i w myślach zacząłem odtwarzać krok po kroku przebieg resuscytacji krążeniowo-oddechowej – dzięki temu nie musiałem się zastanawiać, co mam robić,

* Kiedy tracicie krew, wasze tętno przyspiesza – serce musi napracować się bardziej niż zwykle, by zapewnić całemu ciału dostawy tlenu, ponieważ zmniejszyła się ilość krwi, która może go transportować. Kiedy po utracie znacznej ilości krwi tętno zaczyna zwalniać, jest to na ogół oznaka tego, że organizm jest już wyczerpany walką o przetrwanie i w każdej chwili może się poddać.

kiedy po chwili serce chłopaka faktycznie przestało bić. Swoją drogą, czy prowadzenie reanimacji po pijaku jest zgodne z prawem? Byłem pewien, że robię wszystko tak, jak należy, ale gdyby chłopak zmarł, znajdując się pod opieką pijanego lekarza, wyglądałoby to nieciekawie. Na szczęście karetka szybko dotarła na miejsce i ratownicy medyczni przejęli ode mnie rannego nastolatka, podłączając go do kroplówki i podając mu przez nią życiodajne płyny. No cóż, wszystko dobre, co się dobrze kończy. Muszę jednak przyznać, że kiedy czekałem na przyjazd karetki, ogarnęło mnie okropne poczucie bezsilności. Po powrocie do hotelowego pokoju otworzyłem minibarek, wyciągnąłem z niego miniaturową buteleczkę whisky za dwanaście funtów i przelałem jej zawartość do szklanki. Zdałem sobie sprawę, że nawet na pokładzie samolotu miałbym większe możliwości udzielenia rannemu pomocy. Poza tym w samolocie mają tańszą whisky.

14 maja 2007, poniedziałek

W pokoju socjalnym dla lekarzy mój kolega Zac – pracujący obecnie na oddziale ortopedycznym – opowiada mi o tym, że słowo „ramię" myli mu się notorycznie ze słowem „bark"; jeśli zamierza użyć któregoś z nich, musi się najpierw mocno skupić. Zanim udaje mi się zastanowić nad tym, jakie ten stan rzecz może mieć konsekwencje dla pacjentów Zaca, do naszej rozmowy wtrąca się siedząca na sąsiedniej sofie rezydentka. Wyznaje, że od dziecka ma problem z pewnym uporczywym malapropizmem, polegającym na tym, że myli ze sobą wyrazy „koma" i „kokon". Im bardziej stara się zapamiętać, co oznacza każdy z nich, tym bardziej jej umysł utwierdza się w przekonaniu, że znowu wszystko pomieszała.

Rezydentka pokazuje nam karteczkę, którą nosi stale w portfelu. Napisano na niej:

KOKON = owad

KOMA = pacjent

Twierdzi, że dzięki tej małej ściągawce udaje się jej unikać zabawnych, ale wysoce niezręcznych sytuacji – na przykład oznajmienia zatroskanej żonie pacjenta, że jej mąż jest w kokonie.

12 czerwca 2007, wtorek

Do końca mojej zmiany zostało pięć minut; jeśli nie chcę spóźnić się na umówioną kolację w restauracji, muszę wyjść z pracy punktualnie. Oczywiście pięć minut przed końcem zmiany zostaję wezwany do pacjentki, która w trakcie porodu doznała pęknięcia krocza drugiego stopnia*. Opiekująca się nią położna twierdzi, że nie może się tym zająć, ponieważ nie posiada jeszcze uprawnień do zszywania tego rodzaju ran†.

* Nie da się ukryć, że podczas porodu wasze „podwozie" może zostać rozerwane na strzępy, zwłaszcza jeśli jest to wasz pierwszy poród w życiu. Durex powinien zaczerpnąć inspirację z pudełek papierosów i nadrukowywać na opakowaniach prezerwatyw zdjęcia kobiecego krocza po porodzie – po obejrzeniu takich fotografii żadna kobieta nie zaryzykowałaby zajścia w ciążę. Pęknięcie krocza pierwszego stopnia oznacza, że uszkodzona jest jedynie skóra; w wypadku pęknięcia drugiego stopnia uszkodzone są także mięśnie krocza, a przy pęknięciu trzeciego stopnia uszkodzeniu ulega również zwieracz zewnętrzny odbytu. Stopień czwarty pęknięcia krocza oznacza, że odpadają wam nogi albo coś w tym rodzaju.

† Role lekarza oraz położnej na porodówce są dość jasno zdefiniowane – położne odbierają normalne porody, natomiast lekarze położnicy wkraczają do akcji wtedy, gdy zachodzą obawy o zdrowie matki lub dziecka, a także wtedy, gdy spodziewane są jakieś komplikacje. Istnieją też jednak kwestie sporne. Kto na przykład powinien zająć się zszywaniem pęknięcia krocza pierwszego lub drugiego stopnia? Próbując odpowiedzieć na to pytanie, wkraczamy w szarą strefę – bardziej szarą niż pochwa osiemdziesięcioletniej kobiety.

Ja: Ja też ich nie posiadam.

Położna: Pana to nie dotyczy – lekarze nie potrzebują do tego specjalnych uprawnień. (To, niestety, prawda).

Ja: Czy na oddziale nie ma żadnej innej położnej, która mogłaby zaszyć ranę?

Położna: Jest, ale teraz ma przerwę.

Ja: Ja też mam teraz przerwę. (To akurat nieprawda).

Położna: Pan nie ma przerw. (To, niestety, prawda).

Ja (błagalnym głosem, jakiego nie udało mi się wydobyć z siebie nigdy wcześniej – zupełnie jakbym odkrył właśnie utajone możliwości moich strun głosowych): Ale dziś są moje urodziny. (To, niestety, także prawda).

Położna: Jesteśmy na porodówce, tu ciągle ktoś ma urodziny.

19 czerwca 2007, wtorek

Wszyscy członkowie personelu medycznego zostali dziś poinformowani, że na oddział intensywnej terapii przeniesiono jednego z pacjentów szpitala psychiatrycznego, u którego zdiagnozowano zapalenie płuc. Treść rozesłanego w tej sprawie e-maila nie przypominała jednak wiadomości w stylu: „Powitajcie go serdecznie, jeśli go spotkacie", jakie otrzymujecie wtedy, gdy do waszej szkoły trafia nowy uczeń. Wspomnianego wyżej pacjenta przyłapano wczoraj na tym, jak krążył po oddziale niczym ciotka alkoholiczka, która pod koniec wesela wysącza resztki z butelek – tyle tylko, że zamiast resztek alkoholu nasz nowy podopieczny wytrąbił zawartość wszystkich pojemniczków na plwocinę, jakie udało mu się znaleźć na nocnych stolikach pozostałych pacjentów.

W związku z powyższym zalecono nam, aby wszystkie próbki kliniczne pobrane od pacjentów niezwłocznie odstawiać do laboratorium i pod żadnym pozorem nie pozostawiać ich w miejscach ogólnodostępnych. Jeden z odbiorców e-maila kliknął „odpowiedz wszystkim" i skomentował wiadomość krótkim „Fuj!". To mniej więcej tak, jakby wybuch reaktora jądrowego skwitować zwykłym „Ojej".

26 czerwca 2007, wtorek

Ostatnio mocno sobie nagrabiłem i popadłem w trwającą już kilka dni niełaskę. H. i ja wybraliśmy się na kolację do jego przyjaciółki Luny – Luna jest teraz w ciąży i zanim usiedliśmy do stołu, postanowiła pokazać nam album ze zdjęciami wykonanymi podczas badania trójwymiarowym ultrasonografem. Osobiście uważam, że trójwymiarowe USG wymyślono wyłącznie po to, by nabijać kabzę producentom takich aparatów oraz zanudzać na śmierć gości na proszonych kolacjach. Uznałem jednak, że moje poglądy na ten temat przypadłyby Lunie do gustu tak samo jak filiżanka zimnych wymiocin; trzymałem więc buzię na kłódkę i jak wszyscy pozostali grzecznie przejrzałem zdjęcia.

„Wygląda na to, że wszystko jest w porządku, prawda?" – zapytała mnie Luna. Miałem ochotę odpowiedzieć, że nie mam pojęcia, bo wszystkie zdjęcia z pieprzonych trójwymiarowych ultrasonografów wyglądają identycznie. Zamiast tego uśmiechnąłem się tylko słodko, oddałem Lunie album i powiedziałem: „Mała to okaz zdrowia". Temperatura w pokoju spadła momentalnie o jakieś dziesięć stopni, a w oczach Luny pojawił się morderczy błysk. „Mała? MAŁA?"

Nigdy wcześniej nie zdradziłem przyszłej matce płci jej dziecka wbrew jej woli – a teraz nie dość, że to zrobiłem, to w dodatku wyciąłem ten numer naszej przyjaciółce. Kolacja dłużyła mi się niemiłosiernie; czułem się, jakbym siedział przy tym stole przynajmniej dwa tygodnie. Wszyscy unikali mojego wzroku, a talerze z kolejnymi daniami stawiano przede mną w dość bezceremonialny sposób.

Co gorsza, napięta atmosfera panuje od pewnego czasu także u mnie w domu. Dwa tygodnie temu wzięły w łeb nasze plany związane z kupnem mieszkania. Jego właściciele – mający w nosie stan mojego ciśnienia tętniczego, a także stan mojego przeżywającego drobny kryzys związku – postanowili ostatecznie zrezygnować ze sprzedaży. A w każdym razie postanowili nie sprzedawać go nam; podejrzewam, że ktoś zaoferował im po prostu nieco większe pieniądze. Jakie to szczęście, że nasze dotychczasowe wydatki na notariusza, ekspertyzy budowlane i całą resztę wyniosły zaledwie kilka tysięcy funtów. Już nigdy nie będzie mi dane przestąpić progu tamtego mieszkania, ale za to wiem o nim więcej niż o moich najbliższych krewnych. Wszyscy nas pocieszają, że takie rzeczy nie dzieją się bez przyczyny. W naszym wypadku tą przyczyną jest fakt, że los sprzyja sukinsynom i najwyraźniej chce, żebyśmy przez kilka kolejnych miesięcy spędzali każdą wolną chwilę w towarzystwie pracowników agencji nieruchomości.

No cóż, życie toczy się dalej, nawet jeśli coś ciągle przypomina o fiasku naszych planów. Na przykład mocno uszczuplony stan konta w banku. A także fakt, że codziennie w drodze do pracy muszę przejeżdżać obok budynku, w którym omal nie zamieszkaliśmy; na jego widok dopada mnie zespół stresu pourazowego – aby tego uniknąć, korzystam z objazdu, przez co moja podróż do pracy trwa o pięć minut dłużej. Dzisiaj wydarzyło się coś nieprawdopodobnego, tak jakby los chciał mi udowodnić, że nie ma ucieczki – para, która wycofała się ze sprzedaży mieszkania, pojawiła się w szpitalnej poradni położniczej. Nigdy wcześniej ich nie spotkałem, ale wiem, że to oni. Wystarczył rzut oka na wpisany do karty pacjenta adres – był to ten sam adres, o którym wolę nie myśleć. Bo psuje mi to humor.

Gdybym był bohaterem filmu Tarantino, wyciągnąłbym dwa samurajskie miecze, wygłosiłbym dziesięciominutową tyradę na temat honoru, szacunku i zemsty, a następnie obciąłbym im obojgu głowy. W rzeczywistości powiedziałem po prostu: „Dzień dobry, mam na imię Adam, jestem lekarzem". Nie mieli pojęcia, z kim mają do czynienia. Niestety ograniczenia natury etycznej i prawnej powodowały, że nie mogłem dokonać zemsty. Zacisnąłem więc zęby i przeprowadziłem wszystkie rutynowe badania najlepiej, jak potrafiłem. Ponieważ nie byłem pewien, czy płód jest ułożony główkowo*, zdecydowałem się wykonać USG. „Chcieliby państwo zobaczyć, jak bije serce waszego dziecka? – zapytałem. – Proszę spojrzeć. Wszystko wygląda prawidłowo. Tutaj jest jedna rączka, a tutaj druga, to nóżka, a to siusiak... Och, przepraszam, nie wiedzieliście, że to chłopiec?"

30 czerwca 2007, sobota

W gazecie ukazał się artykuł o sanitariuszu, który trafił do więzienia za to, że przez kilka lat podszywał się pod

* Ułożenie główkowe oznacza, że płód skierowany jest głową w dół – taka pozycja zdarza się najczęściej. Jedynie w 3 procentach przypadków płód ułożony jest odwrotnie, czyli miednicowo – pośladkami do dołu. W taki sposób przyszli na świat między innymi cesarz Neron, Wilhelm II Hohenzollern, Frank Sinatra i Billy Joel. Jeśli dzięki tym informacjom wygracie kiedyś quiz wiedzy ogólnej w pubie, to będziecie mi winni duże piwo.

lekarza. Przed chwilą skończyłem jeden z tych dyżurów, podczas których zastanawiam się, czy uszłoby mi na sucho, gdybym zaczął podszywać się pod sanitariusza.

10 lipca 2007, wtorek

Wygląda na to, że powinienem zmienić gadkę. Zazwyczaj zwracałem się do pacjentek mniej więcej tak: „Podczas badania przez powłoki brzuszne nie udało mi się niczego zobaczyć, ale proszę się tym nie przejmować. Na wczesnym etapie ciąży ten rodzaj ultrasonografii często nie jest wystarczający. Dlatego chciałbym przeprowadzić jeszcze jedno badanie USG. Tym razem użyję wewnętrznej sondy, żeby mieć lepszy obraz sytuacji".

Po dzisiejszym incydencie dochodzę do wniosku, że jeśli nie chcę stracić prawa do wykonywania zawodu, to muszę zwracać się do pacjentek nieco inaczej: „Podczas badania przez powłoki brzuszne nie udało mi się niczego zobaczyć, ale proszę się tym nie przejmować. Na wczesnym etapie ciąży ten rodzaj ultrasonografii często nie jest wystarczający. Dlatego chciałbym przeprowadzić jeszcze jedno badanie USG. Tym razem użyję wewnętrznej sondy, żeby mieć lepszy obraz sytuacji. Za kilka sekund otworzę szufladę i wyciągnę z niej prezerwatywę i saszetkę z żelem K-Y. Żeby było jasne: prezerwatywę zamierzam naciągnąć na sondę, a żelu użyję do jej nawilżenia. Kiedy zobaczy pani, że trzymam w ręku oba te przedmioty, proszę nie wydawać z siebie głośnego krzyku, który mógłby ściągnąć do gabinetu trzech zaniepokojonych członków personelu szpitala".

23 lipca 2007, poniedziałek

Wypisuję do domu pacjentkę, która przeszła zabieg sterylizacji laparoskopowej na oddziale chirurgii jednego dnia. Informuję ją, że będzie mogła wrócić do uprawiania seksu, gdy tylko poczuje się gotowa, ale do czasu kolejnej menstruacji powinna na wszelki wypadek stosować dodatkową antykoncepcję. Ruchem głowy wskazuję na towarzyszącego jej męża i mówię: „To oznacza, że on będzie musiał zakładać prezerwatywę". Nie pojmuję, dlaczego patrzą na mnie z taką zgrozą – oboje mają teraz taki sam wyraz twarzy jak naziści w jednej z ostatnich scen *Poszukiwaczy zaginionej Arki*. Co ja takiego powiedziałem? Udzieliłem im przecież zupełnie sensownej porady. Przyglądam się im raz jeszcze i nagle zdaję sobie sprawę, że towarzyszący pacjentce mężczyzna to jej ojciec.

31 lipca 2007, wtorek

Jedna ze stażystek trafiła wczoraj w nocy na izbę przyjęć po tym, jak próbowała popełnić samobójstwo, przedawkowując leki antydepresyjne. Wszyscy lekarze przyjęli tę wiadomość dość obojętnie. Jeśli coś nas zaskoczyło, to raczej fakt, że takie przypadki nie zdarzają się częściej – na barki młodych lekarzy spada ogromna odpowiedzialność, nadzór ze strony przełożonych jest minimalny, nie ma też co liczyć na pomoc psychologiczną*. Pracujecie ponad siły, dając z siebie więcej, niż można by od was racjonalnie oczekiwać, a na dodatek przez cały czas macie wrażenie,

* Badania przeprowadzone w 2015 roku przez Medical Protection Society wykazały, że 85 procent lekarzy doświadczyło w przeszłości problemów natury psychicznej, a 13 procent przyznało się do myśli samobójczych. Artykuł opublikowany w „British Journal of Psychiatry" w 2009 roku podaje, że młode brytyjskie lekarki odbierają sobie życie dwa i pół raza częściej niż inne kobiety.

że sami nie wiecie, co robicie. Niekiedy to tylko złudzenie, bo w rzeczywistości radzicie sobie całkiem nieźle – ale czasami naprawdę nie macie pojęcia, co robicie.

Na szczęście tak właśnie było w wypadku niedoszłej samobójczyni – przyjęta przez nią dawka antydepresantów okazała się zbyt mała, by mogła stanowić zagrożenie dla jej życia lub zdrowia. Gdyby dotknęło to przedstawiciela jakiegokolwiek innego zawodu, natychmiast wszczęto by dochodzenie, żeby ustalić, jak to się stało, że praca przywiodła go do próby samobójczej. Podjęto by też konkretne działania, by coś takiego nigdy więcej się nie powtórzyło. Tymczasem próba samobójcza stażystki została kompletnie przemilczana. O tym, że taka sytuacja w ogóle miała miejsce, dowiedzieliśmy się od kolegów – wieść rozchodziła się pocztą pantoflową niczym na szkolnym podwórku. Nawet gdyby ta młoda kobieta zmarła, to szczerze wątpię, czy poinformowano by nas o tym fakcie choćby za pośrednictwem e-maila. Nie należę do ludzi, których łatwo zszokować, ale nigdy nie przestanie mnie dziwić brak troski kierownictwa szpitali o własny personel.

5

Rezydent – pierwsza posada

Stażystom wydaje się, że rezydent to ktoś, kto ma zawsze rację, ktoś o niezgłębionej mądrości jak Bóg czy Google, ktoś, komu pod żadnym pozorem nie wolno przeszkadzać. Dla starszych stażystów rezydent to port, do którego zawijają z każdym problemem, to sieć wsparcia na wyciągnięcie ręki (ręki sięgającej, oczywiście, po pager). I nagle, zanim zdążycie się obejrzeć, to wam przypada ta zaszczytna rola.

W wypadku takiej specjalizacji jak ginekologia i położnictwo oznacza to zazwyczaj, że to wy będziecie najbardziej doświadczonym lekarzem w przyszpitalnej poradni. To najczęściej wy będzie prowadzić obchód oddziału. Pacjenci będą się do was zwracać *per* „proszę pana", a nie „panie doktorze", przez co dojdziecie do wniosku, że ostatnie dziesięć lat nauki było pieprzoną stratą czasu. Będziecie prowadzić zajęcia dla studentów medycyny. Będziecie przeprowadzać najbardziej krwawe operacje. Co jeszcze ważniejsze, będzie zarządzać pracą oddziału położniczego. W szpitalu pracują co prawda starsi rezydenci, a nawet lekarze specjaliści, którzy pomogą wam, jeśli ogłosicie najwyższy stopień zagrożenia, ale to właśnie wy będziecie odpowiedzialni za życie i zdrowie znajdujących się na oddziale matek i ich dzieci.

Ta kobieta potrzebuje cesarki, te dwie nie urodzą bez pomocy kleszczy lub próżniociągu, tamta dostała krwotoku. Staniecie się świetni w ustalaniu hierarchii ważności. Wasze życie zamieni się w zagadkę logiczną – tę z łódką, lisem, kurą i workiem ziarna. Tyle że w waszym wypadku łódka będzie z cukru, kur będzie dwanaście i każda z nich będzie rodzić trojaczki.

Brzmi to potwornie – i czasami faktycznie takie jest – ale tego dnia, kiedy zyskałem status rezydenta, szedłem do pracy sprężystym krokiem. Od ukończenia studiów nie zdarzyło mi się czuć takiego przypływu optymizmu – niemal rzygałem tęczą. Byłem w połowie drogi, aby zostać lekarzem specjalistą, to była metaforyczna środa metaforycznego tygodnia pracy. Za kilka lat miałem objąć posadę starszego rezydenta – widziałem siebie w tej roli i przypuszczałem, że się w niej sprawdzę. Co więcej, czułem, że wreszcie wszystko w moim życiu prywatnym i zawodowym wskoczyło na swoje miejsce. Miałem wrażenie, jakbym odwrócił trzymaną wcześniej do góry nogami mapę. Wreszcie moje życie nie wydawało mi się tak przygnębiające w porównaniu z życiem tych z moich przyjaciół, którzy nie byli lekarzami. Miałem mieszkanie, miałem nowy (a właściwie to nowszy) samochód, byłem w stabilnym (mniej więcej) związku. Czułem zadowolenie. Nie radość, nie błogość – zadowolenie. To uczucie mocno kontrastowało z moimi uczuciami z lat poprzednich, czyli głównie niezadowoleniem z rozmaitych aspektów mojego życia.

Uświadomiłem sobie, że większość moich kolegów i koleżanek nie miała tyle szczęścia co ja, jeśli chodzi o życie prywatne. Mój związek trwał głównie dzięki niewyczerpywalnym pokładom tolerancji i wyrozumiałości mojego partnera. Związki innych lekarzy z reguły rozpadały się po roku, dużo wcześniej niż rozpada się statystyczna relacja – wygląda to tak, jakby wszystkie te związki zapadały na jakąś dziwną chorobę w rodzaju przedwczesnego starzenia się.

Na pewno przyczyniają się do tego długie godziny pracy. Po czterech czy pięciu latach bezwarunkowego posłuszeństwa surowym regułom NHS zostawanie w pracy do późna, przychodzenie z samego rana i branie zastępstw za kolegów weszło mi w nawyk. Wśród nielekarzy rozpowszechnione jest przekonanie, że to od samego zainteresowanego zależy, czy wraca do domu o dwudziestej czy o dwudziestej drugiej; że jest to kwestia wyboru. Tymczasem lekarze mogą wybrać jedynie, czy zignorują potrzeby własne czy potrzeby swoich pacjentów. To pierwsze jest przykre, ale drugie oznacza, że ktoś umrze, więc tak naprawdę nie mamy żadnego wyboru. System opieki zdrowotnej bazuje na minimalnej obsadzie kadrowej i na ofiarności lekarzy, którzy godzą się zostawać w pracy po godzinach, żeby zrobić to, co powinno zostać zrobione. Świadomie narażając pacjenta na ryzyko utraty zdrowia, sprzeniewierzylibyście się własnym wartościom, więc nie dopuszczacie do tego, zostając na posterunku niemal po każdej zmianie. Oczywiście nie tylko lekarze pracują do późna. To samo można powiedzieć o prawnikach i bankowcach, ale oni przynajmniej w piątek wieczorem mogą przeistoczyć się w weekendowych imprezowiczów, porzucając społeczne konwenanse w czterdziestoośmiogodzinnej erupcji nieokiełznanego hedonizmu. Tymczasem lekarze zazwyczaj spędzają weekendy w pracy.

Ale nie chodzi tylko o nadgodziny. Kiedy po długim, stresującym dniu wracacie do domu, wasz partner nie ma z was żadnego pożytku; jesteście wykończeni, pozwalacie sobie na opryskliwe uwagi i odmawiacie mu prawa do ponarzekania na kolegów. Życiowi partnerzy lekarzy wiedzą, że gdy tylko zaczynają opowiadać o swoich kłopotach w pracy (zazwyczaj żaden z tych problemów nie jest kwestią życia lub śmierci, chyba że ktoś pracuje jako linoskoczek, strażak albo kasjer w drive-thru w Burger Kingu) odruchowo chcecie ich prześcignąć i zaczynacie opowiadać o tym, jak straszny był wasz dzień.

To wasza podświadomość podejmuje decyzje za was. Albo nie uda wam się zapomnieć o pracy, w związku z czym dopada was roztargnienie i nawet gdy ciałem przebywacie w domu, myślami jesteście przy swoich pacjentach, albo wytwarzacie twardy emocjonalny pancerz, z czego wasz partner wcale nie musi być zadowolony.

Niektórzy moi koledzy i niektóre koleżanki mają już dzieci. Żyją w ciągłym poczuciu winy. Do bogatego zbioru emocji związanych z wykonywaniem zawodu lekarza mogą dorzucić jeszcze wyrzuty sumienia. Nie mam dzieci, ale domyślam się, jakie to uczucie dzwonić wieczorem do swoich szkrabów zamiast otulić je kołdrą i poczytać im *Gruffalo*. Bardzo często na oddziale jest takie urwanie głowy, że nie udaje im się nawet zadzwonić do domu. Pewien mój przyjaciel, który pracował kiedyś na oddziale chirurgii ogólnej, nie mógł przyjechać do szpitala, w którym jego syn przechodził operację ze wskazań pilnych, bo sam musiał przeprowadzić planową operację w innym szpitalu i nie było nikogo, kto mógłby go zastąpić.

Kiedy zostałem rezydentem, dostrzegłem pewien interesujący paradoks. Im lepiej radzicie sobie z ustalaniem listy priorytetów w pracy, tym gorzej idzie wam z ustaleniem priorytetów w życiu prywatnym. Przez chwilę czułem się niczym wyjątek potwierdzający tę regułę – byłem tym jedynym gościem, któremu udawało się trzymać dziesięć srok za ogon. Musiałem tylko pilnować, żeby żadna nie odfrunęła...

16 sierpnia 2007, czwartek

Historia jak z horroru. Pacjentka G.L., której DNA w połowie składa się z przepisów na potrawy z jagodami goji, a w drugiej połowie – z postów na forach dla mamusiek, oznajmia w trakcie porodu, że chciałaby zjeść własne łożysko. Zarówno położna, jak i ja udajemy, że tego nie słyszymy. Po pierwsze dlatego, że nie wiemy, co mówi na ten temat regulamin szpitala, a po drugie dlatego, że to po prostu obrzydliwe. G.L. nazywa to placentofagią, co pewnie w jej mniemaniu przydaje temu procederowi jakiejś powagi, ale na mnie takie sztuczki nie działają. W końcu wszystko brzmi poważniej, kiedy przełożycie to na starożytną grekę*.

G.L. wyjaśnia nam, że samice innych ssaków często zjadają własne łożysko, ale ten argument również zaliczam do niezbyt przekonujących – nie pozwalamy przecież innym ssakom kandydować do parlamentu ani prowadzić autobusów; nie uważamy też, że należy kopiować inne ich zachowania, na przykład spółkowanie z meblami czy zjadanie własnych młodych (nasza pacjentka nazwałaby to zapewne pedofagią).

Przekierowuję rozmowę na bardziej naglący temat – musimy zacisnąć kleszcze na głowie jej dziecka i wyciągnąć je na zewnątrz. Idzie nam to sprawnie, z dzieckiem jest wszystko w porządku i będzie tak aż do momentu, gdy zostanie poddane edukacji domowej, a potem pojedzie ze swoją rodzinką na organizowane w jakiejś mongolskiej jurcie wakacje dla miłośników naturyzmu. Kilka minut później trzymam już w rękach łożysko i szykuję

* „Cholelitoproktofilia" to wsadzanie sobie kamieni żółciowych do tyłka (przed chwilą to wymyśliłem). „Orbitobelonefilia" – nakłuwanie oczu igłami. „Carniophallic anastomosis" to chujogłowy.

się do odbycia z G.L. dziwacznej rozmowy na temat tego, co mam z nim zrobić. Podnoszę wzrok i co widzę? Świeżo upieczona mama trzyma w jednej ręce naczynie sanitarne pełne skrzepów krwi, a drugą ręką wpycha je sobie do ust.

„A więc to nie jest łożysko?" – pyta z niedowierzaniem, spoglądając na zawartość naczynia sanitarnego. Z kącików jej ust skapuje krew; wygląda niczym upiorne dziecko Draculi i Ciasteczkowego Potwora. Wyjaśniam, że to tylko kilka skrzepów, które wypłynęły z pochwy w trakcie porodu. Najpierw robi się szara na twarzy, potem zielona. Najwidoczniej w jej wyobrażeniach krew nie jest równie smaczną poporodową przekąską co łożysko. Wymiotuje do naczynia, które wciąż trzyma w rękach. Wymiotuje też wszędzie dookoła. Przepraszam, chciałem powiedzieć: „doświadcza hematemezy".

19 września 2009, środa

E-mail od kierownika administracji w Centrum Kształcenia Studentów:

Szanowny Panie,
*jesteśmy wdzięczni za Pana zaangażowanie w działalność Centrum Kształcenia Studentów (Undergaduate Learning Center). Jednak uprzejmie prosimy, aby kiedy znowu będzie Pan korespondował ze studentami czwartego roku w sprawie prowadzonych przez Pana zajęć, nie mylił Pan naszej organizacji z Centrum Wczesnego Kształcenia (Early Learning Center)**.

* Early Learning Center to brytyjski producent zabawek (przyp. tłum).

2 października 2007, wtorek

Po bardzo pracowitym dniu na oddziale położniczym wyciągam telefon z szafki. Siedem nieodebranych połączeń i kilka wiadomości głosowych. Wszystkie od Simona i wszystkie tylko z dzisiejszego poranka. Waham się, czy odsłuchać nagrania. W głębi serca wiem, że jest już za późno. Zaczynam się nawet zastanawiać, co powiem koronerowi. Tymczasem okazuje się, że ten gnojek Simon zapomniał zablokować klawiaturę w telefonie, wkładając go do kieszeni spodni.

24 października 2007, środa

Spokojna noc na oddziale. Idę do dyżurki, kładę się na łóżku i przeglądam Facebooka. Ktoś wrzucił link do quizu, w którym spośród stu rzeczy do zrobienia przed śmiercią macie zaznaczyć, co już udało wam się osiągnąć. Czy byliście na Wielkim Murze Chińskim? Ujeżdżaliście strusia? Jeden z ochroniarzy Barry'ego Manilowa zafundował wam wspaniały seks oralny w basenie typu infiniti w Las Vegas? Okazuje się, że jeszcze wiele przede mną. Sprawdzam skrzynkę pocztową i urządzam sobie małą sesję masturbacji*.

Na krótko przed finiszem odzywa się mój pager†. Naciągam spodnie i biegnę na salę porodową – jakaś kobieta jest w fazie partej porodu, wyniki KTG jej dziecka

* Nie wiem, jak Naczelna Izba Lekarska zapatruje się na kwestię walenia sobie gruchy w dyżurce. Chciałem wysłać do nich e-mail w tej sprawie, kiedy przygotowywałem tę książkę. Przez miesiąc trzymałem w folderze „Robocze" szkic tego listu, ale w końcu stchórzyłem i skasowałem go. Ale wszyscy lekarze to robią. Kiedy lekarz wpada w nocy do waszego pokoju, upewnijcie się, czy wcześniej umył ręce.

† W wypadku zagrożenia życia pacjenta wasz pager zyskuje zdolność mowy i mówi wam dokładnie, gdzie macie się udać, co pozwala wam zaoszczędzić cenne sekundy.

budzą poważne zastrzeżenia. Za pomocą kleszczy wyciągam szkraba na zewnątrz. Nie trwało to dłużej niż minutę. Matce i dziecku nic nie dolega – dobry stary Adam jak zwykle się spisał. Teraz mogę stworzyć własną listę rzeczy do zrobienia przed śmiercią i odfajkować pozycję „Przyjąć poród z postawionym na sztorc prąciem".

1 listopada 2007, czwartek

Ledwo zacząłem nagłą cesarkę, gdy na salę wpada starsza stażystka i mówi mi, że pacjentka na sąsiedniej sali ma nieprawidłowe KTG i że być może konieczny będzie poród zabiegowy. Starszy rezydent przeprowadza teraz skomplikowaną i krwawą operację ginekologiczną w głównej sali operacyjnej. Z kolei starsza stażystka szkoli się na lekarkę rodzinną i odbywa u nas tylko swoje półroczne praktyki, więc to ja muszę się zająć tym przypadkiem. Proszę ją, żeby sfotografowała swoim telefonem wyniki badania KTG i przyszła mi je pokazać. Wtedy opracuję jakiś plan.

Zanim zdąży wrócić, wyciągam dziecko z brzucha matki i zaczynam zszywać macicę. Okazuje się, że wyniki są dużo gorsze niż według relacji stażystki, a ja mam tu jeszcze piętnaście minut szycia. Zakładam kolejny szew, żeby macica przestała krwawić, i proszę pielęgniarkę chirurgiczną o przykrycie otwartej jamy brzusznej pacjentki dużą płachtą gazy (przez co operowana kobieta wygląda niczym jakiś potworny Teletubiś), serdecznie ją przepraszam i biegnę do drugiej sali, żeby przeprowadzić szybki poród kleszczowy. Ledwo odkładam kleszcze, kiedy w sali obok rozlega się sygnał alarmowy. Kolejne kiepskie KTG, tym razem konieczne jest zastosowanie próżniociągu. Na sam koniec muszę jeszcze opanować silny krwotok poporodowy.

Mija półtorej godziny, zanim wracam do sali operacyjnej, gdzie wciąż leży pacjentka po cesarce. Zaszywam ją i wreszcie mogę przekazać moje obowiązki rezydentowi, który zaczyna poranną zmianę. Opowiadam mu, jakim heroizmem wykazałem się tej nocy. Spodziewam się, że będzie co najmniej domagał się nadania naszemu szpitalowi mojego imienia. Tymczasem w odpowiedzi słyszę jedynie: „Czasem tak się zdarza" – jakbym mimochodem napomknął, że w okolicznej kawiarni zabrakło bułeczek z rodzynkami.

5 listopada 2007, poniedziałek

Podczas wizyty w poradni ginekologicznej pacjentka mówi mi, że każdy dzień zaczyna od spotkania z Dorothy, bo czuje się bardzo zestresowana. Kim jest Dorothy? Jej cioteczną babcią, którą moja pacjentka co rano odprowadza do sklepu, traktując to jako jakieś dziwne ćwiczenie odprężające albo namiastkę spaceru z psem terapeutycznym dla osób z problemami psychicznymi? Kobieta informuje mnie, że Dorothy to slangowe określenie ketaminy*.

„I co? Faktycznie pomaga na stres?" – pytam z nagłym zainteresowaniem.

12 listopada 2007, poniedziałek

Cały personel operacyjny został wezwany do Centrum Wczesnego Kształcenia na wykład dotyczący bezpieczeństwa pacjentów. W zeszłym tygodniu jednemu

* Inne slangowe określenia ketaminy to między innymi K, Kit Kat, a także Special K. Chociaż, gdyby pacjentka powiedziała mi, że zaczyna dzień od Special K, pomyślałbym, że chodzi jej o płatki śniadaniowe.

z pacjentów usunięto zupełnie zdrową lewą nerkę, zostawiając go z kompletnie bezużyteczną nerką prawą.

Przypomniano nam, że w ciągu ostatnich trzech lat brytyjscy neurochirurdzy piętnaście razy wywiercili dziurkę w głowie pacjenta po niewłaściwej stronie. Piętnaście razy nie potrafili odróżnić prawej strony od lewej, przykładając wiertarkę do czyjejś czaszki. Wygląda na to, że neurochirurdzy są na prostej drodze do utraty renomy.

Szpital zrobi wszystko, aby nie dopuścić ponownie do takiego błędu jak to całe zamieszanie z nerką, ale dla tamtego nieszczęsnego pechowca – którego prochy prawdopodobnie rozsypano na niewłaściwej plaży – jest już trochę za późno.

Skutek tego wszystkiego jest taki, że w nowych procedurach postępowania dopisano punkt o konieczności oznaczenia strzałką narysowaną flamastrem właściwej części ciała pacjenta, zanim trafi on na salę operacyjną. Podnoszę dłoń i pytam, co mamy zrobić w wypadku gdy pacjent ma już na ciele wytatuowaną strzałkę. Publiczność wybucha śmiechem, a nadzorujący moją rezydenturę lekarz specjalista nazywa mnie pieprzonym klaunem.

13 listopada 2007, wtorek

Na moją skrzynkę przychodzi e-mail od doktora Vane'a, dyrektora do spraw zarządzania klinicznego. Doktor Vane radzi mi, abym w wypadku gdy na ciele pacjenta wytatuowana jest strzałka, zakleił ją papierową taśmą samoprzylepną i narysował nową strzałkę we właściwym miejscu. Dowiaduję się również, że ten schemat postępowania zostanie uwzględniony w oficjalnych szpitalnych dokumentach. Doktor Vane dziękuje mi za mój cenny wkład.

8 stycznia 2008, wtorek

Brytyjczycy tyją szybciej, niż skuter inwalidzki pędzi w kierunku centrum handlowego tuż przed godziną zamknięcia sklepów. Dzisiaj wymieniono stół operacyjny na oddziale położniczym. To już drugi raz w ciągu dwóch lat. W zeszłym miesiącu mieliśmy pacjentkę, której waga przekroczyła udźwig niedawno zakupionego „stołu operacyjnego dla otyłych".

Wiem, że to niełatwe, ale jeśli jesteście tak otyli, że specjalnie dla was szpital musi zamawiać nowe wyposażenie, powinniście chyba pomyśleć o zrzuceniu kilku kilogramów.

Nowy stół ma ogromne, chowane pod blatem skrzydła, dzięki którym ciała ponadwymiarowych pacjentów nie będą „wylewały się" poza jego krawędzie. Wygląda to niczym industrialna wersja stołu rozkładanego przez wasze babcie przed świętami Bożego Narodzenia, żeby postawić na blacie dodatkowe porcje vol-au-vent. Na naszym stole można by spokojnie postawić cały statek, na przykład „Cutty Sark".

Trzeba było dziesięciu chłopa, podnośnika hydraulicznego i dwóch godzin, żeby wstawić stół do sali operacyjnej. Przypuszczam, że już wkrótce czekają nas kolejne kłopoty. W trakcie jakiejś cesarki pod tym grzmotem zarwie się podłoga i rozwalimy oddział dermatologii, który mieści się piętro niżej.

19 stycznia 2008, sobota

Rozwinął się u mnie pełnoobjawowy syndrom sztokholmski: postanowiłem iść do pracy w wolną sobotę. „Jeśli masz kogoś na boku, możesz mi o tym powiedzieć" – usłyszałem od H.

Wczoraj po raz pierwszy w życiu przeprowadziłem całkowitą histerektomię połączoną z bilateralną salpingoowariektomią* i chciałem sprawdzić, jak miewa się pacjentka po operacji. Dzisiaj rano za każdym razem, kiedy odzywał się mój telefon, byłem przekonany, że dzwoni ktoś ze szpitala, aby powiedzieć mi, że jej rany eksplodowały albo że przedziurawiłem jej jelito, albo że odciąłem pęcherz od moczowodów, albo że doprowadziłem do krwotoku wewnętrznego. Musiałem upewnić się, jaki jest jej stan, żeby powstrzymać tę galopadę myśli.

Oczywiście wszystko było w porządku; pacjentka została zbadana już wcześniej przez mojego kolegę Freda. Zrobiło mi się głupio. Nie chciałem, żeby Fred pomyślał sobie, że mam jakieś zastrzeżenia do jakości jego pracy (co nie oznacza, że ich nie mam), więc chyłkiem ewakuowałem się z oddziału. Jak się po chwili okazało, wcale nie tak chyłkiem, ponieważ wychodząc, wpadłem prosto na Freda i musiałem udawać, że „akurat tędy przechodziłem" i tylko dlatego sprawdziłem, jak miewa się moja pacjentka.

„Nie obwiniaj się" – powiedział, wzruszając ramionami. Zwierzył mi się także, że pierwsza poważna przeprowadzona przez niego operacja zakończyła się sukcesem, ale pacjentka zmarła wkrótce po niej. Fred starał się wszystkiego dopilnować: sprawdzał, jak goją się rany, starannie zaplanował opiekę pooperacyjną – wszystko na nic. Kobieta udławiła się na śmierć kanapką z jajkiem i rzeżuchą w dniu, w którym miała zostać wypisana do domu.

Całkiem serio zastanawiam się, czy tak na wszelki wypadek nie nakazać mojej pacjentce ścisłego postu aż do

* Całkowita histerektomia to usunięcie całej macicy, a bilateralna salpingoowariektomia to wycięcie obu jajników i jajowodów. Uff, salpingoowariektomia. Ktoś w ogóle potrafi to wymówić?

dnia wypisu. „Przeszedłem akurat obok” szpitala, a teraz muszę wyruszyć w godzinną drogę powrotną do domu. W trakcie myślę o tym, co powiedział mi wcześniej H. Dochodzę do wniosku, że nawet gdybym chciał mieć z kimś romans, to byłbym zbyt zmęczony, żeby rozpiąć spodnie.

26 lutego 2008, wtorek

Mam wykonać histeroskopię*. Tłumaczę pacjentce F.R., na czym polega ta procedura, kiedy kobieta pyta mnie nagle, co najgorszego może się stać. Pacjentki wciąż o to pytają, a ja wolałbym, żeby tego nie robiły, ponieważ szczera odpowiedź na to pytanie powinna brzmieć: „Może pani umrzeć”. W jej wypadku, tak jak w wypadku znakomitej większości pacjentek, prawdopodobieństwo takiego scenariusza jest znikome, ale to pytanie zmusza mnie do wypowiedzenia na głos imienia Ponurego Żniwiarza tuż przed operacją.

Od kilku miesięcy mam na to sposób. Ilekroć ktoś pyta mnie, co najgorszego może się wydarzyć, odpowiadam: „Świat może eksplodować”. Taka odpowiedź po pierwsze uświadamia pacjentkom, że dramatyzują, a po drugie pozwala nieco rozluźnić atmosferę. Co więcej, nie jest to kłamstwo – któregoś dnia świat wybuchnie, a ja będę wtedy pracował jak zwykle na oddziale położniczym.

Okazuje się, że F.R. ma niezachwianą wiarę w to, że koniec świata nastąpi w ciągu najbliższych pięciu lat.

* Histeroskopia polega na wprowadzeniu kamery do wnętrza macicy – to jedno z podstawowych badań ginekologicznych, zazwyczaj przeprowadza się je w wypadku nieprawidłowych krwawień z dróg rodnych, a także wtedy, gdy po prostu nie wiadomo, co dolega pacjentce. Histeroskopię wykonano po raz pierwszy w 1869 roku i od tego czasu większość oddziałów ginekologicznych nie została wyposażona w nowsze przyrządy.

Zaprasza mnie na wykład Davida Icke'a*, który odbędzie się w klubie koncertowym Brixton Academy w przyszłym tygodniu. Może nawet się przejdę. W końcu co najgorszego może się stać?

29 lutego 2009, piątek

Każda specjalna okazja sprawia, że pacjentki czują przemożną potrzebę, aby wepchnąć jakieś nietypowe przedmioty do swoich wagin i odbytów, ale to Boże Narodzenie było szczególnie urodzajne pod tym względem. W czasie tych pięknych świąt zajmowałem się na przykład kobietą z okropnie opuchniętym sromem (opuchlizna wywołana była kontaktem z alergenem, w tym wypadku jemiołą), a także kobietą z lekkimi poparzeniami pochwy (wsadziła do niej sznur lampek choinkowych i włączyła je do kontaktu, co nadaje nowy sens słowom „poczuj magię świąt"). Z kolejnej pacjentki wyciągnąłem figurkę bożonarodzeniowej wróżki („Chce ją pani z powrotem?", „Tak, wystarczy opłukać i będzie jak nowa"). Oczywiście i w tym roku (pierwszym przestępnym roku od kiedy zacząłem pracę lekarza) moje rodaczki mnie nie zawiodły.

Pacjentka J.B. postanowiła oświadczyć się swojemu chłopakowi. Wykosztowała się na pierścionek, zadała sobie trud umieszczenia go w żółtym jajku z Kinder Niespodzianki i – dając się ponieść swojej bujnej wyobraźni – wsadziła je sobie do pochwy. Plan był taki: chłopak robi jej palcówkę, odkrywa jajko, wydobywa je z niej, ona pada przed nim na kolana, jej usta wypowiadają to

* Icke to gorliwy wyznawca teorii spiskowych i kłamca oświęcimski, który uwielbia wygłaszać obłąkańcze i zatrważająco długie przemowy. Zanim ta książka się ukaże, będzie już pewnie ministrem spraw zagranicznych Wielkiej Brytanii.

zasadnicze pytanie, a potem znajdują sobie inne zajęcie. Co za oświadczyny, prawda? Nieoczekiwane, nieco niesmaczne i bardzo romantyczne. Niestety, jajeczko obróciło się i ustawiło wzdłuż ścianek pochwy, a nie w poprzek. Ich obopólne wysiłki, aby je wydobyć, na nic się nie zdały. Warto podkreślić, że kobieta tak bardzo chciała zrobić niespodziankę swojemu partnerowi, że nie powiedziała mu, co zrobiła i dlaczego. W końcu uznali jednak, że nie poradzi sobie bez pomocy lekarza. I tak oto doszło do naszego spotkania w pokoju zabiegowym numer trzy. To był bardzo łatwy poród. Za pomocą kleszczy do trzymania gąbki wszystko poszło jak z płatka.

Pacjentka nie powiedziała, co zawiera jajeczko, więc zarówno ja, jak i towarzyszący jej chłopak byliśmy zaskoczeni, kiedy poprosiła go, żeby je otworzył. Dałem mu parę lateksowych rękawiczek, niszcząc wszelkie szanse na zbudowanie romantycznego nastroju. Zadała mu wreszcie to pytanie, a on powiedział „tak". Prawdopodobnie z powodu szoku lub strachu przed tym, do czego byłaby zdolna ta kobieta, gdyby ją odtrącił. Ciekawe, gdzie drużba będzie trzymał obrączki w trakcie ich ślubu.

17 marca 2008, poniedziałek

Komuś wydaje się chyba, że młodzi lekarze mają zbyt wiele wolnego czasu, więc powinni jeszcze prowadzić roczne podsumowania. Spotkanie w tej sprawie odbędzie się w tym tygodniu, dlatego po zakończeniu nocnej zmiany udałem się do szpitalnego archiwum, gdzie dość mechanicznie przejrzałem dokumentację medyczną, nudząc się przy tym tak, jak Lady Chatterley nudziła się w swoim małżeństwie ze zniedołężniałym sir Cliffordem. Zebrałem oficjalne dane na temat wyników w skali

APGAR*, osiąganych przez noworodki urodzone na naszym oddziale. Przy okazji odkryłem coś ciekawego i poparłem swoje odkrycie twardymi danymi:

Wprowadzenie

Na naszym oddziale rodzi się rocznie 2500 dzieci, z czego 750 przychodzi na świat przez cesarskie cięcie. Lekarz przeprowadzający taki zabieg sporządza odręczne notatki na temat jego przebiegu. Notatki te są następnie archiwizowane i stanowią dokument prawny potwierdzający wykonanie zabiegu.

Metoda

Osobiście przejrzałem notatki z 382 porodów przez cesarskie cięcie, czyli wszystkich takich zabiegów wykonanych od stycznia do czerwca 2007 roku.

Wyniki

109 lekarzy (28,5 procent) wykazało się kiepską znajomością angielskiego i napisało „caesarian" zamiast „caesarean".

Wnioski

Niemal jedna trzecia moich kolegów to idioci nieumiejący poprawnie zapisać nazwy jedynej operacji, którą powinni zapamiętać.

* APGAR to skala używana w celu określenia stanu noworodka po porodzie stworzona przez Virginię Apgar. Poszczególne kategorie skali to kolor skóry (*appearance*), tętno (*pulse*), reakcja na bodźce (*grimace*), napięcie mięśni (*activity*) i oddychanie (*respiration*) – zawsze wydawały mi się one trochę arbitralne. Virginia Apgar starała się chyba wymyślić akronim brzmiący tak samo jak jej nazwisko. To tak jakbym ja, ustalając, co jest najlepszą miarą stanu zdrowia dziecka, wybrał kopanie (*kicking*), klaskanie (*applauding*) i ziewanie (*yawning*).

17 kwietnia 2008, czwartek

Drobne gesty odmieniają pracę na porodówce. Uświadamiacie to sobie, kiedy wymęczona porodem matka dotyka waszego ramienia i mamrocze ciche: „Dziękuję". Kiedy starszy stażysta przynosi wam dietetyczną colę, bo widzi, jak bardzo jesteście zmęczeni. Kiedy lekarz specjalista życzliwym skinieniem głowy daje wam do zrozumienia, że dobrze sobie radzicie. Czasem te znaczące gesty to gesty z prawdziwym rozmachem. Na przykład wtedy, gdy mąż pacjentki, która przeszła nagłą cesarkę, bierze was na stronę i mówi, że jest szefem marketingu w brytyjskim oddziale firmy produkującej słynnego szampana, po czym pyta was o nazwisko i wyjaśnia, że chce wam wysłać „drobny prezent". Przez cały tydzień wyobrażałem sobie, jak pluskam się w gigantycznym kieliszku wypełnionym po brzegi niedorzecznie drogim trunkiem z bąbelkami. Przez moją głowę przelatywały obrazy niczym z burleski.

Dzisiaj do szpitala dostarczono paczkę zaadresowaną na moje nazwisko. Nie chciałbym być niewdzięczny, ale... serio? Czapeczka baseballowa z logo i breloczek?

21 kwietnia 2008, poniedziałek

Wykonałem dziś planową cesarkę. Asystował mi student cierpiący z powodu kaca. Sale operacyjne na oddziale położniczym nie pachną najpiękniej (chyba że robimy diatermię*, wtedy wszędzie unosi się apetyczny zapach

* Diatermia to zabieg wykonywany przy pomocy elektrokautera, czyli urządzenia przypominającego lutownicę. Nagrzewacie tym tkanki, co skutkuje zamknięciem małych naczyń krwionośnych i powstrzymaniem krwawienia. Należy pamiętać, aby przed diatermią nie przecierać skóry pacjentki środkiem antyseptycznym na bazie alkoholu, ponieważ iskry wydobywające się z elektrokautera mogą podpalić jej ciało.

smażonego bekonu). Zresztą sami oceńcie, jak może pachnieć taka mieszanka: najpierw z kobiety wylewa się pół litra krwi, po rozcięciu macicy pojawia się mnóstwo płynu owodniowego, dziecko upaćkane jest mazią bardziej niż odpływ w kocim hotelu, a potem wyciągamy łożysko, które zawsze cuchnie jak nieświeża sperma – z żadnym z tych zapachów nie chcielibyście zostać skonfrontowani, kiedy wciąż odbija wam się hinduskim żarciem i ziołowym likierem zmieszanym z red bullem. Wyjąłem dziecko i właśnie miałem zabierać się do szycia, kiedy asystujący mi student zemdlał. Na pacjentkę. Wylądował twarzą prosto w otwartej jamie brzusznej. „Chyba powinniśmy jej podać jakieś antybiotyki" – zasugerował anestezjolog.

13 maja 2008, wtorek

Razem z Ronem i kilkoma innymi kolegami biorę udział w zorganizowanym w pubie quizie. Pada pytanie: „Z ilu kości składa się szkielet człowieka?". Ku oburzeniu członków mojego zespołu mówię, że z jakichś sześćdziesięciu. Próbuję się z tego wytłumaczyć. Przekonuję ich, że taka informacja nie znajduje się w programie kształcenia lekarzy, że to nieistotne, że nie ma takiej sytuacji klinicznej, w której miałoby to jakiekolwiek znaczenie, że nikt nie oczekuje od Rona, żeby był w stanie podać, ile istnieje rodzajów podatków... Wszystko na nic. Po przerażonych twarzach moich znajomych widzę, że przypominają sobie te wszystkie chwile, kiedy prosili o medyczną poradę lekarza, który nawet nie wie, ile kości znajduje się w ludzkim ciele. Trzy pozostałe zespoły podały właściwą odpowiedź*.

* 206.

2 czerwca 2008, poniedziałek

Zostaję wezwany do poradni ginekologicznej przez położną. Mam zbadać pacjentkę – pierwiastkę* w trzydziestym drugim tygodniu ciąży niskiego ryzyka, która zgłosiła się na wizytę kontrolną. Położna nie usłyszała bicia serca płodu podczas badania pacjentki aparatem Sonicaid† i dlatego prosi mnie, żebym przyszedł i to sprawdził. Coś takiego zdarza się całkiem często i w 99 procentach przypadków okazuje się, że wszystko jest w porządku. Zazwyczaj wygląda to tak, że pożyczam z oddziału ultrasonograf na kółkach i ciągnę go za sobą niczym hostessa swój wózeczek. W poradni pokazuję rodzicom serce ich dziecka na monitorze, a potem, szczerząc się niczym teleturniejowy konferansjer, wracam na oddział razem z moim wózeczkiem. Rodziców zaniepokojonych daremnym nasłuchiwaniem bicia serca ich dziecka uspokoić może jedynie jednoznaczny dowód na ekranie.

Szybko okazuje się, że to jest właśnie ten jeden procent. Uświadamiam to sobie, kiedy tylko przekraczam próg pokoju. Twarz położnej jest niemal szara. A to bardzo doświadczona położna. Pacjentka jest lekarką internistką, jej mężem jest lekarz w trakcie specjalizacji z okulistyki. Rzadko zdarza się taka sytuacja. Wszyscy w pokoju zdają sobie sprawę, że coś jest nie tak. Nie udaje mi się nawet wydusić z siebie standardowej uspokajającej formułki „Jestem pewien, że wszystko jest w porządku" przed rozpoczęciem badania.

* Pierwiastka to kobieta w pierwszej ciąży. Wieloródka to kobieta, która urodziła więcej niż jedno dziecko.

† Sonicaid to przenośne urządzenie, które umożliwia usłyszenie bicia serca dziecka.

Co gorsza, muszę wezwać lekarza specjalistę, żeby oficjalnie potwierdził śmierć płodu, chociaż oboje rodzice doskonale zdają sobie sprawę, że na monitorze widać cztery nieruchome komory serca. Kobieta zachowuje się bardzo spokojnie i racjonalnie. Za to jej mąż jest w rozsypce. „Nie powinno się grzebać własnego dziecka" – mówi.

5 czerwca 2008, czwartek

Harmonogram rzuca mną po całym szpitalu bez ładu i składu – poradnia ginekologiczna, sala operacyjna, poradnia leczenia niepłodności, oddział położniczy, kolposkopia, USG – każdą pacjentkę widzę po raz pierwszy w życiu. Niemal zupełnie porzuciłem już nadzieję dostrzeżenia jakiejś znajomej twarzy, coś takiego może mi się przytrafić, kiedy idę do Costa Coffee po kubek latte.

Naprawdę rzadko się zdarza, żebym spotkał jakąś pacjentkę więcej niż raz, ale dzisiejszego popołudnia podczas obchodu oddziału spotykam lekarkę, u której na początku tego tygodnia zdiagnozowałem ciążę obumarłą. Jest w trakcie indukowanego porodu*. Co dziwne, ją i jej męża najwyraźniej cieszy mój widok. Pewnie dlatego, że jestem dla nich kimś znajomym, kimś, kto wie, co się stało, i komu nie trzeba tłumaczyć wszystkiego od początku. To musi być pewnego rodzaju ulga, zwłaszcza w taki okropny dzień.

Co powinno powiedzieć się w takim przypadku? To fatalne zaniedbanie, że w trakcie studiów nikt nie nauczył nas, jak rozmawiać z parą pogrążoną w żałobie. Czy jeśli powiem coś optymistycznego o „następnym razie",

* To wyjątkowo okrutne, że kiedy dziecko umrze w macicy, najbezpieczniej dla kobiety jest urodzić je na oddziale położniczym w otoczeniu dziesiątek innych matek i ich zdrowego potomstwa.

jedynie pogorszę sytuację? Chciałbym dać im trochę nadziei, ale czuję, że takie słowa byłyby niewłaściwe. To byłaby taka ekstremalna wersja powiedzonka „tego kwiatu jest pół światu" serwowanego ludziom, którzy właśnie się z kimś rozstali. To tak, jakby zasugerować, że jedno dziecko można spokojnie wymienić na drugie, jakby liczył się sam fakt posiadania potomka. Czy wspomnieć, jak bardzo im współczuję? Ale po co miałbym zawracać im w takiej chwili głowę moimi emocjami? Wystarczy, że muszą radzić sobie nie tylko z własną rozpaczą, ale także z rozpaczą członków swojej rodziny. A może powinienem ich uściskać? Czy to byłoby za wiele? A może za mało?

Postanawiam, że skupię się na tym, co wiem i na czym się znam. Omawiam z nimi praktyczne aspekty tego, co czeka ich przez kolejnych kilka godzin. Zadają mi tysiące pytań, a ja na każde staram się udzielić możliwie pełnej odpowiedzi. Najwidoczniej tak właśnie radzą sobie z tą trudną sytuacją – medykalizują ją.

Zaglądam do nich co godzinę, żeby sprawdzić, jak się miewają. Jest już po dwudziestej, ale postanawiam zostać na oddziale, dopóki kobieta nie urodzi. H. czeka na mnie w domu, ale okłamuję go w SMS-ie, że z powodu nagłej operacji muszę zostać w szpitalu. Nie wiem, czemu nie napisałem mu prawdy. Okłamuję też kobietę, kiedy pyta mnie, dlaczego wciąż tu jestem po dwudziestej trzeciej. „Zastępuję kogoś" – odpowiadam. Może moje umiejętności konwersacyjne nie stoją na najwyższym poziomie, ale czuję, że sama moja obecność im pomaga.

Kobieta rodzi krótko po północy. Pobieram od niej kilka próbek krwi i opowiadam o wszystkich testach, które możemy zrobić, żeby ustalić, co było przyczyną śmierci dziecka. Kobieta i jej mąż chcą, co zupełnie zrozumiałe, żeby wykonać wszelkie dostępne badania. Oznacza to jednak, że będę musiał pobrać próbki skóry i mięśni płodu, a jest to dla mnie jeden z najbardziej przykrych obowiązków w pracy ginekologa położnika. Kiedyś przy tej czynności towarzyszyły mi tak silne emocje, że co jakiś czas musiałem odwracać wzrok. A jednak z czasem przywykłem, chociaż wcześniej nie wierzyłem, że można się znieczulić na taki widok. Teraz, gdy kroję martwe dziecko, odczuwam jedynie smutek. Wydaje nam się, że martwe dzieci powinny być piękne, doskonałe, nietknięte, tymczasem często jest zupełnie inaczej. Ten chłopczyk był martwy już od kilku tygodni. Patrzę na niego: jest cały zmacerowany, od ciała odchodzi mu skóra, ma rozmiękczoną głowę; wygląda jak ofiara poparzeń. „Przepraszam – mówię do niego, kiedy pobieram próbki. – O, już koniec, zrobione".

Okrywam go i zwracam się do Boga, w którego nie wierzę: „Opiekuj się nim dobrze".

10 czerwca 2008, wtorek

W Holland Park zatrzymuje mnie policja. „Przejechał pan na czerwonym świetle. Zdaje pan sobie z tego sprawę?" Szczerze mówiąc – nie. Jechałem do domu na autopilocie kompletnie wykończony po katorżniczym nocnym dyżurze, podczas którego wykonałem pięć cesarek. Mam nadzieję, że w sali operacyjnej byłem bardziej skupiony.

Wyjaśniam funkcjonariuszom, że właśnie wracam z oddziału położniczego po trzynastu godzinach pracy. Gówno ich to obchodzi. Dostaję mandat w wysokości sześćdziesięciu funtów i trzy punkty karne.

18 czerwca 2008, środa

W obecności pacjentów zdarza mi się mówić szyfrem*. Czasem wystarczy jedno nieopatrznie wypowiedziane słowo i pacjent, który dopiero co wygłaszał peany na waszą cześć, wpada w histerię i zaczyna oskarżać was o to, że próbujecie wysłać go na tamten świat. I właśnie dlatego lekarze unikają pewnych słów, rozmawiając z pacjentami – tak samo jak właściciele psów, którzy nie wypowiadają przy swoich pupilach słowa „spacer", a gdy już muszą to zrobić, literują je bardzo powoli, czy jak rodzice rozmawiający o s-e-p-a-r-a-c-j-i, gdy pod drzwiami podsłuchuje pięciolatek. Nie tylko pacjentów trzeba czasem utrzymywać w stanie błogiej nieświadomości. Pracując

* Ten szyfr ma trzy poziomy. Pierwszy poziom to terminy pochodzące z łaciny lub greki. „Duszności" można nazwać „dysponeą", zamiast mówić o „obolałym fiucie i opuchniętych jajach" lepiej użyć terminu „epididymoorchitis". Drugi poziom to eufemizmy. Zamiast sugerować, że pacjent ma kiłę, zalecamy mu zrobienie testu VDRL, zakażenie wirusem HIV nazywamy „niedoborem białek CD4", odnosząc się do leżących u jego podstaw zaburzeń odporności. Poziom trzeci, najbardziej zabawny, to kompletnie wymyślone terminy, które weszły do słownictwa lekarzy na przestrzeni kilku ostatnich dekad. Brzmią bardzo wiarygodnie i naukowo, dzięki nim możecie sobie pozwolić na szczerość z kolegami i koleżankami po fachu, nie narażając się na skutki szczerości z pacjentami.

Oto kilka moich ulubionych terminów:

chroniczne zatrucie glukozą – otyłość

zapalenie izolacyjne – zespół objawów pojawiających się po umieszczeniu kogoś w celi aresztu

objaw Q – język zwieszający się z kącika ust chorego, przez co wyglądają one niczym litera Q; zazwyczaj nie zwiastuje niczego dobrego. Rokowania są jeszcze gorsze, kiedy mówimy o objawie Q z kropką (tą kropką jest mucha, która usiadła na wywalonym języku)

status dramaticus – kiedy pacjent jest zdrowy, a przy tym bardzo emocjonalny

terapeutyczna flebotomia – kiedy pacjent czuje się lepiej po pobraniu krwi

przeniesiony na piętnaste piętro (jest to zawsze o jedno piętro wyżej, niż ma budynek szpitala) – martwy.

w obecnym szpitalu, opracowałem szyfr, który pomaga mi przetrwać niekończące się obchody oddziału pod przewodnictwem pani doktor Bagshot. Kiedy rozpaczliwie potrzebuję kofeiny, mówię stażyście, żeby sprawdził, jak miewa się pan Buckstar. Chłopak wie, że musi wtedy skoczyć do Starbucksa. Minęły trzy miesiące, a ona jeszcze tego nie rozgryzła. Stworzyłem szyfr doskonały. Albo kręci ją mój kawowy oddech.

20 czerwca 2008, piątek

Uczę starszego stażystę zszywania skóry za pomocą zszywek, a nie zwykłych szwów. Moim zdaniem daje to równie dobre efekty kosmetyczne, a trwa cztery razy krócej*. Idzie mu świetnie. Na samym końcu liczę, ilu zszywek użył. Dziesięciu. Tłumaczę mu, że parzysta liczba szwów przynosi pecha, i proszę, żeby dodał jedną zszywkę na środku rany. Nie jestem przesądny – mógłbym non stop przechodzić pod drabinami albo mieszkać w mieszkaniu pełnym otwartych parasolek – ale tę zasadę przyswoiłem sobie lata temu i od tej pory przekazuję ją młodszym lekarzom. Nauka pokonała magię, ale kiedy ktoś mówi wam, że jakiś sposób postępowania w trakcie operacji przynosi pecha, lepiej dmuchać na zimne. Nie chcielibyście, żeby wasz pager rozdzwonił się w środku nocy, zawiadamiając was, że z brzucha pacjentki powypadały zwoje jelit.

Starszy stażysta poinstruowany przeze mnie, w jaki sposób należy zabezpieczać się przed zakusami złych mocy, bierze do ręki zszywacz, żeby umieścić na brzuchu

* Każdy chirurg ma własną technikę zszywania skóry. Zszywacze i zszywki, których ja używałem, niewiele różniły się od tych, jakie możecie kupić w sklepie z artykułami biurowymi.

pacjentki ostatni talizman – i przez przypadek wbija zszywkę prosto w opuszkę mojego palca.

3 lipca 2008, czwartek

Pacjentka T.H. od dwóch dni powtarza mi, że jej laktator jest na podsłuchu. Musiałem obiecać, że przeprowadzimy śledztwo w tej sprawie, ponieważ kiedy wcześniej próbowałem rozwiać jej obawy dotyczące laktatora, zaczęła krzyczeć, że spiskuję z Rosjanami. Postawiłem zupełnie oczywistą w tym przypadku diagnozę psychozy połogowej*, ale nie udało mi się nikogo przekonać, że pacjentka wymaga konsultacji psychiatrycznej. Zdaniem kolegów psychiatrów nie ma zagrożenia, że T.H. zrobi krzywdę sobie lub dziecku. To trochę tak, jakby ortopedzi odmówili zbadania pacjenta ze złamaną nogą tylko dlatego, że poszkodowany nie ma zamiaru wystartować w nowojorskim maratonie.

Telefon z izby przyjęć – poinformowano mnie, że pacjentka T.H. przechodzi właśnie badanie psychiatryczne, na które została doprowadzona przez policję. Policjantów wezwali pracownicy Starbucksa mieszczącego się na parterze, zaniepokojeni zachowaniem T.H., która wkroczyła do kawiarni, zdarła z siebie ubranie, wskoczyła na stół i zaczęła śpiewać: „I need a hero!". Dobrze wiedzieć, na jakim poziomie psychiatrzy ustawiają poprzeczkę.

* Psychoza połogowa (atomowa wersja depresji poporodowej) to poważne zaburzenia psychiczne pojawiające się po urodzeniu dziecka u jednej kobiety na tysiąc.

4 lipca 2008, piątek

Pacjentka N.S. pojawia się w poradni ginekologiczno-urologicznej w celu założenia nowego pessarium*. Pyta, czy istnieją inne metody leczenia przypadłości, na którą cierpi. Nie chce już nosić pessarium, ponieważ „źle jej się ono kojarzy". Ma pięćdziesiąt osiem lat, kilka tygodni temu wybrała się na wesele swojej siostrzenicy. Pod sukienką miała, jak to określiła, „skąpą bieliznę". Kiedy z wigorem tańczyła makarenę, pessarium wypadło z jej pochwy i potoczyło się po parkiecie, zatrzymując się dopiero u stóp drużby.

„A co to takiego?! – ryknął, podnosząc je do góry. – Czy ktoś zgubił kółko od dziecięcego wózka? O! A może to gryzak?"

Pacjentka bardzo szybko opuściła parkiet i całą imprezę, nie dowiedziała się więc, czy ktoś próbował wepchnąć jej pessarium do buzi jakiegoś biednego malca. Zaoferowałem jej pessarium grzybkowe† oraz pokrzepiający uśmiech.

* Pessarium (inaczej pessar) to coś w rodzaju pączka z dziurką wykonanego ze sztywnego plastiku. Włożone do pochwy pessarium sprawia, że narządy wewnętrzne kobiety nie wypadają na zewnątrz. Pessaria stosuje się, odkąd ludzkość musiała sobie radzić z problem wypadającej macicy, czyli mniej więcej od czasu, kiedy pierwsza kobieta urodziła swoje pierwsze dziecko. W dawnych czasach jako pessarium używano bulwy ziemniaka – wpychano go do środka i wszystko się ładnie trzymało. Niestety w ciepłym i wilgotnym środowisku pochwy warzywo szybko wypuszczało korzenie; kobiety musiały przycinać zielone pędy, kiedy te zaczynały szorować o ich bieliznę.

† Pessarium grzybkowe wygląda jak haczyk na przyssawce, na którym wieszacie w łazience swój szlafrok. Wsadzacie je i wyjmujecie, chwytając za hak, przyssawka z kolei utrzymuje wasze narządy rodne z dala od wzroku postronnych osób.

7 lipca 2008, poniedziałek

Pilne wezwanie na oddział położniczy. Mąż rodzącej pacjentki, żeby zabić dłużący mu się czas, skakał na piłce do porodu. Spadł z niej i rozbił sobie głowę.

8 lipca 2008, wtorek

Praca na oddziale ginekologiczno-położniczym to ciągła huśtawka emocjonalna, ale dziś po raz pierwszy doświadczyłem tak dużego „wahnięcia" tej huśtawki. Jeden ze starszych stażystów wezwał mnie do Poradni Wczesnej Ciąży, żebym potwierdził obumarcie ośmiotygodniowego płodu. Stażysta nie ma dużego doświadczenia w robieniu badań USG, więc uznał, że przyda mu się druga para oczu. Pamiętam, jak to jest być stażystą, więc rzucam wszystko i pędzę do niego. Po wejściu do gabinetu dostrzegam pogrążoną w smutku milczącą parę – najwyraźniej stażysta poinformował ich już o tym, że rokowania są kiepskie. Dobrze się spisał w tej trudnej sytuacji.

Niestety, znacznie gorzej poszło mu z badaniem USG. Równie dobrze mógłby zbadać grzbiet własnej dłoni albo paczkę chipsów. Nie dość, że dziecko miewa się dobrze, to w dodatku macica kobiety ma jeszcze drugiego lokatora, którego przeoczył stażysta. To chyba pierwszy raz, kiedy mam do przekazania nieoczekiwane wieści i są one pomyślne*.

* Ciąża bliźniacza występuje raz na osiemdziesiąt ciąż spontanicznych – w wypadku zapłodnienia in vitro zdarza się to częściej, ponieważ lekarze implantują wtedy kilka zarodków. Szanse na urodzenie trojaczków to jeden do osiemdziesięciu podniesionych do kwadratu (1:6400), szanse na urodzenie czworaczków to jeden do osiemdziesięciu podniesionych do sześcianu (1:512000) i tak dalej. Im więcej dzieci nosi w łonie matka, tym większe prawdopodobieństwo różnych komplikacji – wszystko powyżej

10 lipca 2008, czwartek

W przyszłym tygodniu ja i H. wybieramy się na Mauritius, żeby uczcić pięć lat naszego związku. Jestem podekscytowany wizją długich godzin nieprzerywanych brzęczeniem pagera; mam też nadzieję, że nie zapomniałem jeszcze, jak zachowywać się w relacji, która nie sprowadza się do jedzonych wspólnie w pośpiechu śniadań oraz SMS-ów z przeprosinami.

Szczęście jest równie trwałe co bańka mydlana. Przekonuję się o tym, kiedy przychodzi do mnie e-mail z działu kadr, w którym zawiadamiają mnie, że muszę pracować w następny weekend. Żaden z moich kolegów nie może się ze mną zamienić, a ponieważ nie dam rady odebrać porodu przez Skype'a, udaję się do działu kadr, aby wyjaśnić moje trudne położenie. Czuję się, jakbym szedł do gabinetu dyrektora, żeby zaprzeczyć oskarżeniom o kradzież cukierków lukrecjowych ze szkolnego sklepiku, mając zęby oblepione czarną mazią. To jest to samo mdlące uczucie.

Niektórzy z moich kolegów musieli skrócić swoją podróż poślubną albo zrezygnować z uczestnictwa w pogrzebie członków rodziny, więc szanse, że ktoś zmieni grafik, żebym mógł pojechać na wakacje, są naprawdę niewielkie. Naturalnie kadry odmawiają zorganizowania zastępstwa – sugerują, że mogę przerwać wakacje i wrócić na chwilę do Anglii. Obawiam się, że tym razem SMS z przeprosinami nie załatwi sprawy.

dwójki dzieci w jednej macicy to z reguły położnicza katastrofa. Chociaż miałem kiedyś pacjentkę w ciąży z czworaczkami i o ile pamiętam, skończyło się na tym, że urodziła zdrowe dzieci i dostała od sponsora darmowe pieluszki, ubranka, jedzenie dla niemowląt oraz minivana.

6

Rezydent – druga posada

Zawsze czułem się niesamowicie dumny z tego, że pracuję dla NHS – kto nie kocha NHS? Chyba tylko Minister Zdrowia. NHS to coś zupełnie innego niż nasze pozostałe dobra narodowe. Nikt nie mówiłby takim czułym tonem o Banku Anglii, nikt nie reagowałby takim oburzeniem, gdybyście powiedzieli, że macie zamiar pozwać lotnisko w Cardiff. Łatwo się domyślić dlaczego: NHS odwala kawał dobrej roboty i wszyscy korzystamy z owoców jego pracy. To NHS witał was na tym świecie i to NHS zawinie was w plastikowy worek, oczywiście najpierw robiąc wszystko, co tylko możliwe, żeby utrzymać was przy życiu. NHS – od kołyski aż po grób, tak jak obiecał to jego twórca Aneurin Bevan w 1948 roku.

NHS nastawił wasze ramię złamane podczas szkolnego dnia sportu, zaordynował chemię waszej chorej na raka babci, wyleczył chlamydię, którą przywlekliście z Kavos, zapewnił niezbędny wam inhalator. I wszystko to za darmo. Umawiając się do lekarza, nie musicie sprawdzać stanu swojego konta. NHS zawsze czeka na was z otwartymi ramionami*.

* Przynajmniej na razie.

Ta wiedza sprawia, że wiele niedogodności, z jakimi wiąże się etat w NHS – obłąkańcze godziny pracy, biurokracja, niedostateczna obsada kadrowa, a także to, że w pewnym szpitalu, w którym miałem okazję pracować, z niewiadomych powodów zablokowano na wszystkich komputerach dostęp do Gmaila (wielkie dzięki, naprawdę) – schodzi na dalszy plan. Pracując dla NHS, miałem poczucie, że jestem częścią czegoś dobrego, ważnego, niezastąpionego, więc zawsze robiłem, co do mnie należało. Przyznam, że do mojej etyki pracy można mieć zastrzeżenia – odkąd porzuciłem zawód lekarza, już nigdy nie pracowałem równie sumiennie (mój wydawca może to potwierdzić). NHS to jednak niezwykła instytucja i każda próba wprowadzenia innego systemu opieki zdrowotnej źle by się skończyła.

Za każdym razem, gdy ktoś wspomina o prywatyzacji NHS, powinniśmy przypomnieć sobie długie na kilometr rachunki wystawiane pacjentom przez amerykańskie szpitale. Politycy mogą zachowywać się jak idioci, ale są całkiem sprytni. Rzucają nam apetyczne kąski, które mają zwabić nas do chatki z piernika. Zarzekają się, że wprowadzą tylko drobne zmiany w funkcjonowaniu NHS, ale od raz powziętej decyzji nie ma już odwrotu – nie znajdziemy ścieżki z okruszków, która poprowadzi nas przez las do punktu wyjścia.

W trakcie mojej rezydentury zmieniłem zdanie na temat prywatnej opieki zdrowotnej w Wielkiej Brytanii. Kiedyś nie wydawała mi się niczym złym, uważałem ją za coś w rodzaju prywatnych szkół: grupka bogatych ludzi organizuje sobie własne instytucje, dzięki czemu podatnicy oszczędzają kilka funtów. Oczami wyobraźni widziałem siebie jako lekarza specjalistę dorabiającego w jakimś prywatnym centrum medycznym – jeden wieczór w tygodniu w poradni, od czasu do czasu histeroskopia (gdyby zamarzył mi się mercedes) i jedna cesarka w miesiącu (gdyby zamarzył mi się szofer w tym mercedesie). Znałem wielu lekarzy specjalistów, którzy wiedli takie życie, i nie przeszkadzałoby mi, gdybym znalazł się w podobnym położeniu.

Na drugim roku rezydentury zacząłem regularnie brać zastępstwa w innych szpitalach. Trochę przeszacowałem swoje możliwości, biorąc kredyt hipoteczny, i doszedłem do wniosku, że rozsądnie byłoby, gdyby moje dochody choćby z grubsza dorównywały wydatkom. Ponieważ miałem bardzo mało wolnego czasu (ze względu na H. nie chciałem też całkowicie z niego zrezygnować), zazwyczaj upychałem nocne dyżury między zwykłe dni pracy. Dyżurowałem w prywatnych szpitalach lub na prywatnych oddziałach w szpitalach publicznych, gdzie obciążenie pracą jest zazwyczaj mniejsze, dzięki czemu mogłem pozwolić sobie na godzinę lub dwie snu.

Przyjaciele, którzy dokonali lepszych wyborów życiowych niż ja, często pytają mnie, czy prywatny poród to dobry pomysł. To ludzie, którzy zawsze zamawiają najlepsze wina – te z samego dołu karty – i rezerwują najbardziej ekskluzywne domki letniskowe w Chilterns. To ludzie, którzy wiedzą, że za pieniądze nie da się kupić szczęścia, ale da się za nie kupić lepsze rzeczy i usługi.

A jednak w wypadku porodu to się nie sprawdza. Jeśli rodzicie prywatnie, szpital naciąga was na minimum piętnaście tysięcy funtów, czego, oczywiście, nie pokrywa wasze ubezpieczenie zdrowotne. Dostajecie ładniejszy pokój i smaczniejsze jedzenie. Dostępna jest również cesarka na życzenie. Wasz prywatny lekarz może nawet zachęcać was do tego rodzaju porodu, bo jeśli zdecydujecie się na cesarskie cięcie, będzie mógł doliczyć kolejną pozycję do rachunku na piętnaście tysięcy, a jego pager nie rozdzwoni się nagle w środku wieczornego przyjęcia i nie będzie musiał gnać na porodówkę, żeby wyciągnąć z was dziecko.

Kilka godzin później, gdy lekarz specjalista będzie już w domu, możecie zacząć krwawić – przybiegnie do was wtedy jakiś młodszy lekarz. Jeśli byłbym to na przykład ja, to wszystko w porządku. Robiłem takie rzeczy na co dzień. Jednak widziałem, kogo jeszcze zatrudnia się w prywatnych placówkach medycznych. Często byli to bardzo młodzi lekarze, którzy w publicznych szpitalach pracowali na stanowisku starszego stażysty. Nie mieli odpowiednich kompetencji, żeby poradzić sobie z taką sytuacją.

A co by było, gdyby wasz stan nagle się pogorszył? Gdyby przydarzyło wam się coś, z czym nie mógłby sobie poradzić jeden, nawet dobrze wyszkolony lekarz? Co, gdybyście potrzebowały zespołu położników, anestezjologów, pediatrów, być może nawet lekarzy innych specjalności? Jedyne, co mogą wtedy zrobić wasi bliscy, to zadzwonić pod 999, wezwać karetkę, która zawiezie pacjentkę na specjalistyczny oddział w państwowym szpitalu, i modlić się, żeby przeżyła podróż.

Możecie wygooglować sobie nazwy prywatnych oddziałów położniczych, wpisując do wyszukiwarki słowa „ugoda pozasądowa". Jak już wspominałem, jedzenie w tych placówkach jest zawsze znakomite. Do was należy decyzja, czy jesteście gotowe ryzykować dla niego własnym życiem.

Nigdy nie chciałem być lekarzem, który nie może w żaden sposób pomóc pacjentce i tylko czeka na wsparcie. Po kilku miesiącach przestałem więc brać prywatne fuchy. Trochę żałowałem, bo wybrałem już kolor uniformu mojego szofera.

9 sierpnia 2008, sobota

Moi przyjaciele nielekarze są zawsze pod wrażeniem, kiedy błyskawicznie diagnozuję obce osoby (to coś w rodzaju najwyższego poziomu w grze „I spy with my little eye"). Starsza pani w autobusie ma początki Parkinsona, facet siedzący przy sąsiednim stoliku w restauracji ma lipodystrofię z powodu zażywania leków przeciwko wirusowi HIV, zmiana w oku pewnego mężczyzny świadczy o wysokim poziomie cholesterolu, charakterystyczne trzepotanie rąk zdradza chorobę wątroby, zmiany na paznokciach to objaw raka płuc.

Jednak takich diagnoz nie można stawiać w dowolnym miejscu i czasie. „Rzęsistek pochwowy" – obwieszczam z dumą, wskazując na zielonkawą wydzielinę wypływającą z pochwy striptizerki. No i niestety. Zrujnowałem wieczór kawalerski.

11 sierpnia 2008, poniedziałek

Z cyklu: dylematy moralne lekarzy. Zastępuję innego lekarza na oddziale, gdzie znajdują się także prywatne sale porodowe. Położna wzywa mnie, żebym zbadał kobietę w fazie parcia. KTG pacjentki jest dość niepokojące. Informuję ją, że tętno serca dziecka spadło, więc będę musiał mu pomóc przyjść na świat. Mówię jej, że nie możemy czekać, aż przyjdzie lekarz specjalista, ale że to nic nie szkodzi, bo odbieranie porodów to mój chleb powszedni. Zapewniam ją, że wszystko będzie dobrze. Pacjentka przytakuje.

Na korytarzu dzwonię do opiekującego się nią lekarza specjalisty, doktora Dolohova. Kurtuazyjny gest – w końcu to jego pacjentka. Odpowiedź doktora Dolohova bynajmniej nie jest kurtuazyjna. Mówi, że będzie w szpitalu za minutę i że pod żadnym pozorem nie wolno mi odbierać porodu jego pacjentki. Wracam do sali i przygotowuję wszystko, czego będzie potrzebował: kleszcze, zestaw porodowy i zestaw do zszywania. A potem dochodzę do wniosku, że to niedorzeczne: dziecko miewa się kiepsko i jeśli nie zainterweniuję, jego stan może się w każdej chwili pogorszyć. Dolohov powiedział, że będzie za minutę, ale każdy taksówkarz mówi swoim klientom, że dotrą na miejsce „za minutę". Jeśli stanie się coś złego z powodu braku interwencji z mojej strony, to ja stracę prawo do wykonywania zawodu. A dziecko poniesie uszczerbek na zdrowiu. Jeśli doktor Dolohov złoży na mnie skargę, w najgorszym wypadku stracę posadę w szpitalu, w którym nie chcę już dłużej pracować.

Odbieram poród – na początku dziecko nie oddycha, ale po chwili wszystko jest już w porządku. Wyniki gazometrii krwi pępowinowej* potwierdzają, że miałem rację, nie zwlekając ani chwili dłużej. Pacjentka rodzi łożysko, ja zszywam ranę i oczyszczam jej ciało. „Adam to ładne imię" – sugeruję. Ale ona postanowiła nazwać swojego syna Barclay. Doktora Dolohova wciąż nie ma. Nie pobłądziłem w labiryncie moralnych dylematów.

Kiedy doktor Dolohov dociera na miejsce, ja mam już na sobie świeży strój lekarski. Doktor najpierw pyta położną, jakie były wyniki gazometrii, a potem serdecznie mnie przeprasza. Wolałbym, żeby wynagrodził mnie finansowo, zwłaszcza że zainkasował od pacjentki okrągłą

* Po porodzie przekazujecie dziecko pediatrom, którzy pobierają próbkę krwi pępowinowej i kierują ją do badania pod kątem wysycenia tlenem i dwutlenkiem węgla. Wyniki tego badania pokazują, w jakim stanie było dziecko i jak pilna była konieczność rozwiązania ciąży.

sumkę za coś, co koniec końców zrobił kto inny. No cóż, tak to już bywa.

5 września 2008, sobota

„Macie tam już jakieś lokum?” – pyta mnie doktor Lockhart, kiedy o poranku rozpoczynamy razem pracę w poradni położniczej. Zajęło mi chwilę, zanim zrozumiałem, o czym mowa – jakiś czas wcześniej rozmawialiśmy o wakacjach i o tym, że w końcu udało mi się uzgodnić z dyrekcją szpitala termin mojego urlopu, który zamierzam spędzić razem z H. we Francji.

„Tak... Zrobiliśmy już rezerwację w hotelu...”

„Nie, nie. Nie o to mi chodziło. Pytałem, czy kupiliście już tam coś na własność”.

Och, doktor Lockhart jest uroczo oderwany od rzeczywistości, z jaką muszą mierzyć się rezydenci. Ledwie udało mi się wziąć kredyt na maleńkie mieszkanko wspólnie z H. Dom we Francji? W moim przypadku jest to równie prawdopodobne co kupno konia wyścigowego lub zostanie współposiadaczem rezydencji ulokowanej na Gwieździe Śmierci. Ale, jak pokazuje przykład doktora Lockharta, jest to coś najzupełniej zwyczajnego dla lekarzy specjalistów – na końcu tunelu, którym pełzną rezydenci, widać jakieś światełko. Mamy do czego aspirować.

Doktor Lockhart zawiadamia mnie, że będzie musiał wyjść trochę wcześniej – właściwie to teraz. Na dzisiaj zapisane są pięćdziesiąt dwie pacjentki. Oprócz mnie nie przyjmuje żaden inny lekarz. Być może na końcu tunelu faktycznie jest światełko, ale ten tunel ma ze sto czterdzieści kilometrów i po sam sufit wypełniają go odchody, przez które muszę utorować sobie drogę na zewnątrz.

11 września 2008, czwartek

Po strasznym nocnym dyżurze w mojej przegródce na listy – zamiast irytujących upomnień w sprawie opłat parkingowych albo żelu do mycia rąk – znajduję uroczą kartkę od pacjentki. Niemal mam łzy w oczach. Pamiętam tę kobietę. Kilka tygodni temu zszywałem jej rozdarte krocze po spontanicznym porodzie siłami natury.

Drogi Adamie,
chciałam Ci podziękować. Wykonałeś kawał dobrej roboty. Internista sprawdził, jak wyglądają moje szwy – ponoć trudno się zorientować, że urodziłam dziecko, a przecież miałam pęknięcie trzeciego stopnia! Jestem Ci niesamowicie wdzięczna. Raz jeszcze dziękuję.

Właśnie dla takich chwil warto wykonywać tę pracę. Nie mogę się nadziwić, ile starań moja pacjentka włożyła w przygotowanie tego dowodu pamięci. Własnoręcznie zrobiła kartkę, którą mi wysłała – złożyła arkusz pięknego białego tłoczonego papieru i ozdobiła go z przodu odciśniętymi w złotej farbie śladami dziecięcych stópek. Chociaż, z drugiej strony, nie miała chyba innego wyboru. Trudno kupić w sklepie papierniczym kartkę z napisem „Dziękuję za zacerowanie mojego anusa!".

16 września 2008, wtorek

Kobieta siedząca w poczekalni na oddziale położniczym awanturuje się, że trzy lub cztery inne kobiety, które przyszły później niż ona, zostały już przyjęte przez lekarza, a ona nie.

„Proszę pani, gdybym to ja trafiła do szpitala, wolałabym zostać przyjęta ostatnia, bo to by oznaczało, że wszyscy pozostali są bardziej chorzy" – odpowiada jej spokojnie jedna z położnych.

18 września 2008, czwartek

O ósmej wieczorem dzwoni mój telefon.

Zastanawiam się, czy przypadkiem nie zapomniałem przyjść na nocny dyżur. A może ktoś inny zapomniał i teraz to ja, uwiązany do mojej niewidzialnej liny bungee, powinienem wrócić do szpitala? Na szczęście dzwoni Lee, jeden z moich przyjaciół. Wydaje się trochę zmartwiony. Lee to z pewnością najspokojniejszy z moich przyjaciół. Prawie nigdy się nie unosi. Jest adwokatem, broni w sprawach karnych. Zdarzyło mi się parę razy słyszeć, jak rozmawia z policjantami albo sędziami. Pogodnym tonem pytał na przykład: „Czy całe ciało rozłożyło się pod wpływem kwasu czy tylko czaszka?", albo grzecznie prosił o „przybliżenie rozmiarów tego ludobójstwa". Teraz pyta, czy mógłbym do niego wpaść; jego współlokator się zranił i Lee podejrzewa, że może potrzebować szpitalnej opieki, ale najpierw chciałby zasięgnąć mojej porady. To niedaleko, nie mam żadnych niecierpiących zwłoki obowiązków, więc przystaję na jego prośbę.

Kolega mojego przyjaciela faktycznie się zranił. Z najbardziej nieistotnych działań mogą wyniknąć najpoważniejsze konsekwencje – nie zdążymy nawet mrugnąć i mamy „efekt motyla" pełną gębą. Terry rozciął sobie kciuk, otwierając najzwyklejszą w świecie puszkę fasoli. Uszkodził sobie małą tętnicę, z której litrami wylewa się teraz krew. Opuszka jego kciuka wygląda jak rozdziawiony pyszczek któregoś z mupetów. Nawet widać kość. Cieszę się, że mogę im udzielić profesjonalnej porady medycznej: wizyta w szpitalu jest nie tyko wskazana, ale wręcz konieczna. I należy się tam udać jak najszybciej. Myślę, że niewielu ludzi na świecie zakwestionowałoby moją ocenę sytuacji. Niestety, Terry jest jednym z nich.

Lee zabiera mnie na chwilę do kuchni. Jak się okazuje, ciężko będzie przekonać Terry'ego do wizyty w szpitalu. Terry ma spory problem z alkoholem i obawia się, że badania krwi wykażą uszkodzenie wątroby, co skutkować będzie niepotrzebnymi dociekaniami i całą masą kłopotów, których wolałby uniknąć. Teraz już rozumiem, dlaczego Terry krwawi tak obficie i dlaczego nie odnosi się do niego powiedzenie „krew jest gęstsza niż woda"*.

Przez chwilę próbuję negocjować z Terrym. Lekarze będą zbyt skupieni na fakcie, że połowa jego kciuka niemal łopocze na wietrze, żeby zagłębiać się w inne kwestie – tłumaczę mu, ale moje wysiłki są bezskuteczne. Terry nie zgadza się nawet na wezwanie karetki (chciałem, żeby ratownicy ocenili jego stan). Wracam do Lee, żeby opracować plan B, tymczasem Terry nasącza swoją krwią kilka kolejnych ściereczek kuchennych. Plan B szybko kiełkuje w moim umyśle. Ja jestem lekarzem, Lee jest prawnikiem, na podstawie ustawy o zdrowiu psychicznym możemy umieścić Terry'ego w szpitalu psychiatrycznym, ponieważ stanowi zagrożenie dla samego siebie. Lee, który z pewnością zna zapisy ustawy o zdrowiu psychicznym lepiej niż ja, zwraca mi uwagę, że nie tylko my dwaj nie jesteśmy uprawnieni do tego typu działań, ale też nie mógłby tego zrobić nikt inny,

* Wątroba, oprócz wielu innych funkcji, zajmuje się także produkowaniem substancji odpowiedzialnych za krzepnięcie krwi. Zatem uszkodzenie wątroby równa się zaburzeniom krzepnięcia krwi.

bo Terry nie ma ograniczonych zdolności poznawczych i może podjąć decyzję, że nie chce jechać do szpitala*.

Lee ma plan C. Poznaję jego zarysy, kiedy wręcza mi skromną apteczkę. Rok temu pojechał na wakacje do Ugandy (kto jeździ na wakacje do Ugandy?). Takim zuchwałym podróżnikom udziela się często rady, żeby kupili zestaw podstawowych leków i narzędzi chirurgicznych i mieli go zawsze przy sobie w trakcie podróży. Gdyby Lee trafił do szpitala, personel medyczny użyłby jego własnych materiałów, co zminimalizowałoby ryzyko złapania wirusa HIV albo innego paskudztwa.

Lee otwiera przede mną pudełko niczym jakiś szemrany sprzedawca na bazarze i pyta, czy mam wszystko, czego potrzebuję, żeby zszyć palec Terry'ego. Widzę, że Lee wykosztował się na wersję deluxe – jest tam tyle narzędzi, że mógłbym przeprowadzić operację usunięcia płuca. Wydaję z siebie zachwycony okrzyk niczym wasza ciotka, kiedy znajdzie orzechowego zawijaska w bombonierce z pralinkami. Biorę igłę, nożyczki, kleszcze do trzymania igły, waciki, środek odkażający – brakuje tylko czegoś do znieczulenia pacjenta. Lee żartuje, że Terry może zacisnąć zęby na drewnianej łyżce.

Pięć minut później operuję wyraźnie przychylnego takiemu rozwiązaniu Terry'ego przy kuchennym stole. Oczyszczam ranę, zakładam kilka dużych głębokich szwów, żeby powstrzymać krwawienie z tętnicy. Kiedy krew przestaje cieknąć, zaczynam zszywać kolejne warstwy tkanki. Dla Terry'ego ból szybko staje się nieznośny.

* Pacjenta uważa się za zdolnego do podjęcia decyzji, jeśli jest w stanie zrozumieć przekazaną mu informację, zapamiętać ją i rozważyć wady oraz zalety różnych rozwiązań. Nie ma przy tym znaczenia, czy podjęta przez niego decyzja będzie choć trochę racjonalna.

Aby powstrzymać jego wrzaski (gdyby do drzwi zastukali teraz sąsiedzi, wytłumaczenie im, co tu się właściwie dzieje, byłoby dość kłopotliwe), Lee wręcza mu drewnianą łyżkę. To rozwiązanie okazuje się zaskakująco skuteczne.

W końcu zszywam ostatnią warstwę – skórę. Jestem całkiem zadowolony z efektu estetycznego. Nie wiem, czy Terry zastosuje się do mojej porady dotyczącej dbania o ranę i późniejszego usunięcia szwów, ale i tak mu jej udzielam. Terry drżącym głosem wystękuje podziękowania i sięga po szklankę z alkoholem. Obiecuje też, że już nigdy więcej nie zje fasoli. Po cichu pytam Lee o medyczno-prawne implikacje wieczornych wydarzeń. Śmieje się i zręcznie zmienia temat. Chwilę później zamawia dla mnie taksówkę i wręcza mi sporą butelkę rumu (przypuszczam, że należała do Terry'ego).

Już w drodze do domu dociera do mnie, że Terry powinien zażywać antybiotyki przez kilka kolejnych dni. W końcu przeszedł zabieg w chirurgicznym podziemiu. Dzwonię do Lee. Proszę go, żeby skłonił Terry'ego do porannej wizyty u internisty. Przepraszam, że nie wypisałem mu prywatnej recepty. Tłumaczę mu, że byłoby to sprzeczne z zaleceniami Naczelnej Izby Lekarskiej odnośnie do wypisywania recept dla rodziny i przyjaciół. Niemal słyszę, jak Lee wywraca oczami. „Myślę, że obecnie to najmniejsze z twoich zmartwień" – kwituje moje wynurzenia.

16 października 2008, czwartek

Zdaję relację z bardzo pracowitej zmiany na oddziale położniczym lekarzowi, który przyszedł na zastępstwo. Mówię, że pracowaliśmy na pełnym gazie przez cały dzień, a noc też nie zapowiada się na spokojną. Szykuje się kilka cesarek i kilka porodów zabiegowych. Do tego dochodzi oddziałowa poczekalnia wypełniona pacjentkami i skierowania z izby przyjęć. Domyślam się, że mój rozmówca może się czuć, jakby musiał zagrać w położniczą Jengę. Wyciągnie nie ten klocek co trzeba, i cała wieża się rozsypie. Serdecznie go przepraszam. Wiem, że dużo trudniej jest poradzić sobie z takim urwaniem głowy, kiedy pracuje się na zastępstwie i nie zna się zwyczajów panujących w danym szpitalu. Dostrzegam lekki obłęd w oczach mężczyzny, który wciąż nie odezwał się ani słowem.

Uświadamiam sobie, że moja relacja mogła być dla niego trochę przerażająca, więc staram się nieco załagodzić to, co wcześniej powiedziałem. „Pacjentka z piątki prawdopodobnie urodzi bez żadnych komplikacji. Jak na razie nie mamy też jakichś bardzo pilnych przypadków z izby przyjęć..." To chyba nie działa. Facet wciąż wygląda na przerażonego. Łamaną angielszczyzną pyta mnie, czy będzie musiał wykonywać jakieś cesarki. Zakładam, że pyta o to, czy starsza stażystka, która będzie dziś pracować razem z nim, może przeprowadzać już tego typu operacje, więc wyjaśniam mu, że dziewczyna nie ma na tyle dużego doświadczenia, żeby to robić. Okazuje się jednak, że błędnie go zrozumiałem. Miał na myśli siebie – nigdy wcześniej nie przeprowadzał cesarskiego cięcia.

Przez chwilę myślę, że to jakieś zabawne nieporozumienie. Może gość robi specjalizację z neurologii i przez pomyłkę wylądował na naszym oddziale. Za chwilę pojawi się właściwy lekarz – ktoś, kto będzie potrafił zrobić to, czego się od niego oczekuje – i powie, że spóźnił się z powodu nieprawidłowego oznakowania szpitala. A jednak nie, ten facet przyjął ofertę z agencji zajmującej się szukaniem lekarzy na zastępstwo i ani tam, ani tu, w szpitalu, nikt nie zaprzątał sobie głowy, żeby zapytać go, czy kiedykolwiek wcześniej pracował na oddziale położniczym.

Odsyłam go do domu i dzwonię do lekarza specjalisty z pytaniem, co mam zrobić w tej sytuacji. Dobrze wiem, jaka będzie odpowiedź. Muszę zostać i przepracować kolejne dwanaście godzin za darmo.

20 października 2008, poniedziałek

Pacjentka H.T. jest zupełnie zdrowa, przynajmniej pod względem fizycznym. Wyniki badań krwi w normie, pobranie wymazów nie wykazało niczego niepokojącego, podobnie jak histeroskopia i laparoskopia. Nie ma żadnej ginekologicznej (ani logicznej) przyczyny bólu miednicy, na który uskarża się kobieta. Żadna wdrożona przez nas terapia nie podziałała.

Kobieta wciąż stara się nas przekonać, że to problem ginekologiczny. „Znam moje ciało!" – pokrzykuje raz po raz. Wie nawet, jakie leczenie powinna otrzymać. Według niej powinniśmy usunąć wszystkie narządy z jej miednicy. Ja, moi koledzy i moi przełożeni tłumaczyliśmy jej długo, dlaczego nie zlikwiduje to żadnego z jej objawów. Zwróciliśmy jej też uwagę, że byłaby to poważna operacja niosąca ze sobą wysokie ryzyko różnych powikłań, na przykład zrostów*, i że prawdopodobnie ból byłby jeszcze większy. Kobieta twardo obstaje przy swoich

* Zrosty to pasma tkanki bliznowatej wewnątrz ciała, których przyczyną są wcześniejsze operacje lub infekcje. Mogą wywoływać ból, a także utrudniać przeprowadzenie kolejnych operacji przez sklejenie narządów. Flaki wewnątrz człowieka nie zawsze są poukładane równiutko niczym steki i kiełbaski na grillu obsługiwanym przez kucharza cierpiącego na nerwicę natręctw.

żądaniach i nie chce nawet rozważyć innych metod leczenia. Domaga się, żebyśmy wyrwali z jej ciała cały układ rozrodczy. Może ma w domu za mało miejsca i uważa, że przydałby jej się jakiś dodatkowy schowek?

Na mnie spada obowiązek wypisania jej ze szpitala i skierowania do poradni leczenia bólu, gdzie pewnie w końcu przepiszą jej antydepresanty. Wizyta nie przebiega w miłej atmosferze. Mam okazję zapoznać się z całym repertuarem H.T. od: „Przez całe życie płacę uczciwie podatki!", po „I pan nazywa siebie lekarzem?", poznaję też całą listę osób, do których pacjentka zamierza wysłać skargę – od dyrektora zarządzającego szpitala po członka parlamentu z jej okręgu wyborczego. Mówię, że rozumiem jej frustrację. Przekonuję, że zrobiliśmy wszystko, co w naszej mocy. Kobieta pyta mnie, czy może uzyskać drugą opinię. Odpowiadam, że jej przypadkiem zajmowało się wielu lekarzy i wszyscy byli tego samego zdania.

„Nie wyjdę, dopóki nie zarezerwuje mi pan terminu operacji" – ogłasza z dłońmi splecionymi na podołku i z tego, co widzę, zamierza dotrzymać swojej obietnicy. Nie mogę tu siedzieć do końca świata i o jeden dzień dłużej, więc postanawiam umówić ją na kolejną wizytę za kilka tygodni, wpychając któregoś z moich kolegów na minę, której nie udało mi się rozbroić. Jestem absolutnie pewien, że ta kobieta będzie trwonić nasz czas oraz pieniądze podatników przynajmniej przez najbliższy rok.

Zamierzam właśnie zaproponować jej kolejną wizytę, gdy nagle krzyczy na całe gardło: „Dlaczego nikt nie traktuje mnie poważnie?", po czym chwyta pojemnik z ostrymi odpadami* i rzuca nim w moją głowę. Wydaję z siebie

* W każdym biurze stoją ignorowane przez wszystkich pracowników pojemniki do segregowania odpadów: papier, plastik, odpady zmieszane itd.

skowyt i nurkuję pod biurko. Mój *anus* z przerażenia ścisnął się tak, że ma nie więcej niż milimetr średnicy. Pojemnik uderza o ścianę, deszcz igieł opada na podłogę. Jakimś cudem wychodzę z tego bez szwanku niczym Struś Pędziwiatr, który znowu umknął przed Wilusiem E. Kojotem. Wszystkie igły mnie omijają i udaje mi się uniknąć zarażenia dwunastoma rodzajami wirusa HIV. Do pokoju wbiega pielęgniarka, żeby sprawdzić, co tu się, do jasnej Anielki, dzieje, i natychmiast wzywa ochronę. Uff, pacjentka wypisana. Następna, proszę!

6 listopada 2008, czwartek

Zgubiłem pióro. A właściwie zostało mi ono skradzione. A właściwie ukradł mi je ktoś z sali numer pięć: pacjentka A.G., jej chłopak lub jej matka. Nie przejmowałbym się tym tak bardzo, gdyby nie był to mój urodzinowy prezent od H. I gdyby nie było to pióro Montblanc. I gdybym właśnie nie odebrał porodu A.G.

Poród przebiegał bez komplikacji, ale w jego trakcie wszyscy oni byli dla mnie dosyć nieprzyjemni. Ich opryskliwość połączona z dużą liczbą tatuaży (tylko dziecko nie było jeszcze wytatuowane) sprawiła, że obawiałem się oskarżyć ich o kradzież.

Naprawdę jestem szczęściarzem, że przez tyle lat nikt mi niczego nie buchnął. Moi koledzy i koleżanki przeżyli już wszystko: kradzieże kieszonkowe, torby znikające z pokoju pielęgniarek, włamania do szafek, nie wspominając o pociętych oponach w samochodzie stojącym na szpitalnym parkingu czy nawet sporadycznych czynnych napaściach.

W placówkach medycznych znajdują się także pojemniki na odpady medyczne o ostrych końcach i krawędziach – są to zamykane wiaderka ze sztywnego plastiku, w których lądują zużyte igły, ostrza i lancety.

Żalę się doktorowi Lockhartowi, który nie potrafiłby nawet obciąć pacjentce paznokci u stóp, ale zawsze ma na podorędziu dobrą radę i anegdotę. Doktor mówi mi, że najlepiej zapomnieć o całej sytuacji, nie ryzykować dźgnięcia nożem i docenić, że złodziej potrafił rozpoznać dobre pióro. A potem serwuje mi anegdotkę.

Doktor Lockhart, zanim rozpoczął karierę w ginekologii i położnictwie, przez krótki okres w latach siedemdziesiątych pracował jako internista w południowym Londynie. Kiedy otrzymał stałą posadę, uczcił to, kupując sobie niebieski kabriolet MGB. Ten samochód był jego dumą i radością: opowiadał o nim pacjentom, współpracownikom i przyjaciołom, polerował go i woskował w każdy weekend, niewiele brakowało, a postawiłby sobie jego zdjęcie na biurku. Pewnego dnia to wszystko się skończyło, jak to zwykle bywa z takimi jednostronnymi romansami. Po pracy doktor udał się na służbowy parking i zobaczył, że nie ma tam jego błękitnego kabrioletu. Wezwał policję. Funkcjonariusze robili, co mogli, ale nie udało im się znaleźć sprawcy. Teraz ulubionym tematem rozmów Lockharta z pacjentami, współpracownikami i przyjaciółmi była fatalna kondycja współczesnego świata – jakim niegodziwcem trzeba być, żeby ukraść jego piękny samochód?

Pewnego dnia opowiedział swoją wstrząsającą historię pacjentowi, który, jak się okazało, był wysoko postawionym członkiem lokalnego gangu. Ze względu na dziwaczny kodeks moralny, którego przestrzegają kryminaliści, gangster był zdegustowany tym, co usłyszał. Ukraść samochód lekarzowi? To niedopuszczalne. Obiecał Lockhartowi, że znajdzie osobnika odpowiedzialnego za kradzież błękitnego kabrioletu i przekona go, żeby zwrócił samochód prawowitemu właścicielowi.

Doktor Lockhart powiedział oczywiście, że nie ma takiej potrzeby, ale zrobił to w ten sam nieprzekonujący sposób, w jaki próbowalibyście odwieść kogoś od pomysłu sfinansowania wam wakacji na Seszelach. Takie krygowanie się oznacza tylko jedno: „Ależ proszę!".

Kilka dni później doktor Lockhart zobaczył na parkingu dla pracowników błękitny kabriolet MGB z kluczykami w stacyjce. Najpierw poczuł obezwładniającą ulgę, ale kiedy zauważył, że samochód ma zupełnie inny numer rejestracyjny i inną tapicerkę, ogarnęły go mieszane uczucia.

15 listopada 2008, sobota

W swoim e-mailu madame Mathieu z przykrością zawiadamia mnie, że zwróci mi pieniądze za resztę zajęć konwersacyjnych z języka francuskiego, ponieważ opuściłem ich już tyle, że moje uczestnictwo w kolejnych spotkaniach nie ma sensu. Madame Mathieu zazwyczaj koresponduje ze swoimi uczniami po francusku, żeby całkowicie zanurzyć nas w tym języku. To pierwsza wiadomość po angielsku, jaką od niej otrzymuję. Widocznie moja nauczycielka nie jest pewna, czy zrozumiałbym ją, gdyby napisała do mnie po francusku. Madame Mathieu, czyniąc tak, wciera pani *sel* w... jakkolwiek jest po francusku rana.

17 listopada 2008, poniedziałek

Według jednego z lekarskich przesądów nie należy nigdy mówić, że wasz dyżur jest „spokojny". Tak samo jak nie należy mówić „powodzenia!" aktorowi tuż przed spektaklem czy „spierdalaj" Mike'owi Tysonowi. Owo straszne słowo na „s" to potężne zaklęcie. Wypowiadając je, przyzywacie do szpitala pacjentów w stanie agonalnym. Ostatnio wziąłem zastępstwo na prywatnym oddziale położniczym. Kiedy pojawiłem się na miejscu, jedna z rezydentek zapewniła mnie, że „to będzie spokojna noc". Zanim zdążyłem pokropić ją święconą wodą i zawołać: „Poddaj się mocy Chrystusa!", zdradziła mi, że członkini rodziny królewskiej z jakiegoś kraju Zatoki Perskiej właśnie urodziła na tym oddziale dziecko. Wtedy zrozumiałem, dlaczego cały szpital obstawiony był ochroniarzami niczym Oscarowa gala, a przed budynkiem stało mnóstwo ferrari z zamszową tapicerką.

Moim zdaniem nawet zarezerwowanie trzech stolików w All Bar One z okazji dwudziestych pierwszych urodzin stanowi pewną przesadę. Tymczasem nasi szanowni goście nie tylko zarezerwowali cały oddział położniczy (nie było tu żadnej innej pacjentki), ale też na wszelki wypadek świeżo upieczonej matce towarzyszył ich własny lekarz specjalista. Zatem bez żadnych obaw można było powiedzieć, że ten dyżur będzie spokojny.

18 listopada 2008, wtorek

Dzisiaj wieczorem Ron zadzwonił do mnie z prośbą o poradę lekarską. Jego tata ostatnio sporo stracił na wadze, poza tym odczuwa ból w klatce piersiowej i ma trudności z połykaniem. Ojciec Rona był rano u swojego internisty. Usłyszał od niego, że kiepsko wygląda, i dostał skierowanie do gastrologa. Na koniec Ron zapytał mnie, co ja o tym myślę.

Gdyby zadano mi takie pytanie na egzaminie, odpowiedziałbym, że to przerzutowy rak przełyku. Żadnych szans na przeżycie. Gdyby spytał mnie o to pacjent, odpowiedziałbym, że objawy są bardzo niepokojące, i doradziłbym mu, żeby poddał się kilku badaniom, dzięki którym będziemy mogli sprawdzić, czy powodem jego złego samopoczucia nie jest przypadkiem choroba nowotworowa.

A co, kiedy o to samo zapyta mnie ktoś bliski? Powiedziałem Ronowi, że moim zdaniem internista jego ojca postąpił właściwie (prawda) i że to wcale nie musi oznaczać niczego poważnego (zdecydowanie nieprawda – nie było żadnego innego prawdopodobnego wytłumaczenia stanu ojca Rona niż jakaś poważna choroba). Skłamałem, bo desperacko pragnąłem, aby okazało się, że Ron i jego tata – którego znam od jedenastego roku życia – nie mają się o co martwić. Lekarz nigdy nie powinien okłamywać pacjenta, dając mu fałszywą nadzieję. A jednak to zrobiłem. Zapewniłem mojego kumpla, że wszystko będzie w porządku.

Naczelna Izba Lekarska wciąż przypomina nam, żebyśmy nie zajmowali się leczeniem rodziny i przyjaciół. Zawsze ignorowałem te zalecenia i zapewniałem bliskim mi ludziom prywatną konsultację lekarską przez telefon. Ponieważ przez obowiązki związane z pracą zawodową jestem niemal bezużytecznym przyjacielem, czuję, że muszę zrobić coś, co uzasadni obecność mojego nazwiska na liście osób, którym moi przyjaciele wysyłają kartki na święta. Postępuję całkowicie wbrew regułom.

20 listopada 2008, czwartek

Od przedstawicieli żadnego innego zawodu nie oczekuje się noszenia butów dostarczanych przez pracodawcę i użytkowanych wspólnie z pozostałymi członkami personelu, którzy codziennie rozchwytują je na zasadzie „kto pierwszy, ten lepszy". To zupełnie tak, jakby korzystać z wypożyczalni butów w osobliwej kręgielni, w której gracze są notorycznie oblewani krwią i płynami owodniowymi oraz obrzucani kawałkami łożyska, a mimo to żaden z nich nie zawraca sobie głowy tym, żeby przed zwróceniem wypożyczonych butów doprowadzić je do porządku.

Jeśli chcecie mieć swoje własne skórzane białe chodaki, musicie wysupłać osiemdziesiąt funtów. Tylko lekarze specjaliści pozwalają sobie na taką rozrzutność. Kursują potem po szpitalu z dwoma gigantycznymi paracetamolami na stopach. Jednak ostatnio pojawił się na rynku nowy rodzaj obuwia – tak zwane crocsy. Crocsy są kolorowe, tanie (kosztują tylko dwadzieścia funtów) i sprawdzają się tak samo dobrze jak chodaki. Mają też tę zaletę, że ich wierzch jest dziurkowany, można więc spiąć je kłódką, dzięki czemu żaden skurczybyk nie pożyczy ich sobie i nie zainfekuje waszego obuwia wirusem wywołującym brodawki stóp.

Dzisiaj w naszej szatni pojawiło się ogłoszenie: „Pracownikom szpitala pod żadnym pozorem nie wolno nosić obuwia typu crocsy, ponieważ ich dziurkowany wierzch nie zapewnia należytej ochrony przed ostrymi przedmiotami, które mogą spaść na stopy". Jakiś sfrustrowany stylista dopisał pod spodem: „Poza tym wygląda się w nich jak debil"*.

22 listopada 2008, sobota

Zostałem dziś wezwany na izbę przyjęć, żeby zbadać dziewiętnastoletnią dziewczynę, która intensywnie

* Prawdopodobnie to ten sam żartowniś, który zamienił kartkę z ostrzeżeniem: „Uwaga! Na oddziale grasują kieszonkowcy!" na taką z napisem: „Uwaga! Na oddziale grasują lekarze!".

krwawiła z narządów rodnych. „Nic nowego pod słońcem", pomyślałem sobie, tymczasem rzeczywistość mnie zaskoczyła. Okazało się, że ta rezolutna dziewiętnastolatka wzięła kuchenne nożyczki i wykonała nimi sama na sobie labioplastykę. Udało jej się naciąć lewą wargę sromową mniejszą na trzech czwartych długości, zanim a) straciła zapał, b) straciła na tyle dużo krwi, że postanowiła wezwać karetkę. To, co zobaczyłem między jej nogami, to było istne pandemonium – mnóstwo, mnóstwo krwi. Zapytałem starszego rezydenta, czy odcinając dyndający kawałek wargi sromowej i zszywając krwawiący brzeg, nie zostanę oskarżony o okaleczenie narządów płciowych. Usłyszawszy uspokajającą odpowiedź, zabrałem się do sprzątania tego bałaganu. Mówiąc szczerze, efekty amatorskich manipulacji nożyczkami tej dziewczyny nie były dużo gorsze niż efekty wielu labioplastyk, jakie widziałem.

Zarezerwowałem pacjentce wizytę w przyszpitalnej poradni ginekologicznej za kilka tygodni, a potem, skoro niebezpieczeństwo zostało zażegnane, pogawędziliśmy sobie przez chwilę. „Myślałam, że nie będzie krwi" – usłyszałem od niej. Nie skomentowałem tego, bo mój komentarz w niczym by jej nie pomógł. „Chciałam tylko, żeby wyglądały normalnie" – dodała. Zapewniłem ją, że z jej wargami sromowymi wszystko jest w porządku. Z ręką na sercu mogłem powiedzieć, że wyglądają normalnie. „Ale nie tak jak na filmach porno" – powiedziała.

Wiele mówi się teraz w mediach na temat szkodliwego wpływu pornografii i kolorowych magazynów na postrzeganie własnego ciała u kobiet, ale po raz pierwszy miałem przed sobą tak namacalny dowód na istnienie tego zjawiska. Było to zarazem przerażające i zasmucające.

Ciekawe, kiedy w szpitalnej izbie przyjęć pojawi się kobieta, która zszyła swoją pochwę zszywaczem, żeby była ciaśniejsza?*

10 grudnia 2008, środa

W tym tygodniu w szpitalu przeprowadzana jest ewidencja czasu pracy†. Przypuszczam, że w normalnych zakładach zatrudnione tam osoby są monitorowane, ponieważ pracują mniej, niż płaci im za to pracodawca.

Specjaliści, których oko ludzkie nigdy nie widziało na oddziale, teraz pilnie uzupełniają karty wypisu, pracują po kilka godzin przy przyjmowaniu pacjentek na oddział i badają chorych na izbie przyjęć, co zwiększa szanse na to, że młodszym lekarzom uda się wyjść ze szpitala o czasie. Wszystko to urwie się dokładnie nanosekundę po zakończeniu ewidencji czasu pracy, ale na razie rozkoszuję się tym prezentem od losu. To trzecia zmiana z rzędu, kiedy nie zostaję w szpitalu po godzinach. Dzisiaj H. zatroskanym głosem spytał mnie, czy nie dostałem przypadkiem wymówienia.

Żeby stworzyć iluzję właściwych warunków pracy, dyrekcja szpitala postanowiła nawet zapewnić niektórym lekarzom dodatkowe wsparcie podczas dyżurów. Doświadczyłem tego raz podczas nocnego dyżuru – a przynajmniej podczas jego części, bo o godzinie 22.30

* Jak się okazało, wystarczyło poczekać jeden rok. Jeden z moich kolegów zajmował się pacjentką, która pod wpływem namów swojego chłopaka skleiła wejście do pochwy klejem Super Glue.

† W trakcie akcji pomiaru czasu pracy każdy lekarz musi zapisywać wszystkie przepracowane godziny. Jednak ponieważ szpital nie może (lub nie chce) zapłacić nam za nadgodziny, działania te nie mają najmniejszego sensu. Przełożeni nakłaniają nas do wpisywania w kartę ewidencji tylko etatowych godzin albo nagle zasilają zasoby kadrowe dziesiątkami lekarzy specjalistów, żeby tymczasowo odciążyć młodszych lekarzy.

towarzysząca mi lekarka powiedziała – bez śladu ironii – że jest zmęczona, po czym poszła sobie do domu.

29 grudnia 2008, poniedziałek

Dzisiaj do poradni ginekologicznej zgłosiła się krwawiąca z pochwy pacjentka, której internista przepisał hormonalną terapię zastępczą w plastrach. Spytałem, jak długo używa plastrów. Uniosła bluzkę i zaczęła liczyć plastry. „Sześć, siedem... osiem tygodni". Internista nie wyjaśnił jej, że przed założeniem nowego plastra trzeba usunąć stary.

10 stycznia 2009, sobota

Dzisiejszy ślub Percy'ego i Marietty był wielkim tryumfem miłości nad wszelkimi przeciwnościami losu. Nie jednemu, ale dwojgu lekarzy udało się załatwić dzień wolnego w pracy. I to cały calutki dzień. Jedna z pracujących tu wcześniej lekarek, Amelia, wybłagała na tę szczególną okoliczność tylko wolne popołudnie. Rankiem w dzień swojego ślubu przyjmowała pacjentki w poradni w ślubnym makijażu i ślubnej fryzurze. Inaczej nie zdążyłaby z przygotowaniami.

To prawdziwy cud, że ten związek przetrwał. W końcu cały system szkolenia lekarzy zaprojektowano tak, żeby zrujnować ich życie osobiste. Percy i Marietta przypisani zostali do różnych dziekanatów, więc odległość między szpitalami, w których mogli dostać pracę, wynosiła co najmniej dwieście kilometrów. Zamiast zamieszkać razem gdzieś pośrodku, co byłoby tak samo uciążliwe dla obojga z nich, Percy wprowadził się do okropnego przyszpitalnego mieszkanka i wracał do Marietty, kiedy tylko pozwalał na to jego grafik. A zazwyczaj nie pozwalał.

Drużba pana młodego Rufus robiący specjalizację z chirurgii, wygłaszając przemowę, porównał bycie w związku z lekarzem do bycia w związku z kimś, kto przebywa na stacji kosmicznej. To była błyskotliwa przemowa. Rufus wygłosił ją jeszcze przed przystawkami i daniem głównym, ponieważ kiedy tylko smażone wątróbki z kurczaka zostały pochłonięte przez weselnych gości, musiał pędem wracać do szpitala na nocny dyżur.

12 stycznia 2009, poniedziałek

Zostałem poproszony o skonsultowanie pacjentki czekającej na przyjęcie na oddział i powtórzenie badania ginekologicznego, ponieważ położna nie jest pewna swojej diagnozy. Zdaniem położnej rozwarcie szyjki macicy wynosi jeden centymetr, a dziecko ułożone jest główką w dół. Moje ustalenia są inne. Dziecko ułożone jest pośladkowo, a rozwarcie szyjki macicy wynosi już sześć centymetrów. Tłumaczę mamie, że dziecko nieprawidłowo ułożyło się w macicy i że w tej sytuacji najbezpieczniejszy będzie poród przez cesarskie cięcie. Nie wspominam nic o tym, w jaką część ciała jej dziecka położna wetknęła przed chwilą swój palec, rozwierając ją przy tym na szerokość jednego centymetra.

22 stycznia 2009, czwartek

Dzisiaj wieczorem przez przypadek wrzuciłem pager do szpitalnego maceratora, skazując go tym samym na śmierć przez zgniecenie. Poczułem się, jakbym zsikał się w spodnie – najpierw ogarnęło mnie błogie odczucie ogromnej ulgi, a sekundę później w mojej głowie pojawiła się myśl: „Cholera, co ja mam teraz zrobić?”.

29 stycznia 2009, czwartek

W trakcie cesarki czekałem z wykonaniem nacięcia macicy przeszło minutę, aż w radiu Heart FM poleciał następny kawałek. Chociaż muzyka zespołu Cutting Crew („Ekipa do cięcia") może się wydawać całkiem stosownym akompaniamentem do operacji chirurgicznych, nie chciałem wyciągać dzieciaka na świat, gdy wokalista śpiewał: „I just died in your arms tonight" („Tej nocy umarłem w twoich ramionach").

30 stycznia 2009, piątek

Pacjentka D.T. to dwudziestopięciolatka, która pojawiła się w poradni ginekologicznej na swoją pierwszą cytologię i kolposkopię*. Sekundę po pierwszym badaniu wykonałem drugie, ponieważ okazało się, że kobieta ma dwie pochwy, dwie szyjki macicy i dwie macice. Nigdy czegoś takiego nie widziałem. Dłuższą chwilę zastanawiałem się, jak opisać preparaty i wypełnić formularze. W finansowanym przez NHS programie badań przesiewowych szyjki macicy nie przewidziano takiego – ekstremalnie rzadkiego – scenariusza.

Dziewczyna ostatni raz była u ginekologa jeszcze jako nastolatka, więc miała do mnie mnóstwo pytań. Przyznałem się jej, że nigdy wcześniej nie widziałem takiego przypadku, ale starałem się odpowiedzieć na jej pytania według mojej najlepszej wiedzy. Najbardziej zmartwiły ją potencjalne kłopoty, jakie mogą pojawić się, gdy zajdzie w ciążę†. Potem spytałem ją, czy nie przeszkadzałoby jej,

* Kolposkopia to taka bardziej wymyślna wersja cytologii; polega na dokładnych oględzinach szyjki macicy za pomocą przyrządu optycznego zwanego kolposkopem w celu wykrycia komórek przednowotworowych.

† Najprawdopodobniej będzie w stanie zajść w ciążę, ale będzie się to wiązało

gdybym teraz ja dowiedział się od niej kilku rzeczy. Być może było to trochę nie na miejscu, ale złapaliśmy ze sobą dobry kontakt, wiedziałem też, że być może już nigdy nie będę miał okazji porozmawiać z kimś, kto cierpi na taką przypadłość.

Oto, co od niej usłyszałem: kiedyś wspominała o tym, że ma dwie pochwy, mężczyznom, z którymi miała zamiar uprawiać seks, ale panikowali tak bardzo, że teraz już tego nie robi. Partnerzy, którym o tym nie wspomniała, nigdy niczego nie zauważyli, co nie jest szczególnie zaskakujące. Wiedza mężczyzn na temat kobiecej anatomii jest w najlepszym wypadku fragmentaryczna. Niektórzy mężczyźni nie tylko mają legendarny już problem ze znalezieniem łechtaczki, ale też nie wiedzą, że kobiety sikają osobną dziurką – wydaje im się, że między nogami kobiety znajduje się jeden multifunkcjonalny tunel. Wielokrotnie zdarzyło mi się, że kiedy zakładałem pacjentce cewnik, jej mąż pytał mnie, czy ta rurka nie będzie przeszkadzać dziecku w wydostaniu się na zewnątrz.

Pacjentka powiedziała mi też, że woli, gdy partnerzy wprowadzają penisa do jej lewej pochwy, ponieważ jest większa (zauważyłem to podczas badania – aby obejrzeć wnętrze prawej pochwy, musiałem użyć mniejszego wziernika), ale docenia możliwość „dostosowania swojego rozmiaru do różnych facetów". Poradziłem jej, że w razie, gdyby zapomniała, która pochwa ma jaki rozmiar, pomóc może jej mój wierszyk: „Lewa luźnawa, prawa ciasnawa", chociaż, prawdę mówiąc, to chyba mało prawdopodobne, żeby zapomniała o czymś takim.

ze sporym ryzykiem późnego poronienia, przedwczesnego porodu, niedostatecznego rozwoju płodu czy jego pośladkowego ułożenia. Takie ciąże najczęściej rozwiązywane są przez cesarskie cięcie.

Po powrocie z pracy uraczyłem H. tą historią. „Więc to tak jak z tymi metalowymi temperówkami z dwiema dziurkami różnych rozmiarów?"

3 lutego 2009, wtorek

Ostatni dzień. Jutro zaczynam pracę w nowym miejscu. Zawsze czuję się dziwnie w takiej sytuacji. Pracując jako rezydenci, wielokrotnie macie okazję obserwować początek i koniec ludzkiego życia, spędzacie w szpitalu więcej czasu niż we własnym domu, częściej widujecie szpitalną recepcjonistkę niż własnego partnera lub partnerkę, a jednak wasze odejście dokonuje się niemal niezauważone. Przywykłem do tego. Tylu młodych lekarzy pojawia się w szpitalu i po jakimś czasie znika, że rozumiem już, dlaczego naszemu odejściu nie towarzyszą fanfary. Pewna wyjątkowo złośliwa siostra przełożona wysyczała kiedyś do nas: „Jesteście tylko przelotnymi gośćmi w moim miejscu pracy".

Nigdy nie dostałem kartki na pożegnanie, nie wspominając o prezencie. Aż do dzisiaj. W swojej przegródce na listy znalazłem paczuszkę od doktora Lockharta. W środku była kartka z podziękowaniami za wspólną pracę i nowiutkie pióro Montblanc.

7

Rezydent – trzecia posada

W życiu każdego absolwenta medycyny przychodzi moment, w którym powinien zdecydować, jakim chce być lekarzem. I nie chodzi tu o formalności w rodzaju wyboru specjalizacji. Jest coś ważniejszego od decyzji o tym, czy zostać urologiem, czy neurologiem – mam na myśli podejście lekarza do pacjenta. Oczywiście ewoluuje ono w trakcie szkolenia specjalistycznego, ale po przepracowaniu kilku lat macie już na ogół wyrobione podejście do pacjentów, które nie zmieni się przez resztę waszej kariery. A zatem, czy będziecie uśmiechniętym, sympatycznym eskulapem, tryskającym pozytywną energią? Czy może raczej typem małomównego, zamyślonego naukowca? Przypuszczam, że to dylemat podobny do tego, przed jakim stają policjanci, kiedy zastanawiają się, czy być dobrym czy złym gliną (albo gliniarzem rasistą).

W kontaktach z pacjentkami postawiłem na podejście w stylu „konkretnie i rzeczowo" – nie wdawałem się w pogaduszki i od razu przechodziłem do sedna, okraszając diagnozy i porady szczyptą ironii. Zdecydowałem się na takie podejście z dwóch powodów. Po pierwsze leżało ono w moim charakterze i nie musiałem skupiać się na tym, by nie wypaść z roli. Po drugie uświadomiłem sobie, ile czasu zdołam zaoszczędzić, jeśli nie będę zaczynał każdego spotkania z pacjentką od pięciominutowej pogawędki o pogodzie oraz o tym, co słychać u niej w pracy. Zdawałem sobie sprawę, że w rezultacie mogę być postrzegany jako człowiek nieco oschły i nieprzystępny, ale nie spędzało mi to snu z powiek – w końcu i tak nie zależało mi na tym, by pacjentki dodawały mnie do znajomych na Facebooku albo radziły się mnie, na jaki kolor powinny pomalować ściany w swoim kibelku.

Panuje przekonanie, że pacjenci oczekują od lekarzy zadawania otwartych pytań („Proszę opowiedzieć mi o swoich dolegliwościach..."), a następnie przedstawienia rozmaitych możliwości terapii, począwszy od leczenia zachowawczego aż po chirurgiczne, tak aby pacjent mógł sam wybrać sposób, w jaki będzie leczony. Teoretycznie możliwość wyboru to świetna sprawa – w końcu wszyscy lubimy mieć poczucie, że jesteśmy panami własnego losu. Ale czy zdarzyło się wam kiedyś stać w kolejce w stołówce oferującej kilka dań głównych do wyboru? W takich sytuacjach ludzie mają zwykle problem z podjęciem decyzji, co rusz zmieniają zdanie i oglądają się na kolegów, chcąc się upewnić, że dokonują dobrego wyboru. Czy ten łupacz jest smaczny? A ten placek pasterski? Właściwie to sam nie wiem, na co mam ochotę. A tymczasem wy czekacie i czekacie, a wasze frytki stygną. Niekiedy lepiej od razu przejść do rzeczy, nie pozostawiając miejsca na wahania i wątpliwości.

Miałem okazję przekonać się, że pacjentki oddziału położniczego czują się znacznie pewniej, gdy ich lekarz optuje za konkretnym sposobem postępowania – to ważne, by pacjentka miała do was zaufanie i poczucie, że ona i dziecko będą zupełnie bezpieczne w waszych rękach. Cała rzesza moich pacjentek z poradni ginekologicznej uniknęła zwłoki w otrzymaniu skutecznej terapii dzięki temu, że nigdy nie przedstawiałem im pełnej gamy dostępnych sposobów leczenia – łącznie z tymi, które w ich przypadku niemal na pewno nie przyniosłyby pozytywnych rezultatów – tylko po to, by móc potem twierdzić, że dałem im możliwość wyboru. Zamiast tego oferowałem im moją fachową opinię; do pacjentek należała decyzja, czy zechcą wziąć ją pod uwagę. Tego samego oczekiwałbym, gdybym to ja udał się do lekarza albo gdybym oddał do warsztatu samochód.

Nie da się ukryć, że z takim podejściem można sobie zapracować na opinię mniej „miłego" lekarza. To, że pacjenci wam ufają, jest naturalnie o wiele ważniejsze od tego, czy jesteście przez nich lubiani; najlepiej byłoby jednak cieszyć się zarówno ich zaufaniem, jak i sympatią. Dlatego wkrótce po rozpoczęciu mojej trzeciej rezydentury – tym razem w dużym szpitalu klinicznym – postanowiłem ocieplić mój wizerunek. Przyznaję, że nie była to decyzja całkowicie spontaniczna. Ktoś złożył na mnie skargę. Co prawda nie chodziło o mój stosunek do pacjentek, tylko o wykonaną przeze mnie procedurę medyczną, ale sam fakt, że ktoś się na mnie poskarżył, wstrząsnął mną do tego stopnia, że gotów byłem zrobić wszystko, by już nigdy więcej się to nie powtórzyło. Nawet jeśli musiałbym nieustannie uśmiechać się od ucha do ucha i gawędzić z pacjentkami niczym fryzjer z klientkami swojego salonu.

Któregoś dnia otrzymałem list ze szpitala, w którym pracowałem dwa lata wcześniej. Okazało się, że zostałem pozwany przez jedną ze zoperowanych przeze mnie pacjentek, która zarzucała mi, że dopuściłem się zaniedbania medycznego. W rzeczywistości o żadnym zaniedbaniu nie było mowy. Do uszkodzenia pęcherza moczowego dochodzi średnio podczas jednego na dwieście zabiegów cesarskiego cięcia; pacjentka została poinformowana o ryzyku związanym z tą operacją i wyraziła na nią zgodę, podpisując stosowny formularz. Lubię myśleć, że w wypadku zabiegów przeprowadzanych przeze mnie prawdopodobieństwo uszkodzenia pęcherza było o wiele niższe niż 1:200 – w ciągu mojej lekarskiej kariery miałem znacznie więcej niż dwieście okazji do popełnienia takiego błędu, a mimo to przydarzył mi się on tylko jeden jedyny raz. Kiedy do tego doszło, poczułem się fatalnie, ale jednocześnie wiedziałem, że zrobione zostało wszystko, co można było w takiej sytuacji zrobić – natychmiast zauważyłem mój błąd, a wezwany na salę operacyjną urolog niezwłocznie zaszył uszkodzony narząd. Dla pacjentki z pewnością było to nieprzyjemne i stresujące przeżycie, ale ostatecznie jedyną konsekwencją był nieco dłuższy pobyt w szpitalu. Wydaje mi się, że także po fakcie zachowałem się w odpowiedni sposób: spotkałem się z pacjentką, wyjaśniłem jej, co się stało, i posypałem głowę popiołem. Okazałem skruchę i była to skrucha absolutnie szczera. Ostatnią rzeczą, jakiej pragnie lekarz, jest doprowadzenie do jednego z powikłań, o których wspomina pacjentowi przed zabiegiem. Po pierwsze nie szkodzić – to najważniejszy punkt na liście naszych obowiązków. Ale wypadki czasem się zdarzają i tym razem padło na moją pacjentkę.

Adwokaci z kancelarii Cunt, Cuntsome and Cuntiest* – jednej z tych, które specjalizują się w wyszukiwaniu klientów wśród pacjentów i pobierają „honorarium tylko

* W wolnym tłumaczeniu – Piździelec, Piździński i Pizdowicz (przyp. tłum.).

w razie wygranej" – zapatrywali się na to inaczej. Według ich fachowej opinii, sformułowanej prawdopodobnie po przekartkowaniu podręcznika *Prawo: wymyśl tyle zarzutów, ile tylko potrafisz, i przekonaj się, ile z nich utrzyma się w sądzie*, władze szpitala wykazały się niedbalstwem, ja zaś przeprowadziłem operację w sposób znacznie odbiegający od standardów, jakie powinny być zachowane przy tego typu zabiegach, i w rezultacie przyczyniłem się do zwiększenia cierpień powódki oraz opóźnienia momentu, w którym mogła nawiązać emocjonalną więź ze swoim nowo narodzonym dzieckiem.

Żałowałem, że nie mogłem odpowiedzieć pozwem na pozew i zażądać odszkodowania za długie godziny poświęcone na wertowanie dokumentacji medycznej oraz na spotkania z prawnikami i przedstawicielami organizacji broniącej praw lekarzy. A ponieważ robiłem to wszystko kosztem czasu spędzanego z H., domagałbym się także odszkodowania za uszczerbek, jakiego doznał przez to mój związek. Gdybym tylko mógł, wystąpiłbym też o rekompensatę za moje wydatki na red bulle, którymi ratowałem się przed zaśnięciem podczas nocnych dyżurów – byłem ciągle niewyspany, bo za dnia musiałem pisać raporty na temat feralnej operacji. Chciałbym także zadośćuczynienia za psychiczne cierpienie: za te wszystkie obawy i wyrzuty sumienia, które pogłębiły mój codzienny stres związany z pracą; do tego dochodziło poczucie niesprawiedliwości wywołane zarzutem, że jestem fatalnym lekarzem, a także niepokój na myśl o tym, że być może zarzut ten jest uzasadniony. Zawsze starałem się robić wszystko, co w mojej mocy, by pomóc każdej ze swoich pacjentek – insynuacje, że było inaczej, bolały mnie równie mocno co cios nożem w serce.

Nie sądzę, by moja była pacjentka zdawała sobie sprawę, jak przykry i wyczerpujący byłby dla mnie udział w wytoczonym przez nią procesie. Jestem pewien, że kiedy rozmawiała o tym ze swoim adwokatem, facet przygładził wąsy, zrobił zasępioną minę, po czym stwierdził, że warto spróbować szczęścia i złożyć pozew, bo jest spora szansa na to, że uda się uzyskać pokaźne odszkodowanie* – i miał rację. Szpital, jak to zwykle bywa, zawarł z pacjentką pozasądową ugodę. Coraz częstsze przypadki sądowego pieniactwa mogą być jedną z oznak postępującej amerykanizacji naszego systemu opieki zdrowotnej. Możliwe też, że moja była pacjentka zalicza się do tych pożałowania godnych osób, które pozywają co drugą osobę, z jaką mają do czynienia: kierowcę autobusu za to, że nie powiedział im dzień dobry; kelnera za to, że zapomniał przynieść frytki do dania głównego. Być może mnie także czeka wkrótce kolejny pozew – tym razem za to, że opisałem tę historię. Tak czy inaczej, wszystko to sprawiło, że przeżyłem wtedy najgorszy kryzys w mojej rezydenckiej karierze. Zadawałem sobie pytanie, czy jest sens się tak męczyć, skoro nawet moje pacjentki zwracają się przeciwko mnie. Po raz pierwszy zacząłem się też poważnie zastanawiać, czy nie powinienem rzucić tego

* W tego rodzaju sprawach lekarz nigdy nie płaci odszkodowania z własnej kieszeni. Bierze to na siebie szpital, a w wypadku pozwów przeciwko lekarzom pierwszego kontaktu – organizacja broniąca praw lekarzy. Jeśli zachodzi podejrzenie, że lekarz dopuścił się rażącego niedbalstwa, może mu zostać wytoczona sprawa karna – zresztą nie dotyczy to wyłącznie lekarzy. W 2006 roku pewien optometrysta zatrudniony w sieci drogerii Boots trafił do więzienia za nieumyślne spowodowanie śmierci, ponieważ nie dostrzegł objawu poważnej choroby u dwunastoletniego dziecka, które jakiś czas później zmarło. Pacjent może nie tylko pozwać lekarza do sądu, ale też złożyć na niego skargę do Naczelnej Izby Lekarskiej, w rezultacie czego lekarz może stracić prawo do wykonywania zawodu.

wszystkiego w diabły. Ostatecznie nie zdecydowałem się na taki krok. Postanowiłem natomiast wyciągnąć z tego doświadczenia coś pozytywnego; obiecałem sobie, że zrobię wszystko, by tamten pierwszy pozew był zarazem ostatnim.

„Dzień dobry!" – zawołał pogodnie z promiennym uśmiechem na ustach Adam w wersji 2.0 podczas dyżuru w jak zwykle zatłoczonej poradni dla kobiet w ciąży.

„Robisz sobie z nas jaja, kolego?" – zapytał mąż pacjentki.

Mój nowy wizerunek utrzymał się dwa dni.

6 lutego 2009, piątek

Brak postępów porodu powoduje, że u pacjentki H.J. trzeba niezwłocznie wykonać cesarskie cięcie. Kiedy przyjmowałem ją na oddział, H.J. przedstawiła mi swój plan porodu. W liczącej dziewięć kolorowych, laminowanych stron rozpisce wymieniła między innymi pieśń wieloryba, którą planowała odtwarzać na swoim laptopie (rozpiska była na tyle szczegółowa, że niemal na pewno zawierała informacje o wieku i płci wieloryba, którego śpiew miał nam towarzyszyć na sali porodowej). H.J. wyliczyła również olejki do aromaterapii oraz techniki hipnoterapeutyczne, z jakich zamierzała korzystać, a także spisała wytyczne dla odbierającej poród położnej – oczekiwała na przykład, by położna będzie używała określenia „fale" zamiast „skurcze".

Cały ten plan od początku skazany był na niepowodzenie – zawsze byłem zdania, że układanie planów porodu ma tyle samo sensu co zakładanie, jaka będzie pogoda, albo stawianie sobie za cel wygranej na loterii. Lekarzom położnikom przez ostatnich dwieście lat nie udało się znaleźć sposobu, by przewidzieć przebieg porodu, ale niektóre matki, zwłaszcza te przejawiające słabość do zwiewnej odzieży, sądzą najwyraźniej, że są w stanie tego dokonać.

Kiedy przychodzi co do czego, oczekiwania pacjentki odnośnie do porodu biorą, rzecz jasna, w łeb. Na sali porodowej H.J. szybko rezygnuje z hipnoterapii na rzecz znieczulenia za pomocą mieszanki podtlenku azotu oraz tlenu, a następnie decyduje się na znieczulenie zewnątrzoponowe. Położna mówi mi, że kiedy mąż pacjentki usiłował ustawić odpowiednią głośność jęków wieloryba, H.J. warknęła na niego, żeby „wyłączył to gówno". Pomimo zaplikowania pacjentce syntocinonu*, rozwarcie osiąga zaledwie pięć centymetrów i przez niemal sześć godzin nie powiększa się już ani o centymetr. Przez ten czas dwukrotnie podejmujemy decyzję, by odczekać „jeszcze parę godzin" – w końcu jednak przychodzi pora, by uzmysłowić pacjentce, że nie ma co liczyć na poród pochwowy. Dalsza zwłoka niechybnie doprowadziłaby do zagrożenia życia dziecka, a ja nie zamierzam czekać bezczynnie, aż sytuacja stanie się naprawdę krytyczna. Musimy przeprowadzić cesarskie cięcie. Tak jak to było do przewidzenia, H.J. nie jest tym zachwycona. „Wymyślcie coś! – woła. – Musi być jakieś inne rozwiązanie!"

Nie chcę ryzykować, że stanę się obiektem zainteresowania PALS† z powodu skargi rozżalonej pacjentki, której marzenia o idealnym porodzie – takim, jakie opisuje się na blogach – zostały zniweczone przez naturę. Kiedyś pewna pacjentka poskarżyła się na mnie, ponieważ nie wyraziłem zgody, by na sali porodowej paliły się świece. „Nie uważam, by moje oczekiwania były nieracjonalne" – napisała, odnosząc się do pragnienia umieszczenia źródła ognia tuż obok butli z tlenem.

H.J. wygląda mi na osobę gotową wysmażyć „utrzymanego w ostrym tonie e-maila", więc na wszelki wypadek proszę lekarza specjalistę, by zajrzał do sali porodowej

* Syntocinon (syntetyczna oksytocyna) to podawany dożylnie środek powodujący nasilenie skurczów i przyspieszający poród. Podczas porodu rozwarcie powinno zwiększać się o centymetr co godzinę lub dwie; jeśli rozwarcie nie zwiększa się pomimo zaaplikowania pacjentce syntocinonu, jedynym wyjściem jest wykonanie cesarskiego cięcia.

† PALS (Patient Advice and Liaison Services, czyli Zespół ds. Poradnictwa i Kontaktów z Pacjentami) to szpitalne wydziały skarg i zażaleń, wyznające zasadę, że „klient ma zawsze rację". Bez względu na to, jak trywialna jest skarga pacjenta, PALS gotowy jest nakazać lekarzowi założenie włosiennicy i udanie się do domu pacjenta z bukietem kwiatów w garści.

i zamienił z nią kilka słów. Na szczęście na naszym oddziale dyżuruje akurat ojcowski, czarujący i łagodny doktor Cadogan. Używa drogich perfum, których zapach skutecznie wabi pacjentki z wyższych sfer na prywatny oddział położniczy – to tam urzęduje zazwyczaj doktor Cadogan i właśnie tam wolałby zapewne przebywać w tej chwili. Szybko udaje mu się przekonać pacjentkę do wyrażenia zgody na operację i H.J. trafia na salę. Doktor Cadogan oferuje się nawet przeprowadzić operację osobiście, co wywołuje zdumione i nieco drwiące szepty wśród pozostałych członków szpitalnego personelu. Nikt nie pamięta, kiedy doktor Cadogan po raz ostatni nieodpłatnie odebrał poród. Być może z powodu deszczu musiał zrezygnować z wypadu na pole golfowe?

Doktor Cadogan informuje pacjentkę, że zamierza wykonać tak zwane „naturalne cesarskie cięcie" – nigdy wcześniej o czymś takim nie słyszałem. Oświetlenie w sali operacyjnej zostaje przyciemnione, a z głośników dobiegają dźwięki muzyki klasycznej; dziecko powoli wyłania się z brzucha na oczach obojga rodziców. Cała ta otoczka to pic na wodę – bez wątpienia przynoszący doktorowi Cadoganowi niezły zysk jako część Pakietu Platynowego oferowanego prywatnym pacjentkom – ale H.J. kupuje to bez mrugnięcia okiem. Po raz pierwszy tego dnia wygląda na umiarkowanie zadowoloną. Kiedy doktor Cadogan opuszcza salę operacyjną, świeżo upieczona mama pyta położną o jej opinię na temat „naturalnych cesarek". „Gdybym to ja była operowana – odpowiada położna – wolałabym, żeby wszystkie lampy świeciły tak jasno, jak to tylko możliwe".

7 lutego 2009, sobota

Z powodu skomplikowanej cesarki wykonywanej u pacjentki w dwudziestym dziewiątym tygodniu ciąży* spóźniam się na pierwszy akt *Nędzników* i w rezultacie za cholerę nie mogę się połapać, o co chodzi w akcie drugim (zadania nie ułatwia mi fakt, że główny protagonista Jean Valjean i główny czarny charakter Javert noszą w gruncie rzeczy identyczne imiona).

Po spektaklu wybieramy się z Ronem oraz resztą towarzystwa do pubu i wymieniamy się wrażeniami; okazuje się, że nawet obejrzenie pierwszego aktu nie pomogło nikomu w zrozumieniu zawiłości fabuły.

8 lutego 2009, niedziela

Zadzwonił do mnie Simon i powiedział, że zeszłej nocy po kłótni ze swoją dziewczyną podciął sobie nadgarstki i wylądował w szpitalu, gdzie założono mu kilka szwów. Teraz jest już w domu i miewa się dobrze; ma też umówioną wizytę u psychiatry.

Simon spytał, czy jestem na niego zły, a ja zapewniłem, że nie, skądże znowu. W rzeczywistości byłem wściekły – za to, co zrobił, i za to, że nie zadzwonił do mnie wcześniej i nie dał mi szansy, bym mógł go odwieść od tych zamiarów. Poświęciłem mu tyle czasu, że był mi chyba winien przynajmniej ten jeden telefon? Poczułem się winny, że nie zrobiłem dla niego wystarczająco

* Cesarskie cięcia są o wiele trudniejsze do przeprowadzenia w wypadku porodu wcześniaków. Dolny odcinek macicy, który przecina się podczas cesarki u kobiet z donoszoną ciążą, wykształca się w pełni dopiero około trzydziestego drugiego tygodnia ciąży. Wykonując cesarskie cięcie we wcześniejszej fazie ciąży, lekarz musi przeciąć znacznie grubszą część macicy, przez co cała procedura jest bardziej skomplikowana i towarzyszy jej obfitsze krwawienie.

wiele – powinienem był skuteczniej mu pomóc albo chociaż przewidzieć, co się święci, i jakoś temu zapobiec. A potem poczułem się winny, że się na niego wściekam.

Rozmawialiśmy przez mniej więcej godzinę. Przypomniałem Simonowi, że może do mnie dzwonić o każdej porze dnia i nocy. W ciągu ostatnich trzech lat odbywaliśmy już takie rozmowy wielokrotnie i przygnębia mnie myśl, że nie zrobiliśmy właściwie żadnych postępów od dnia, gdy Simon po raz pierwszy zamieścił na Facebooku swoje wołanie o pomoc.

Ale chyba patrzę na to z niewłaściwej perspektywy. Depresji nie da się wyleczyć, tak jak nie da się wyleczyć astmy; trzeba się po prostu nauczyć, jak sobie z nimi radzić. Moją rolę można porównać do inhalatora, z którego zdecydował się korzystać Simon. Powinienem być zadowolony, że dzięki mnie przez tak długi czas udało mu się uniknąć poważnego ataku choroby.

17 lutego 2009, wtorek

Rozlega się dzwonek szpitalnego systemu przywoławczego. Okazuje się, że tym razem opanowanie sytuacji nie będzie takie proste. W sali, do której mnie wezwano, krząta się nerwowo kilkanaście osób – taki widok to nic niezwykłego, w przeciwieństwie do wypełniającej pomieszczenie chmury pyłu oraz sterty gruzu, a także wyraźnych oznak paniki u obecnych. Gdyby była to scena z serialu *Na sygnale*, w ścianie ziałaby wielka dziura, w której tkwiłaby rozbita karetka pogotowia. Ale w rzeczywistości przyczyna tego rozgardiaszu jest bardziej prozaiczna: jedna z położnych pociągnęła za linkę alarmową z taką siłą, że oberwała się spora część sufitu.

19 lutego 2009, czwartek

Bardzo żałuję, że spoczywający na lekarzach obowiązek ochrony dzieci* nie daje nam prawa weta w stosunku do koszmarnych imion, jakie niektórzy rodzice nadają swemu nieszczęsnemu potomstwu. Dziś rano odebrałem poród dziecka, dla którego rodzice wybrali imię Sayton – wymawia się je „sejtan", tak samo jak angielskie imię Władcy Piekła. Podejrzewam, że biedne dziecko przez wiele lat będzie obiektem drwin i docinków ze strony kolegów w szkole, ale jedyne, co mogę dla niego zrobić, to życzyć mu powodzenia. (A może mały Sayton faktycznie jest diabłem i powinienem był wepchnąć go z powrotem tam, skąd go wyciągnąłem?)

Podczas lunchu moja koleżanka Katie i ja toczymy zażarty spór: czy Sayton to gorsze imię od tego, jakie otrzymała dziewczynka, której poród odebrała niedawno Katie? Rodzice nazwali ją LeSanya – wymawia się to „lazanie", tak samo jak lasagne. Regularnie przerzucamy się okropnymi historyjkami o tym, co przydarzyło nam się w pracy, niczym w partyjce Top Trumps, której tematem przewodnim jest Położnictwo†.

Katie wspomina, że zdarzyło jej się odebrać poród dziewczynki o imieniu Clive, na co ja odpowiadam, że w brytyjskiej rodzinie królewskiej mamy księżniczkę Michael, więc nadanie męskiego imienia dziecku płci

* Kodeks etyczny Naczelnej Izby Lekarskiej nakłada na lekarzy obowiązek ochrony interesów dzieci i młodzieży; jeśli lekarz nabierze podejrzeń, że jakieś dziecko jest ofiarą nadużyć lub zaniedbań, zobowiązany jest podjąć odpowiednie działania.

† Top Trumps to popularna w Wielkiej Brytanii gra karciana, której zasady przypominają nieco grę w wojnę. Talie kart Top Trumps posiadają rozmaite tematy przewodnie – mogą to być zwierzęta, pojazdy, bohaterowie filmów itp. (przyp. tłum.).

żeńskiej to nic nadzwyczajnego. Nasz kolega Oliver urodził się w Islandii, gdzie rodzice muszą wybierać dla swoich pociech imiona z administracyjnie zatwierdzonej listy – islandzkie prawo wyklucza odstępstwa od tej reguły. Moim zdaniem to całkiem niezły pomysł.

4 marca 2009, środa

Punktualne wyjście z pracy nie powinno być wydarzeniem na tyle niezwykłym, by warto było o nim wspominać – niemniej właśnie dziś udało mi się wyjść o czasie i pojechałem do Teddington na planowaną od dawna kolację z moją babcią. Kiedy kończymy jeść przystawki, babcia zwilża palec śliną i nachyla się, by zetrzeć z mojego policzka drobinkę jedzenia. Kiedy ponownie ślini palec, uświadamiam sobie trochę poniewczasie, że plamka na moim policzku była zaschniętą kropelką krwi z pochwy pacjentki. Dochodzę do wniosku, że lepiej to przemilczeć.

7 marca 2009, sobota

„Pan doktor Adam! Odbierał pan mój poród!" – woła na mój widok ekspedientka na stoisku z serami w supermarkecie Sainsbury's. Za nic nie mogę jej sobie przypomnieć, ale zgadzają się podane przez nią fakty – rzeczywiście mam na imię Adam i jestem lekarzem. Nie pamiętam także płci jej dziecka, dlatego pytam, jak miewa się jej „maleństwo". Okazuje się, że to chłopiec i miewa się świetnie. Ekspedientka zadaje mi mnóstwo absurdalnie szczegółowych pytań nawiązujących do pogawędki, którą odbyliśmy rok wcześniej: chce wiedzieć, jak poszło mi z budową szopy i czy w czwartek sklep Costco był otwarty do ósmej wieczorem, tak jak na to liczyłem. Czuję małe wyrzuty sumienia, że nasze spotkanie na sali porodowej nie zapadło mi w pamięć równie mocno co mojej rozmówczyni. Z drugiej strony dla niej była to prawdopodobnie jedna z najważniejszych chwil w życiu, podczas gdy dla mnie mógł to być równie dobrze szósty poród, jaki odbierałem tamtego dnia. Mam okazję poczuć się przez moment jak celebryta, którego wierny fan dopytuje, czy pamięta ich przelotne spotkanie po koncercie przed dziesięcioma laty.

„Nabiję to panu jako cheddar" – szepcze do mnie ekspedientka, kładąc na wagę kawałek koziego sera. Dzięki temu mogę zaoszczędzić przy kasie kilka funtów. Byłby to jeden z największych profitów, jakich doczekałem się w mojej dotychczasowej zawodowej karierze. Uśmiecham się do niej z wdzięcznością.

„Rose, to nie jest cheddar" – rzuca kierownik stoiska, przemykając za plecami ekspedientki. Mój bonus przeleciał mi koło nosa.

30 marca 2009, poniedziałek

Właśnie wydrukowałem zdjęcie ultrasonograficzne płodu i wręczam je przyszłym rodzicom, po czym zabieram się za wycieranie żelu do USG z brzucha przyszłej mamy. Po chwili jej mąż pyta, czy nie mógłbym wykonać drugiego zdjęcia, pod nieco innym kątem. „Nie jestem przekonany, czy to pierwsze nadaje się na Facebooka" – wyjaśnia. Moje brwi unoszą się tak wysoko, że niemal dotykają linii włosów; zdumiewa mnie, że niektórzy ludzie mogą być do tego stopnia egocentryczni, ogarnięci obsesją na punkcie rejestrowania każdego wydarzenia w swoim życiu i żądni zainteresowania ze strony innych użytkowników mediów społecznościowych. Nagle mój wzrok pada na zdjęcie i przyglądam mu się nieco uważniej. Teraz już rozumiem, co miał na myśli przyszły tatuś: płód na zdjęciu wygląda tak, jakby właśnie się onanizował.

3 kwietnia 2009, piątek

Wybrałem się z Ronem na drinka – rozmawiamy o jego pracy i o podjętej przez niego decyzji, że „pora zrobić krok naprzód i rozejrzeć się za lepszą posadą". Czasami ja również bawię się myślą o zrobieniu kroku naprzód; sęk w tym, że w wypadku kogoś takiego jak ja, kto ma tylko jednego potencjalnego pracodawcę w całym kraju, zmiana pracy wydaje się pomysłem nieco abstrakcyjnym. Ron proponuje, że umówi mnie na spotkanie ze swoją specjalistką do spraw rekrutacji, i przekonuje, że z pewnością posiadam wiele uniwersalnych umiejętności, które umożliwiłyby mi karierę w innej branży niż medycyna.

Często słyszę takie opinie od osób niebędących lekarzami, jednak podchodzę do nich dość sceptycznie. Ludziom wydaje się, że lekarze to świetni specjaliści od rozwiązywania problemów, którzy na podstawie całej plejady objawów potrafią diagnozować rzadkie choroby. W rzeczywistości mamy więcej wspólnego z doktorem Nickiem z *Simpsonów* niż z doktorem House'em. Uczymy się rozpoznawać pewną liczbę konkretnych przypadłości na podstawie wzorców, z którymi mieliśmy wcześniej do czynienia – jesteśmy jak dwulatek, który potrafi wskazać palcem zwierzę i powiedzieć „kot" lub „kaczka", ale miałby kłopot ze zidentyfikowaniem pustaka żużlobetonowego albo szezlongu. Podejrzewam, że nie utrzymałbym się zbyt długo na stanowisku konsultanta do spraw zarządzania, gdybym próbował wykorzystać moje umiejętności rozwiązywania problemów do ratowania podupadającego oddziału sieci sklepów z bielizną La Senza.

„Twoja pensja powinna być już na sześciocyfrowym poziomie" – twierdzi Ron i przesyła mi SMS-em namiary swojej rekruterki. Obiecuję, że się z nią skontaktuję, ale tak naprawdę wcale nie jestem pewien, czy chcę to zrobić. Nie mam też pewności, czy rekruterka w ogóle zechce ze mną rozmawiać, kiedy się dowie, że najważniejsza umiejętność, jaką opanowałem, to wyciąganie dzieci oraz jajek z niespodzianką z kobiecych wagin.

6 kwietnia 2009, poniedziałek

Przeprowadzam planowane cesarskie cięcie – zabieg jest konieczny ze względu na powikłanie ciąży w postaci łożyska przodującego*. Operacja przebiega sprawnie, ale w każdej chwili może się skomplikować, dlatego wszyscy zachowujemy ciszę i skupienie. Wszyscy – z wyjątkiem przyszłego taty, który bardzo się stara wciągnąć mnie w żartobliwą konwersację.

„O rany, całe szczęście, że normalnie to wszystko jest zakryte skórą"; „Po czymś takim ma pan pewnie awersję do kobiet". Do tego jeszcze kilka komentarzy na temat pępowiny i członka noworodka – krótko mówiąc, klasyka gatunku. Podejrzewam, że facet zachowuje się w ten sposób, ponieważ jest zdenerwowany; nie zmienia to jednak

* Łożysko przodujące to łożysko zbyt nisko zagnieżdżone w macicy. Blokuje ono ujście szyjki macicy, uniemożliwiając poród waginalny, przez co ciąża musi zostać rozwiązana przez cesarskie cięcie. Sam poród bywa dość niebezpieczny, ponieważ łożysko przodujące ma tendencję do odrywania się od ścian macicy, co może mieć bardzo poważne konsekwencje zarówno dla dziecka, jak i dla matki (przez łożysko przepływa w ciągu minuty 700 ml krwi – w ciągu pięciu minut przepływa przez nie cała krew krążąca w krwiobiegu matki).

faktu, że cała ta gadanina jest wyjątkowo irytująca i bardzo mnie rozprasza. W dodatku jego żarciki są tak słabe, że nie nadawałyby się nawet do komiksowych dymków w rubasznych rysunkowych pocztówkach, jakimi handlowano kiedyś w nadmorskich kurortach. Zbywam jego dowcipasy krótkimi mruknięciami i niewiele brakuje, żebym wypalił: „Ja naprawdę próbuję się tu skoncentrować. Pozwól mi w spokoju odebrać poród. Kiedy zajmowałeś się zapłodnieniem, nie stałem ci nad głową i nie wybijałem cię z rytmu opowiadaniem tanich szmoncesów".

Tymczasem przyszły tatuś łatwo się nie poddaje. „Miejmy nadzieję, że nie okaże się czarne. Zdarzyło się panu kiedyś, żeby dziecko miało inny kolor skóry niż jego rodzice?"

„Kiedyś trafiło mi się niebieskie" – odpowiadam.

Do końca zabiegu nie pada już ani jeden żarcik.

17 kwietnia 2009, piątek

Pacjentka J.S. ma dwadzieścia dwa lata i zgłosiła się na izbę przyjęć z dotkliwym bólem w jamie brzusznej. Dyżurujący na izbie przyjęć stażysta informuje mnie, że wynik testu ciążowego pacjentki niczego nie wykazał; J.C. została też przebadana przez chirurga, który podejrzewa, że odczuwane przez nią bóle mogą mieć podłoże ginekologiczne. Przystępuję do badania. Wygląda na to, że stan pacjentki jest całkiem niezły – ma nieco za wysokie tętno i obolały brzuch, ale poruszanie się i rozmowa nie sprawiają jej trudności. Przyjęcie jej na oddział byłoby prawdopodobnie pewną przesadą; z drugiej strony decyzja o odesłaniu jej do domu byłaby chyba zbyt pochopna. Gdyby J.C. zgłosiła się do nas na dziennej zmianie w dzień powszedni, postarałbym się wcisnąć ją na listę pacjentek zapisanych na USG, żeby upewnić się, że nie dolega jej nic poważnego. Niestety, mamy noc z piątku na sobotę, kiedy to NHS zapewnia pacjentom dostęp do usług medycznych jedynie w szczątkowym wymiarze. Właściwie takie stwierdzenie jest krzywdzące dla szczątków – przypomina to raczej sytuację, w której badacze próbują zrekonstruować wygląd człowieka pierwotnego z epoki neolitu na podstawie wykopanego z ziemi fragmentu obojczyka oraz stawu kciuka.

Zazwyczaj w takich wypadkach lekarze wolą zgrzeszyć przesadną ostrożnością i przyjmują pacjenta na oddział; pozostaje on tam do rana, do czasu, aż będzie można wykonać badanie USG. Lekarze wychodzą bowiem z założenia, że lepiej zostawić pacjenta na noc w szpitalu, niż zaryzykować, że decyzja o odesłaniu go do domu okaże się błędna i odbije się negatywnie na karierze tego, kto ją podjął. W ten sposób pacjent niepotrzebnie traci czas, a NHS – czterysta funtów, bo tyle kosztuje jedna doba pobytu pacjenta na oddziale. Podejrzewam, że znacznie tańszym rozwiązaniem byłoby zapewnienie lekarzom z nocnej zmiany dostępu do ultrasonografu – dzięki temu można by ograniczyć liczbę niepotrzebnie przyjmowanych na oddział pacjentów co najmniej o jedną osobę dziennie. No ale kimże jestem, by pouczać dyrekcję szpitala, w jaki sposób wydawać pieniądze? Zwłaszcza po tym, jak podjęła decyzję o usunięciu łóżek z lekarskich dyżurek. (Być może w ten sposób chciano zaoszczędzić na kosztach prania zmienianej średnio raz na dwa tygodnie pościeli? A może ktoś doszedł do wniosku, że nasze morale jest zbyt wysokie? Albo że lekarze będą zbyt przytomni i skupieni na swojej pracy, jeśli zapewni się im możliwość krótkiej drzemki podczas dyżuru?)

Ja i moi koledzy nie możemy jednak narzekać. Pewna pielęgniarka z Oddziału Wczesnej Ciąży zwróciła uwagę na worki pod naszymi oczami – zlitowała się i pożyczyła nam zapasowy klucz do jednego z pokojów na swoim oddziale, żebyśmy mogli przekimać się na szpitalnym łóżku. Ten wyjątkowy akt miłosierdzia sprawił, że moja koleżanka Fleur rozpłakała się ze wzruszenia, a następnie zaczęła sprawdzać w internecie, czy moglibyśmy zgłosić kandydaturę naszej dobrodziejki do Orderu Imperium Brytyjskiego. Trudno opisać radość, jaką czuje na widok łóżka człowiek, który przez kilka nocy z rzędu usiłował drzemać na biurowym krześle. Co prawda nasze łóżko to łóżko porodowe ze specjalnymi podpórkami na nogi, ale darowanemu koniowi nie zagląda się w zęby. Szczerze mówiąc, byłbym wdzięczny za możliwość przespania się na jakimkolwiek łóżku, choćby nawet dyndał nad nim fortepian zawieszony na pojedynczym włosie łonowym.

Nagle przypominam sobie, że obok udostępnianego nam łóżka stoi sprzęt do ultrasonografii. Upewniam się, czy J.C. wciąż jest w stanie samodzielnie się poruszać, po czym prowadzę ją na pierwsze piętro – jeśli szybkie USG nie wykaże niczego niepokojącego, będzie mogła wrócić do domu, a dzięki mojej pomysłowości NHS zaoszczędzi czterysta funtów.

Z perspektywy czasu muszę przyznać, że błędem było zabranie pacjentki z izby przyjęć bez powiadomienia o tym pielęgniarki dyżurnej. Nie powiedziałem jej o moich zamiarach, ponieważ obawiałem się, że zacznie oponować, powołując się na szpitalne procedury, a ja nie chciałem marnować czasu na kłótnie. Błędem było również to, że nie wezwałem na pomoc sanitariusza, który zawiózłby pacjentkę na miejsce na wózku inwalidzkim.

Ale największy błąd popełnił stażysta z izby przyjęć, który poinformował mnie o negatywnym wyniku testu ciążowego pacjentki – no chyba że mówiąc: „Test ciążowy niczego nie wykazał”, miał na myśli: „Test ciążowy niczego nie wykazał, ponieważ go nie przeprowadziłem”.

Po dotarciu na pierwsze piętro przedzieramy się przez plątaninę przygnębiających korytarzy przypominających labirynt dla laboratoryjnych szczurów i w końcu trafiamy do mojej prowizorycznej sypialni wyposażonej w ultrasonograf. Po tej długiej wędrówce J.S. jest nieco blada i mocno zasapana. USG jamy brzusznej wykazuje poronioną ciążę pozamaciczną – brzuch pacjentki wypełniony jest krwią. Zamiast przebywać tam, gdzie powinna, czyli jak najbliżej aparatury ratującej życie, pacjentka szwenda się ze mną po peryferyjnej części szpitala, tak jakbyśmy byli parą nastolatków, którzy wymknęli się w ustronne miejsce, żeby w spokoju się pomigdalić.

Wykonuję kilka nerwowych telefonów i pół godziny później J.S. znajduje się już na sali operacyjnej, gdzie przetaczamy jej kilka torebek krwi i usuwamy jeden z jajowodów. Wkrótce wróci do zdrowia. Nie mam pojęcia, jaki jest morał tej historii.

26 kwietnia 2009, niedziela

Zostałem wezwany na izbę przyjęć, żeby zbadać jedną z pacjentek. Zaglądając do jej karty, dowiaduję się, że kobieta ma trzydzieści pięć lat i pracuje w salonie masażu, przy czym jej zawodowe obowiązki nie ograniczają się do masowania klientów – w każdym razie nie tylko do masowania ich rękami. Pacjentka zgłosiła się do szpitala, ponieważ w jej pochwie zawieruszył się pewien przedmiot. Mamy wyjątkowo pracowitą zmianę, więc nie tracę czasu na zadawanie zbyt wielu pytań – polecam pacjentce, by uniosła nogi do góry, włączam lampę, wprowadzam wziernik, namierzam obiekt, chwytam go i wyciągam. Wydobyty przedmiot wydziela najgorszy smród, z jakim kiedykolwiek miałem do czynienia. Odór jest po prostu nie do opisania – momentalnie zbiera mi się na wymioty, a asystująca mi pielęgniarka pośpiesznie wybiega za parawan, który oddziela nas od reszty sali. Oczami wyobraźni widzę, jak nagle więdną kwiaty w całym szpitalu. Nie bardzo mam ochotę o to pytać, ale muszę się dowiedzieć, czym właściwie jest przedmiot wydzielający tę straszliwą woń.

Krótka odpowiedź brzmi: to głowa Strażaka Sama, a właściwie gąbki do kąpieli w kształcie bohatera animowanego serialu. Ależ oczywiście! A teraz dłuższa wersja tej historii: przed kilkoma miesiącami pacjentka doszła do wniosku, że jej dochody regularnie ulegały znacznemu uszczupleniu, ponieważ przez kilka dni w miesiącu jej klienci nie chcieli być przez nią „masowani" – postanowiła więc rozwiązać ten problem, tamując krwawienie menstruacyjne za pomocą odciętej głowy Samuela. Bóg jeden raczy wiedzieć, jak wyjaśniła zmianę jego wyglądu swoim dzieciom – czy biedactwa w ogóle zauważyły, że dzielny strażak został skrócony o głowę? Być może obawiały się, że jeśli zapytają matkę o to, gdzie podziała się jego głowa, to same również zostaną zdekapitowane? Gąbka okazała się całkiem skutecznym pochłaniaczem krwi menstruacyjnej spływającej z góry, a także innych płynów ustrojowych napływających z drugiego końca pochwy. Niestety, gąbczasta łepetyna Sama nie posiadała żadnej tasiemki ani sznureczka, który umożliwiałby jej wyciągnięcie. Na dodatek została sprasowana jak naleśnik w wyniku ruchów frykcyjnych, jakie wykonywali klienci mojej pacjentki, współżyjąc z nią.

Stwierdzenie, że zapach wydzielany przez gąbkę był nie do opisania, jest nie do końca zgodne z prawdą – można go bowiem opisać jako woń krwi menstruacyjnej z trzech miesięcy, zmieszanej z wydzielinami z pochwy, a także ze spermą co najmniej setki mężczyzn. Przepisuję pacjentce antybiotyki i przy okazji informuję ją, że w przyszłości nie musi podejmować tak drastycznych kroków jak okaleczanie gąbek kąpielowych – zamiast tego może zdać się na bardziej tradycyjną metodę zatrzymywania miesiączki, czyli nieprzerwane przyjmowanie tabletek antykoncepcyjnych. Wydobyty z pochwy pacjentki obiekt umieszczam w szczelnie zamkniętym pojemniczku na próbki; jego opisanie pozostawiam personelowi izby przyjęć.

4 maja 2009, poniedziałek

Kolejny dzień i kolejny dzwonek szpitalnego systemu przywoławczego – w ciągu całego dnia rozlega się on w sumie dwanaście razy. Tym razem wzywa mnie na salę porodową, gdzie mam odebrać poród za pomocą próżniociągu; poród siłami natury jest zbyt ryzykowny z uwagi na niepokojące wyniki badania akcji serca płodu. Kiedy szykuję się do wyssania małego łobuza z macicy, obraz akcji jego serca ulega nieoczekiwanej poprawie. Zdejmuję więc rękawiczki i przekazuję pałeczkę położnej, która odbierze poród w sposób naturalny. Pozostaję w sali porodowej, na wypadek gdyby ponownie doszło do zaburzenia pracy serca, ale wszystko przebiega pomyślnie i po kilku chwilach widać już główkę dziecka.

Jego tata zajął miejsce przy samym centrum wydarzeń i po raz pierwszy w życiu obserwuje na własne oczy cud narodzin – na przemian wzdycha z podziwem, przemawia czule do swojego potomka i podekscytowanym głosem chwali swoją żonę za to, że tak świetnie sobie radzi. Położna prosi pacjentkę, by ta przestała przeć i zaczęła głęboko oddychać – dzięki temu położna będzie mogła powoli wyciągnąć główkę dziecka w taki sposób, aby nie doszło do poważniejszych uszkodzeń krocza pacjentki. Głowa dziecka wysuwa się coraz bardziej, gdy nagle ojciec wydaje z siebie rozpaczliwy okrzyk: „O Boże, gdzie jest jego twarz?!".

Słysząc to, mama dziecka także zaczyna krzyczeć – w rezultacie główka noworodka wyskakuje gwałtownie z kanału rodnego, rozrywając krocze pacjentki. Wyjaśniam świeżo upieczonym rodzicom, że dzieci na ogół rodzą się z twarzą skierowaną w dół*, i dodaję uspokajająco, że twarz ich dziecka znajduje się na swoim miejscu (chociaż jest nieco bardziej umorusana krwią, niż było to konieczne). Nakładam rękawiczki i sięgam po zestaw do zszywania ran.

5 maja 2009, wtorek

Pewna pacjentka poradni ginekologiczno-położniczej chce urodzić dziecko przez cesarskie cięcie mimo braku

* Jedynie 5 procent dzieci rodzi się z twarzą skierowaną ku górze – w medycynie takie ułożenie dziecka określa się mianem „potylicowego tylnego". Słodko-pretensjonalna nazwa takiego ułożenia to „twarzą ku gwiazdom". Nieco staroświecki i obecnie rzadko stosowany termin to ułożenie „twarzą do kości łonowej" (kiedy byłem starszym stażystą, przesłyszałem się i w rezultacie przez dłuższy czas posługiwałem się terminem „twarzą do włosów łonowych"; minął cały rok, zanim jeden z moich kolegów wyprowadził mnie z błędu).

klinicznych wskazań do przeprowadzenia takiego zabiegu. Tłumaczę jej, że w naszym szpitalu nie wykonujemy cesarek na życzenie: musi istnieć uzasadniony medycznie powód, ponieważ cesarskie cięcie jest operacją i tak jak w wypadku każdej operacji towarzyszy mu ryzyko krwotoku lub infekcji, a także ryzyko związane ze znieczuleniem i tak dalej. Pacjentka argumentuje, że chce uniknąć innego ryzyka w postaci długiego, bezowocnego porodu naturalnego, który ostatecznie zakończyłby się cesarką. „I tu mnie ma" – myślę sobie. Zaplanowane cesarskie cięcie jest o wiele bezpieczniejsze od cesarki ze wskazań nagłych, a na ogół także od porodu zabiegowego, ale przecież nie mogę przyznać tego głośno.

Pacjentka nie zamierza dać za wygraną. Przeciągając samogłoski i próbując naśladować wyrafinowaną wymowę typową dla mieszkańców południowo-wschodniej Anglii, pyta: „A gdybym była jedną z tych bogatych paniuś, które są zbyt wygodnickie, żeby przeć?". Odpowiadam, że to by niczego nie zmieniło, choć czuję się podle, bo wiem doskonale, że co trzecia ginekolożka będąca w ciąży decyduje się na planowaną cesarkę – odmawianie tego przywileju innym pacjentkom jest zwyczajnie niesprawiedliwe.

Dzień wcześniej znalazłem się po drugiej stronie barykady. H. i ja rozglądamy się za czymś trochę większym od naszego obecnego lokum i wczoraj wybraliśmy się obejrzeć jedno z mieszkań, które wpadły nam w oko. Oprowadzał nas po nim pracownik biura nieruchomości; dwudziestoletni cwaniak dwoił się i troił, zachwalając zalety mieszkania: podkreślił między innymi jego wyjątkowo atrakcyjną lokalizację i dodał, że sam kupił mieszkanie na sąsiedniej ulicy. To wyznanie wprawiło mnie w przygnębienie – nawet embrion w lśniącym, nylonowym garniturze jest w stanie pozwolić sobie na kupno mieszkania w okolicy, w której ceny nieruchomości ocierają się o granice naszych możliwości finansowych. Czyżbym wybrał niewłaściwy zawód? A może biura nieruchomości działają podobnie do charytatywnych sklepów z używanymi rzeczami, których pracownicy jako pierwsi zaklepują sobie najbardziej łakome kąski?

Agent poinformował nas, że właściciele mieszkania odrzucili już jedną ofertę opiewającą na kwotę niższą od ceny wywoławczej. Nie mógł nam jednak zdradzić, o ile niższa była zaproponowana kwota – najwyraźniej ujawnienie tej informacji stanowiłoby naruszenie cwaniackiego kodeksu honorowego, czyli zasad etyki zawodowej handlarzy nieruchomościami. Zapytałem go, czy kiedy on sam kupował mieszkanie, jego koledzy po fachu nie zdradzili mu przypadkiem, o ile niższe od ceny wywoławczej były kwoty proponowane przez innych oferentów. Twarz agenta przybrała nagle malowniczy kolor suszonego na słońcu pomidora. „Proszę mnie spytać, jaka jest moja ulubiona kwota w funtach szterlingach" – powiedział. Okazało się, że jego ulubiona kwota to 11 500.

„Proszę mnie spytać, dlaczego u niektórych kobiet przeprowadza się cesarkę" – podpowiadam pacjentce. Muszę odczekać chwilę, aż jej mózg przetworzy to, co właśnie usłyszała. W końcu zadaje mi pytanie, a ja odpowiadam, że niektóre kobiety obawiają się niekorzystnych długofalowych efektów naturalnego porodu, który może skutkować między innymi problemami z kontrolowaniem pęcherza oraz jelit.

Okazuje się, że moja pacjentka podziela te obawy – w rezultacie zostaje zapisana na cesarskie cięcie w trzydziestym dziewiątym tygodniu ciąży.

25 czerwca 2009, czwartek

O godzinie dwudziestej trzeciej udaję się na izbę przyjęć, gdzie mam przebadać pacjentkę. Zanim jednak zabiorę się do roboty, muszę zebrać w sobie siły – w tym celu zaglądam na Twittera, który aż huczy od sensacyjnej wiadomości podanej przez serwis plotkarski TMZ. „O Chryste – z moich ust wyrywa się stłumiony okrzyk. – Michael Jackson nie żyje!" Jedna z pielęgniarek wzdycha i podnosi się z krzesła, pytając: „Które to łóżko?".

18 lipca 2009, sobota

Gdyby w najbliższym czasie planowano wprowadzić zmiany w przysiędze Hipokratesa, należałoby dodać do niej punkt zabraniający lekarzom przyznawania się do swojej profesji w trakcie towarzyskich pogawędek na przyjęciach. Zakaz ten powinien objąć zwłaszcza ginekologów, ponieważ każda kobieta na świecie, gdy tylko dowie się, że ma do czynienia z przedstawicielem tej specjalizacji, natychmiast zasypie go lawiną pytań o antykoncepcję, płodność lub ciążę. Z biegiem czasu opanowałem do perfekcji sztukę udzielania wymijających odpowiedzi na pytania o mój zawód, a także błyskawicznego zmieniania tematu rozmowy.

Dzisiejszy wieczór spędzam u znajomych, którzy urządzili domówkę. W pewnym momencie konwersacja schodzi na nikaby i ktoś z obecnych wtrąca, że wiele muzułmańskich kobiet nosi pod nikabem ubrania od najlepszych projektantów – ukryte przed wzrokiem postronnych obserwatorów kreacje kosztują nierzadko tysiące funtów. „To prawda – przytakuję. – Mało tego, widziałem wiele ortodoksyjnych muzułmanek noszących seksowną bieliznę Agent Provocateur. Kilka z nich miało też wyjątkowo fantazyjne fryzury łonowe: wygolone inicjały, spirale, co tylko chcecie!" Zapada grobowa cisza, a ja zdaję sobie sprawę, że chyba byłem zbyt enigmatyczny w kwestii mojej profesji. „Tak przy okazji, jestem lekarzem" – wyjaśniam.

28 lipca 2009, wtorek

Przyszli rodzice zjawili się w moim gabinecie, by uzgodnić termin planowego cesarskiego cięcia; chcieliby wiedzieć, czy istnieje możliwość wybrania konkretnej daty zabiegu. Oboje małżonkowie to urodzeni w Wielkiej Brytanii Chińczycy, a ja zdaję sobie sprawę, że w chińskiej tradycji określone dni uchodzą za mniej lub bardziej szczęśliwe – osoby przywiązane do tej tradycji wolą, rzecz jasna, by poród odbył się w dniu uznawanym za „pomyślną datę".

W takich przypadkach staramy się naturalnie iść pacjentom na rękę, na tyle, na ile jest to wykonalne i bezpieczne z medycznego punktu widzenia. Małżonkowie proszą, żebym sprawdził, czy istnieje możliwość przeprowadzenia operacji pierwszego lub drugiego września. „Chodzi o pomyślne daty?" – pytam z uśmiechem i w myślach przypinam już sobie do klapy odznakę za „szczególną wrażliwość kulturową".

„Nie – odpowiada mąż. – Dzieci urodzone we wrześniu idą do szkoły z kolejnym rocznikiem i potem lepiej sobie radzą na egzaminach".

10 sierpnia 2009, poniedziałek

Tak, szanowna pani, podczas porodu zrobi pani kupę. Tak, to najzupełniej normalne. Wszystko przez wytężone parcie. Nie, nie mogę temu w żaden sposób zapobiec. Ale gdyby zapytała mnie pani o to wczoraj, uprzedziłbym panią, że spożycie ogromnej porcji curry w celu „przyspieszenia porodu"* to prawdopodobnie nie najlepszy pomysł.

17 sierpnia 2009, poniedziałek

W trakcie zajęć ze studentami medycyny, którym próbuję wtłoczyć do głów trochę wiedzy na temat budowy anatomicznej miednicy, do sali wkracza pracownik uczelnianej administracji i przekazuje nam wieści o Justinie – studencie, który nie pojawił się na dzisiejszych zajęciach. Okazuje się, że Justin będzie nieobecny przynajmniej do końca semestru; mało tego, jest całkiem prawdopodobne, że straci szansę na zostanie lekarzem. Wczoraj wieczorem w nocnym klubie wdał się w bójkę ze swoim chłopakiem. Wezwani na miejsce policjanci zauważyli na ubraniu Justina ślady białego proszku, a ponieważ nabrali podejrzeń, że nie jest to słodzik do kawy, zatrzymali Justina i wpakowali go do aresztu. Justin przekonywał ich, że studiuje medycynę i w związku z tym jego pobyt w areszcie jest sprzeczny z żywotnym interesem naszego kraju, ale jego tłumaczenia przyniosły mu więcej szkody niż pożytku. Policjanci skontaktowali się bowiem z uczelnią i wyjaśnili powody jego dzisiejszej nieobecności.

* Curry nie przyspiesza porodu. Nie przyspiesza go także ananas. Ani seks. Nie ma żadnych naukowych dowodów na skuteczność tych trzech metod. Przypuszczam, że zostały one wymyślone przez zapalonego autora przepisu na madras curry z ananasem.

Po wyjściu pracownika uczelni studenci do reszty tracą zainteresowanie zgłębianiem tajników anatomii miednicy (o ile w ogóle byli tym zainteresowani). Rozpoczyna się dyskusja o wymaganiach stawianych studentom medycyny, a także o okolicznościach, w jakich można stracić prawo do wykonywania zawodu lekarza, zanim jeszcze się je uzyska.

Wszyscy uczestnicy zajęć zadają mi przynajmniej po jednym, rzekomo hipotetycznym pytaniu z gatunku: „Co by było, gdyby jakiś student zrobił to i to?", po czym bledną, słuchając moich odpowiedzi. Opowiadam im też historię grupy studentów, którzy studiowali medycynę w tym samym czasie co ja, ale zostali relegowani z uczelni. Będąc na trzecim roku studiów, wybrali się do Francji, gdzie mieli rozegrać serię meczów rugby z francuskimi drużynami; zamiast uganiać się za piłką, woleli jednak spędzać czas na pijackich grach i zabawach. Najbardziej pomysłowa z tych zabaw polegała na odwiedzaniu lokalnych knajp i przyrządzaniu „Bardzo Krwawej Mary". Po zamówieniu przy barze kolejki wódki wracali do swoich stolików, wyciągali z kieszeni strzykawki oraz igły, pobierali sobie nawzajem krew i wstrzykiwali ją do kieliszków z wódką, a następnie wypijali tę miksturę. Personel jednej z knajp poczuł się zaniepokojony widokiem walających się po lokalu igieł oraz strzykawek i wezwał patrol żandarmerii. Żandarmi aresztowali studentów i nie zważając na zasadę, zgodnie z którą „to, co dzieje się na wyjeździe, zostaje na wyjeździe", poinformowali o wszystkim władze uczelni. W rezultacie winowajcy zostali skreśleni z listy studentów. Uczestnicy zajęć zgadzają się, że kara była słuszna; ktoś stwierdza, że relegowani studenci mimo wszystko zasługują na uznanie, skoro na trzecim roku studiów potrafili samodzielnie pobrać krew.

Jednocześnie wszyscy współczują „biednemu Justinowi". Moja sugestia, że należałoby raczej współczuć pobitemu chłopakowi Justina, trafia w próżnię.

„Nie mogę w to uwierzyć – wzdycha głośno jedna ze studentek. – Justin naprawdę jest gejem?"

19 sierpnia 2009, środa

Z cyklu: dylematy moralne lekarzy. Wykonuję właśnie jedną z kilku zaplanowanych na dziś cesarek. Zdecydowałem się na operacyjne rozwiązanie ciąży z uwagi na pośladkowe ułożenie płodu – tymczasem po przecięciu macicy okazuje się, że dziecko wcale nie jest ułożone pośladkowo. O kurwa. Przed rozpoczęciem operacji powinienem był wykonać USG płodu – to standardowa procedura na wypadek gdyby dziecko obróciło się w macicy od poprzedniego USG. Takie przedoperacyjne badanie to w zasadzie czysta formalność, ponieważ jeszcze nigdy nie zdarzyło mi się, żeby dziecko w ostatniej chwili zmieniło pozycję. Aż do dzisiaj.

Mam teraz do wyboru:

Wydobyć dziecko, które w czarodziejski sposób obróciło się w łonie matki, a potem przyznać się pacjentce do tego, że wykonałem zupełnie niepotrzebne cesarskie cięcie, zafundowałem jej bliznę na brzuchu i skazałem ją na kilkudniowy pobyt w szpitalu, chociaż poród mógł odbyć się w sposób naturalny.

Wydobyć dziecko, a potem twierdzić, że było ułożone pośladkowo – wymagałoby to poświadczenia nieprawdy w dokumentacji medycznej, a także przekonania asystującej mi położnej oraz pielęgniarki chirurgicznej do krzywoprzysięstwa i współudziału w moich matactwach.

Wsunąć rękę do macicy i niepostrzeżenie obrócić dziecko, a następnie chwycić je za nóżkę i wydobyć z brzucha matki w taki sposób, jakby od początku było ułożone pośladkowo.

Wybieram opcję a) i wyznaję prawdę pacjentce, która przyjmuje to z podziwu godną wyrozumiałością; podejrzewam, że gdyby mogła wybierać, to sama zdecydowałaby się na cesarskie cięcie. Potem muszę jeszcze wypełnić formularz wypadku przy pracy i zdać relację doktorowi Cadoganowi. On także podchodzi do całej sprawy ze zrozumieniem i stwierdza, że przynajmniej od tej pory już nigdy nie zapomnę o wykonaniu przed cesarką badania USG.

Żeby podnieść mnie na duchu, opowiada mi o tym, jak będąc jeszcze niedoświadczonym lekarzem, sam przeprowadził pewnego razu niepotrzebny zabieg cesarskiego cięcia. Po bezskutecznej próbie wydobycia dziecka za pomocą kleszczy doszedł do wniosku, że jedynym wyjściem jest cesarka. Zdążył już otworzyć brzuch pacjentki, gdy dziecko zupełnie nieoczekiwanie przyszło na świat drogą pochwową.

„Jak wytłumaczył się pan z tego tej kobiecie?!" – pytam.

„No cóż – odpowiada doktor Cadogan po chwili milczenia – w tamtych czasach nie zawsze byliśmy całkiem szczerzy z naszymi pacjentkami".

20 sierpnia 2009, czwartek

Umawiam pacjentkę Y.S. na zabieg przerwania ciąży – nieplanowanej i niechcianej ciąży, w którą dwudziestoletnia studentka zaszła po tym, jak zawiodła użyta przez nią prezerwatywa. Podczas wizyty Y.S. w moim gabinecie omawiamy inne metody antykoncepcji, a także prawidłowy sposób stosowania prezerwatyw*. Przy okazji odkrywam, na czym polegał popełniany przez nią błąd. Ja również jestem gorącym zwolennikiem recyklingu, ale jeśli wywrócimy zużytą prezerwatywę na lewą stronę i skorzystamy z niej ponownie, to musimy liczyć się z tym, że nie będzie równie skuteczna jak za pierwszym razem†.

* W ciągu mojej medycznej kariery przeprowadziłem wiele zabiegów przerwania ciąży; inni młodzi lekarze często uchylali się od wykonywania tych zabiegów, zasłaniając się względami natury etycznej lub religijnej (możliwe jednak, że były to tylko wymówki, a moi koledzy byli tak naprawdę leniwymi gnojkami migającymi się od pracy). Przeprowadzanie aborcji nie jest najprzyjemniejszym sposobem na spędzenie poranka, jednak w pewnych przypadkach aborcja to zło konieczne. Przy okazji opanowałem do perfekcji technikę, która okazała się wyjątkowo przydatna przy usuwania z macicy resztek jaja płodowego (jest to zabieg bardzo podobny do chirurgicznej aborcji, przeprowadzany u kobiet, u których doszło do częściowego poronienia). Nabrałem w tym takiej wprawy, że przypuszczalnie byłbym dziś w stanie odkurzyć schody w moim domu, stojąc na zewnątrz i operując rurą odkurzacza wciśniętą do środka przez otwór na listy w drzwiach wejściowych. Pacjentka Y.S. nie chciała mieć dziecka; w cywilizowanym społeczeństwie nie powinno się zmuszać kobiet do rodzenia i wychowywania dzieci – byłoby to niegodziwością zarówno wobec matki, jak i jej potomstwa (warto, by zastanowili się nad tym nasi sąsiedzi z Irlandii). Według litery prawa (a dokładnie mówiąc, według Ustawy Aborcyjnej z 1967 roku) aborcję można przeprowadzić, jeśli co najmniej dwóch lekarzy uzna, że donoszenie ciąży będzie miało negatywne skutki dla zdrowia psychicznego pacjentki; w praktyce lekarze wydają taką opinię w wypadku każdej niechcianej ciąży. W opisanym wyżej przypadku pacjentka próbowała podjąć odpowiednie działania zabezpieczające ją przed zajściem w ciążę. Skuteczność prezerwatyw w zapobieganiu ciąży wynosi 98 procent, pod warunkiem jednak, że używa się ich w odpowiedni sposób – lista częstych błędów obejmuje między innymi zbyt późne założenie lub przedwczesne zdjęcie prezerwatywy, a także stosowanie niewłaściwych środków nawilżających. Stosując prezerwatywę, warto się upewnić, że robimy to poprawnie.

† Dwa lata później pewien gość poskarżył mi się, że użyta przez niego prezerwatywa nie uchroniła jego partnerki przed niechcianą ciążą. Jak się

20 października 2009, wtorek

Normalnie w poradni ginekologiczno-położniczej w ciągu dnia dyżuruje dwóch lekarzy rezydentów, ale dziś zostałem na posterunku sam jeden i cały bajzel jest na mojej głowie. Podczas porannej zmiany przyjąłem trzydzieści pacjentek – ostatnia z nich opuściła mój gabinet o godzinie piętnastej, czyli dwie godziny po tym, jak powinienem był rozpocząć przyjmowanie pacjentek zapisanych na wizyty popołudniowe.

W rezultacie wszystkie pacjentki są wkurzone i trudno się im dziwić – spędziły cztery godziny w poczekalni, która teraz przypomina gniazdo wściekłych os. Moje szczere przeprosiny i próby tłumaczenia, że opóźnienie nie nastąpiło z mojej winy, na niewiele się zdają; podczas każdej wizyty wysłuchuję gniewnego burczenia. Podejrzewam, że gdybym był pilotem samolotu pasażerskiego i gdyby mój drugi pilot nie zjawił się w kokpicie przed startem, to linie lotnicze zaproponowałyby nieco lepsze rozwiązanie niż „bierz się do roboty i zobaczymy, co z tego wyniknie".

O godzinie dziewiętnastej – o tej porze w poczekalni przed moim gabinetem wciąż czekają jeszcze dwie osoby – wystawiam pilne skierowanie na konsultację psychiatryczną, ponieważ u pewnej pacjentki w trzydziestym tygodniu ciąży wystąpił ostry przypadek jadłowstrętu psychicznego. A przecież zjadła dziś więcej ode mnie.

okazało, facet nie lubił uprawiać seksu w kondomie i doszedł do wniosku, że skoro prezerwatywa pokryta jest środkiem plemnikobójczym, to wystarczy naciągnąć ją na członka, a następnie ściągnąć ją przed rozpoczęciem stosunku.

28 października 2009, środa

Chcę przyjąć na oddział kobietę cierpiącą na zapalenie narządów miednicy mniejszej, ponieważ uważam, że w jej stanie zachodzi konieczność podania dożylnych antybiotyków. Niestety, pacjentka odmawia poddania się terapii antybiotykowej, bo jest przekonana, że siedzę w kieszeni firm farmaceutycznych. Wygląda na to, że utknęliśmy w martwym punkcie. Proszę, by opowiedziała mi o swoich obawach. Okazuje się, że są to obawy stosunkowo świeże – pacjentka powzięła je zaledwie wczoraj, po zapoznaniu się z pewnymi informacjami znalezionymi na Facebooku.

A oto kolejny kamyczek do ogródka nowoczesnych technologii. Zarząd szpitala zorientował się nareszcie, że mamy dwudziesty pierwszy wiek, i postanowił przeprowadzić digitalizację naszego systemu radiologicznego. Koniec z wywoływaniem zdjęć rentgenowskich i oglądaniem ich na negatoskopach – nowy system miał umożliwić lekarzom przeglądanie wszystkich zdjęć na dowolnym szpitalnym komputerze. Niestety, system zepsuł się zaraz po tym, jak został zainstalowany, a my cofnęliśmy się do dziewiętnastego wieku, do czasów przed odkryciem promieniowania rentgenowskiego.

Wielu pacjentów przychodzi do gabinetu lekarskiego, taszcząc pod pachą całe ryzy papieru z wydrukowanymi i podkreślonymi na kolorowo artykułami, które udało im się znaleźć w sieci. Z punktu widzenia lekarza jest to dość uciążliwe, bo każdemu pacjentowi z osobna musimy przez dziesięć minut tłumaczyć, dlaczego blogerka z Kopenhagi, prowadząca swojego bloga na szablonie Wordpress z różowymi serduszkami, nie jest najbardziej wiarygodnym źródłem informacji z dziedziny medycyny.

Z drugiej strony, gdyby nie Google, nie mógłbym odsyłać pacjentów na pobranie próbki moczu po to, by podczas ich pobytu w toalecie w popłochu uzupełniać luki w mojej wiedzy, korzystając z zasobów internetu.

Współczesna technologia sprzyja teoriom spiskowym. Pacjentka domaga się, żebym udowodnił, że nie zostałem przekupiony przez producentów leków. Wyjaśniam, że antybiotyki, które zamierzam jej zaaplikować, kosztują grosze i firmy farmaceutyczne prawdopodobnie byłyby na mnie wściekłe za to, że nie wybrałem droższego leku. Ale to nie przekonuje mojej pacjentki. Dodaję, że przepisany przeze mnie antybiotyk to lek generyczny*, a nie oryginalny produkt jakiejś znanej marki. Pacjentka wciąż jest nieprzekonana. Wspominam więc, że jeżdżę pięcioletnim Peugeotem 206 i już samo to powinno świadczyć o tym, że nie siedzę w kieszeni żadnego farmaceutycznego koncernu. „W porządku" – stwierdza pacjentka i zgadza się na kurację antybiotykową.

4 listopada 2009, środa

Pacjentka T.H. to trzydziestopięcioletnia księgowa, u której zdiagnozowano ciążę pozamaciczną. Pacjentka chciałaby poddać się terapii metotreksatem†, ponieważ dzięki temu mogłaby uniknąć zabiegu chirurgicznego.

* Prawie wszystkie leki, jakie kupujecie w aptece, dostępne są w wersji markowej oraz w postaci generycznych zamienników. Paracetamol sprzedaje się jako panadol, ale istnieje wiele tańszych leków o innej nazwie handlowej zawierających tę samą substancję czynną. Podobnie amoxil nie jest jedynym lekiem zawierającym amoksycylinę.

† Niektóre pacjentki z ciążą pozamaciczną kwalifikują się do leczenia metotreksatem – warunkiem jest dobry stan zdrowia kobiety oraz wczesny etap ciąży. Metotreksat uderza z siłą bomby atomowej w szybko dzielące się komórki, co sprawia, że jest szczególnie skuteczny w usuwaniu ciąży pozamacicznej; bywa także stosowany w chemioterapii.

Po badaniu wyrażam zgodę na leczenie farmakologiczne i instruuję pacjentkę odnośnie do dalszego sposobu postępowania. Omawiam z nią możliwe skutki uboczne stosowania metotreksatu; rozmawiamy także o tym, co powinna, a czego nie powinna robić w trakcie terapii. Uprzedzam, że przez najbliższe trzy miesiące będzie musiała stosować środki antykoncepcyjne, a przez pierwszy miesiąc powinna całkowicie powstrzymać się od uprawiania seksu. Pacjentka namyśla się przez chwilę, po czym pyta: „A co z seksem analnym?”*.

18 listopada 2009, środa

Odwiedzam w szpitalu tatę Rona. Wygląda okropnie: zażółcona skóra opina sterczące kości, a na twarzy widać wyraźnie siateczkę naczynek krwionośnych – jego ciało spaliło każdą komórkę tłuszczową, poświęcając całą energię na z góry przegraną walkę z nowotworem. „Chciałbym, żeby ludzie nie musieli oglądać mnie w takim stanie – wyznaje. – Po wszystkim i tak trzeba będzie wydać fortunę, żeby w zakładzie pogrzebowym doprowadzili mnie do jako takiego wyglądu. Nie moglibyście poczekać i zobaczyć mnie dopiero za tych kilka miesięcy?”

Ojciec mojego przyjaciela oczekuje na zabieg założenia stentu przełykowego, dzięki któremu będzie mógł nadal normalnie się odżywiać, przeżywając ostatni rozdział swojego życia w możliwie godny i komfortowy sposób. Tata Rona, emerytowany inżynier, wydaje się zafascynowany mechanizmem działania stentu – samorozprężalnej

* Jeśli jesteście ciekawi odpowiedzi na to pytanie, to brzmi ona: „Tak, należy powstrzymać się także od seksu analnego”. W wypadku ciąży pozamacicznej zarówno stosunek analny, jak i stosunek waginalny zwiększają ryzyko pęknięcia jajowodu.

rurki wykonanej z cienkiej metalowej siateczki, na tyle mocnej, by powstrzymać napór guza i udrożnić przełyk. „Jeszcze dwadzieścia lat temu coś takiego byłoby niemożliwe – stwierdza z podziwem, po czym ucinamy sobie pogawędkę o tym, jakie to szczęście, że dane nam jest żyć w tak wyjątkowych czasach. – Myślisz, że za dwadzieścia lat będziemy potrafili wyleczyć raka?" – pyta w pewnej chwili. Nie mam pojęcia, czy bardziej pocieszyłbym go, przytakując, czy może raczej zaprzeczając, więc na wszelki wypadek uchylam się od odpowiedzi. „Nie wiem – mówię. – Znam się tylko na waginach", na co on wybucha śmiechem.

A potem zadaje mi kolejne pytanie: „Dlaczego zawsze mówimy, że to człowiek przegrał walkę z rakiem, zamiast powiedzieć, że to rak wygrał walkę z człowiekiem?". Tata Rona cały czas żartuje – robił to zawsze, odkąd go poznałem. Przez kilka pierwszych minut mojej wizyty czułem się trochę nieswojo, jednak uczucie skrępowania szybko minęło. Muszę przyznać, że na myśl o spotkaniu ze śmiertelnie chorym ojcem mojego przyjaciela ogarniał mnie lęk, ale teraz cieszę się każdą chwilą spędzaną tego ranka w jego towarzystwie. Demonstrując pogodę ducha podczas spotkań z odwiedzającymi go przyjaciółmi i bliskimi, ojciec Rona nie tylko dodaje nam otuchy, ale także sprawia, że zapamiętamy go takim, jakim był przez całe swoje życie. Pozwala nam wierzyć, że choroba wycieńczyła jego ciało, ale nie zdołała zniszczyć jego charakteru.

10 grudnia 2009, czwartek

Odbieram poród za pomocą próżniociągu – to dla mnie dość wzruszający moment, bo mamą jest kobieta, która na początku mojej pracy w tym szpitalu była moją pacjentką w poradni leczenia niepłodności. Trzymając w rękach jej nowo narodzone dziecko, pękam z dumy niczym Simba; mam ochotę unieść noworodka w górę i wyśpiewać na całe gardło *Krąg życia*.

Zszywając pacjentkę po porodzie, pytam o przebieg zaleconej przeze mnie terapii – okazuje się, że kobieta nie zdążyła nawet rozpocząć leczenia, bo zaszła w ciążę zaledwie tydzień po swojej wizycie w klinice. Tak czy owak, uważam to za swój sukces.

17 grudnia 2009, czwartek

Przemoc domowa wobec kobiet w ciąży wciąż zbiera co roku śmiertelne żniwo zarówno wśród matek, jak i ich dzieci. Każdy lekarz położnik ma obowiązek zwracać uwagę na wszelkie oznaki świadczące o tym, że jego pacjentka może być ofiarą przemocy. Często jest to trudne, ponieważ zaborczy partnerzy maltretowanych kobiet zazwyczaj towarzyszą im podczas wizyt w poradni, uniemożliwiając swobodną rozmowę z lekarzem i zwrócenie się o pomoc. W naszym szpitalu opracowaliśmy specjalny system, mający ułatwić pacjentkom zasygnalizowanie personelowi poradni, że są ofiarami znęcania się. W damskich toaletach wiszą tabliczki informacyjne: „Jeśli chcesz porozmawiać z lekarzem na temat przemocy domowej, przyklej czerwoną naklejkę na swoją kartę pacjenta"; w każdej kabinie znajdują się arkusze z czerwonymi nalepkami w kształcie kropki.

Dziś, po raz pierwszy w mojej dotychczasowej karierze, jedna z pacjentek nakleiła kilka takich czerwonych kropek na pierwszą stronę swojej karty pacjenta. Sprawa jest trudna, ponieważ kobieta przyszła do poradni w towarzystwie męża oraz dwuletniego dziecka. Próbuję pod jakimś pretekstem wywabić jej męża z gabinetu, jednak bez powodzenia. Proszę więc o pomoc starszą położną oraz dyżurującego lekarza specjalistę i wspólnymi siłami doprowadzamy w końcu do tego, że pacjentka zostaje w gabinecie bez pozostałych członków rodziny.

Wypytujemy ją o jej sytuację, starając się robić to możliwie delikatnie, ale kiepsko nam idzie. Kobieta zamyka się w sobie – jest przestraszona i speszona. Po dziesięciu minutach udaje się nam jednak ustalić, że czerwone kropki znalazły się na karcie pacjentki za sprawą jej dwuletniego dziecka, które przykleiło je, kiedy matka udała się z nim do toalety.

8

Rezydent – czwarta posada

Kiedy byłem lekarzem, po pracy często słyszałem prośby w rodzaju: „Czy mógłbyś rzucić okiem na ten guzek / tę wysypkę / mojego penisa?", a do każdej takiej prośby dołączany był wypowiadany z podziwem w głosie komentarz: „Nie mam pojęcia, jak ty to robisz". Co prawda uwagi te wygłaszane były na ogół przez osoby, które nie dostałyby się nawet do ławy przysięgłych, a co dopiero na uczelnię medyczną, ale i tak zachowywałem je we wdzięcznej pamięci. Zawód lekarza to ciężki kawałek chleba, wymagający poświęcenia mnóstwa czasu, energii i nerwów; nic więc dziwnego, że postronnym obserwatorom dola lekarza nie wydaje się godna pozazdroszczenia.

Po sześciu latach praktyki ten fach stracił dla mnie wiele ze swojego uroku. Nie raz miałem ochotę powiedzieć „pieprzyć to", i dać sobie spokój z medycyną – zwłaszcza w te dni, gdy wszystko szło nie tak, jak powinno, pacjenci skarżyli się i narzekali, a grafik zmieniał się w ostatniej chwili – w takich chwilach moja determinacja zaczynała słabnąć. Nie na tyle, żebym zabrał się za przeglądanie w gazetach rubryk z ogłoszeniami o pracę, ale wystarczająco, bym zaczął się zastanawiać, czy nie mam przypadkiem jakiejś ciotki milionerki w podeszłym wieku.

Były jednak dwa powody, dla których zdecydowałem się trwać przy powziętej decyzji. Po pierwsze długo i ciężko pracowałem, by zajść tak daleko. Po drugie – wiem, że może zabrzmieć to nieco górnolotnie – czułem się zaszczycony, mogąc odgrywać tak istotną rolę w życiu innych ludzi.

Będąc lekarzem, zdarza się wam wracać do domu godzinę później, niż planowaliście, ale przynajmniej wiecie, że spędziliście tę godzinę na ratowaniu rodzącej kobiety przed wykrwawieniem się na śmierć. Przed waszym gabinetem w poradni położniczej może kłębić się tłum czterdziestu pacjentek, chociaż poczekalnię zaprojektowano tak, żeby mieściło się ich dwadzieścia, ale przynajmniej macie świadomość, że każda z tych czterdziestu kobiet składa w wasze ręce zdrowie swojego dziecka. Nawet wykonując te obowiązki, których nie znosicie – dla mnie były to dyżury w poradni uroginekologicznej, gdzie do mojego gabinetu ustawiała się kolejka babć, których dna miednicy przypominały ruchome piaski i których macice zwieszały się w ciepłe barchany niczym jakieś stalaktyty – macie poczucie, że swoimi decyzjami możecie diametralnie poprawić jakość czyjegoś życia. Potem pacjentka kicha, a wy musicie biec po mopa i wiadro, żałując w duchu, że nie zostaliście biegłym księgowym.

Możecie przeklinać swoją pracę, pomstować na nadgodziny, kolekcjonować laleczki voodoo przedstawiające członków zarządu szpitala, a nawet nie rozstawać się z fiolką rycyny, na wypadek gdyby los zetknął was kiedyś z ministrem zdrowia, ale nie zmienia to faktu, że dobro każdego z waszych pacjentów naprawdę leży wam na sercu*.

* Z wyjątkiem tych, którzy chcą was pozwać.

Jakiś czas po objęciu mojej czwartej rezydentury w porywie entuzjazmu zgodziłem się reprezentować branżę lekarską podczas dnia kariery zorganizowanego przez szkołę, do której sam kiedyś uczęszczałem. Moje zadanie miało polegać na spędzeniu przedpołudnia przy stoliku i odpowiadaniu na pytania dotyczące mojej pracy, zadawane przez tłum tyczkowatych nastolatków z ostatniej klasy gimnazjum. Okazało się jednak, że większość tyczkowatych nastolatków wolała wypytywać przedstawicieli innych, ciekawszych i lepiej płatnych profesji. Nie da się ukryć, że mój stolik prezentował się zdecydowanie najmniej atrakcyjnie – na pozostałych piętrzyły się stosy ulotek i pyszniły się misy pełne suwenirów: reklamowych długopisów, breloczków i słodyczy. Przedstawiciel firmy Deloitte rozdawał nawet pączki Krispy Kreme, co moim zdaniem nosiło znamiona nieuczciwej konkurencji. Co takiego mógłbym rozdawać przy moim stoliku, żeby zachęcić młodych ludzi do kariery lekarza? Zabawkowe stetoskopy? Koktajle z płynem owodniowym? Terminarze z zaznaczonymi dyżurami w weekendy, wieczory i Boże Narodzenie?

Uczniowie, którzy pofatygowali się, żeby ze mną porozmawiać, byli inteligentni, ambitni i mogli się pochwalić wszechstronną wiedzą; jestem pewien, że gdyby tylko zechcieli, bez trudu dostaliby się na studia medyczne. Spędziliśmy sporo czasu, rozmawiając o jasnych i ciemnych stronach zawodu lekarza. Poczucie lojalności w stosunku do mojej profesji podpowiadało mi, by skupić się na pozytywach, ale ludzie wybierający karierę w służbie zdrowia powinni robić to z pełną świadomością tego, na co się piszą. Dlatego postanowiłem nie owijać w bawełnę: godziny pracy są fatalne, zarobki – marne, warunki – koszmarne.

Nie ma co liczyć na wdzięczność, wsparcie czy szacunek, za to trzeba się liczyć z tym, że padnie się ofiarą fizycznej agresji. Mimo wszystko to najlepsza robota pod słońcem.

Weźmy na przykład dyżury w poradni leczenia niepłodności, czyli wspieranie par, które od lat bezskutecznie starają się o dziecko i niemal porzuciły już wszelką nadzieję – trudno opisać, jak wspaniale czuje się lekarz, kiedy zdoła pomóc im doczekać się potomka. Byłbym gotów zajmować się tym w wolnym czasie i to bez żadnego wynagrodzenia (nawiasem mówiąc, często tak właśnie bywało – dyżury w poradni leczenia niepłodności trzeba było pełnić w ramach bezpłatnych nadgodzin). Albo inny przykład – dyżury na oddziale położniczym. Praca tam przypomina niekiedy przejażdżkę kolejką górską, na ogół wszyscy wychodzą z tego cali i zdrowi, chociaż wydaje się to przeczyć prawom natury. Biegacie od jednej sali porodowej do drugiej, pomagając przyjść na świat dzieciom, których stan zdrowia się pogorszył lub które utknęły w brzuchach swoich matek; wywieracie tym samym niezatarty wpływ na życie pacjentek oraz ich potomstwa. Jesteście niczym jakiś pomniejszy superbohater, który w swoim pasie z gadżetami nosi skalpel, szczypce i łatwy do czyszczenia próżniociąg.

Zawody reprezentowane przy pozostałych stolikach miały swoje oczywiste zalety – największą z nich była góra szmalu – ale żadna z nich nie mogła się równać z uczuciem uratowania życia drugiemu człowiekowi albo chociaż świadomością, że poprawiło się jakość tego życia. Wracacie do domu – zmęczeni, spóźnieni i obryzgani krwią – ale idziecie sprężystym krokiem i macie pewność, że jesteście pożytecznym trybikiem w maszynerii świata. W ciągu tamtego poranka powtórzyłem tę krótką przemowę jakieś trzydzieści razy. Pod koniec czułem się jak uczestnik terapii par – przegadałem wszystkie swoje problemy i uświadomiłem sobie, że wciąż warto mieć nadzieję.

Wychodząc ze szkoły, czułem się podniesiony na duchu i z radością wyczekiwałem poniedziałku, kiedy znowu pojawię się na oddziale położniczym. Pomyślałem, że to prawdziwy zaszczyt móc wykonywać tę pracę, nawet jeśli jest znacznie cięższa niż suma obowiązków, jakie się na nią składają. Zwinąłem pączka ze stolika Deloitte i ruszyłem do domu*.

Od tamtej pory, kiedy ktoś pytał mnie: „Ej, ale serio, jak ty to robisz?", wiedziałem już, jaka jest prawdziwa odpowiedź, chociaż zazwyczaj rzucałem coś w rodzaju: „Lubię grzebać obcym kobietom w pochwach", co szybko ucinało rozmowę.

* Karty na stół: wziąłem też ulotkę na temat ich programu dla absolwentów.

5 lutego 2010, piątek

Przeprowadzam planową cesarkę u pacjentki, dla której jest to już czwarty poród przez cesarskie cięcie – zrosty po wcześniejszych operacjach sprawiają, że wnętrze jej brzucha przypomina litą skałę. Czeka mnie trudne zadanie, dlatego proszę o pomoc starszego rezydenta; towarzyszący mi starszy stażysta będzie musiał zadowolić się rolą obserwatora. Zrosty pooperacyjne spowodowały powstanie całego mnóstwa nieprawidłowych połączeń w jamie brzusznej pacjentki: tkanka bliznowata łączy jelita z pęcherzem, pęcherz z macicą, macicę z mięśniami, mięśnie z Bóg wie czym jeszcze. To trochę tak, jakby próbować rozplątać dziesięć par słuchawek zatopionych w bryle betonu.

Starszy rezydent uprzedza mnie, że operacja może potrwać dość długo, a my nie możemy się spieszyć – musimy postępować powoli i metodycznie. Lepiej spędzić trzy godziny przy stole operacyjnym, niż działać w pośpiechu i doprowadzić do uszkodzenia jelit, skazując pacjentkę na spędzenie dodatkowego tygodnia w szpitalu. W rezultacie tempo zabiegu przypomina prace wykopaliskowe prowadzone przez archeologów dotkniętych artretyzmem. Gdy tylko trafia mi się jakiś nieco łatwiejszy fragment, zaczynam przyspieszać, ale starszy rezydent mityguje mnie, kładąc uspokajająco rękę na mojej dłoni.

W końcu udaje się nam oczyścić przedpole i lada moment będziemy mogli wykonać nacięcie macicy i wydobyć dziecko – pozostało już tylko uporać się z jednym zwojem jelit, który trzeba delikatnie odseparować od macicy. Zabieram się do dzieła, gdy nagle w powietrzu rozchodzi się charakterystyczny odór treści jelitowej. Cholera jasna. A byliśmy już tak blisko.

Starszy rezydent poleca mi zająć się wydobyciem dziecka – on w tym czasie skoczy po pager i wezwie chirurga specjalizującego się w operacjach jamy brzusznej, który przystąpi do naprawiania szkód*. Do naszej rozmowy wtrąca się starszy stażysta. „Przepraszam, chłopaki – mówi z zakłopotaniem. – To sprawka moich jelit..."

6 lutego 2010, sobota

Jem lunch z Euanem, moim kolegą z akademika, oraz jego żoną Milly. Oboje zaprosili mnie do restauracji, żeby zasięgnąć mojej rady w sprawie problemów z poczęciem dziecka. Kiedy na stole lądują dania główne, przestawiam się z trybu wspominkowego na tryb wywiadu lekarskiego.

„No dobrze. Od jak dawna próbujecie?"

„Od siedmiu miesięcy i dwóch tygodni" – pada automatyczna odpowiedź. Milly wyrzuca ją z siebie niczym bankomat wypluwający banknot dziesięciofuntowy. Precyzja tej odpowiedzi wydaje mi się dość osobliwa.

Osobliwość i precyzja to w wypadku Milly dwa kluczowe słowa – przekonuję się o tym chwilę później, gdy żona mojego kolegi wyciąga z torby na zakupy skoroszyt i wręcza mi go z kamiennym wyrazem twarzy. Po jej minie wnoszę, że w moje ręce trafił dokument niezwykłej wagi. Przerzucam kartki zadrukowane tabelami z arkusza kalkulacyjnego; dopiero po chwili uświadamiam sobie przerażającą treść tego *opus magnum*. Skoroszyt zawiera wykaz wszystkich stosunków seksualnych, jakie Euan i jego żona odbyli od momentu odstawienia przez

* Test wykonywany w wypadku podejrzenia perforacji jelit przypomina szukanie dziury w dętce rowerowej. Należy wypełnić jamę brzuszną pacjenta wodą, a następnie wpompować powietrze przez odbyt do jelit i obserwować, z którego miejsca wydobywają się bąbelki powietrza.

Milly tabletek antykoncepcyjnych – a także dokładne informacje o fazach cyklu miesiączkowego Milly, o czasie trwania każdego zbliżenia oraz o tym, które z małżonków znajdowało się na górze podczas danego stosunku. Nie mam pojęcia, po co ktoś miałby prowadzić aż tak szczegółową kronikę swojego pożycia intymnego – no chyba że miało to na celu pozbawienie mnie apetytu i tym samym obniżenie rachunku za lunch.

Przez resztę spotkania nie mogę się skupić; bezskutecznie staram się wyrzucić z głowy myśli o pozycjach seksualnych i długości stosunków mojego byłego współlokatora. Oczami wyobraźni widzę, jak Euan wdrapuje się na swoją żonę, złazi z niej albo się spod niej wyczołguje, wypełniając swoje obowiązki równie konsekwentnie co koń w kieracie. W końcu biorę się w garść i udzielam im w miarę sensownej porady: powinni zrezygnować z picia kawy i alkoholu, poprosić swojego lekarza pierwszego kontaktu o skierowanie na badania krwi, a następnie udać się z kompletem wyników do poradni leczenia niepłodności.

„A czy warto nadal prowadzić ten dziennik?" – pyta Milly.

„O tak, bez wątpienia" – odpowiadam, po części dlatego, by nie zostawiać ich z poczuciem, że niepotrzebnie pokazali mi swój seksualny almanach. Po części zaś dlatego, by nie pozbawiać odrobiny uciechy lekarza, który za kilka miesięcy przyjmie ich w poradni leczenia niepłodności.

9 lutego 2010, wtorek

Po odebraniu porodu kleszczowego staram się przywrócić kroczu pacjentki względnie normalny wygląd. W tym czasie położna pyta świeżo upieczoną mamę, czy zgadza się, żebyśmy podali jej dziecku zastrzyk z witaminą K. W odpowiedzi pacjentka przytacza garść sensacyjnych szarlatańskich teorii, jakimi raczą swoich czytelników brukowce; w dodatku nasza pacjentka podczas lektury najwyraźniej trzymała gazetę do góry nogami.

Nie wyraża zgody na podanie dziecku witaminy K, bo, jak tłumaczy, „szczepionki wywołują artretyzm". Położna cierpliwie tłumaczy, że witamina K to nie szczepionka, tylko witamina wspomagająca prawidłowe krzepnięcie krwi. Nie wywołuje też artretyzmu – być może pacjentce chodzi o autyzm? W rzeczywistości szczepionki nie wywołują żadnej z tych chorób, ale w tym wypadku nie ma to większego znaczenia, ponieważ zastrzyk, o którym mowa, nie jest żadną szczepionką.

„Nie – stwierdza pacjentka. – Nie chcę ryzykować. Przecież tu chodzi o zdrowie mojego dziecka".

14 lutego 2010, niedziela

To pierwsze od czterech lat walentynki, które mogę spędzić wspólnie z H. W wypadku osób będących w związku z lekarzem okazja do wspólnego świętowania walentynek zdarza się równie rzadko co okazja do świętowania urodzin przez osoby urodzone 29 lutego.

Wieczorem H. i ja wybieramy się do tajskiej restauracji Blue Elephant. Po cudownej kolacji kelner przynosi nam do stolika przepięknie rzeźbione, drewniane pudełeczko, a w nim dwie słodkie przekąski w kształcie serc. Biorę jedną z nich i pakuję w całości do ust. Okazuje się, że nasze słodkie przekąski to tak naprawdę miniaturowe świeczki.

16 lutego 2010, wtorek

Pacjentka i jej mąż zalewają się łzami na wieść o tym, że z uwagi na brak postępów porodu ich dziecko będzie musiało wyjść na świat przez szyberdach. Wygląda na to, że ta rozpacz związana jest z obsesyjnym pragnieniem męża pacjentki, który koniecznie chce być pierwszą osobą, która dotknie noworodka. Nie mam czasu zastanawiać się nad powodami, dla których żywi to dość dziwne pragnienie – może chce zdjąć rzucony na dziecko urok, a może posiada jakieś supermoce, które pragnie przekazać swemu potomkowi – nie ulega jednak wątpliwości, że bardzo mu na tym zależy. Dopytuje, czy nie ma jakiegoś sposobu na to, by mimo wszystko mógł jako pierwszy dotknąć swojej córki? Może mógłby wyciągnąć ją z brzucha żony, kiedy już wykonam cięcie?

Jestem pewien, że gdyby facet zajrzał do wnętrza otwartej jamy brzusznej i zobaczył coś, co wygląda jak krwawa potrawka z mięsa i podrobów, upichcona przez obłąkanego kucharza, to albo by zwymiotował, albo zemdlał, albo jedno i drugie. Większość lekarzy stażystów zaczyna od asystowania przy kilku cesarkach, zanim po raz pierwszy spróbują własnoręcznie wyciągnąć dziecko z brzucha matki, trzymając je za głowę – no chyba że mąż pacjentki zamierzał przejść błyskawiczny trening polegający na wyławianiu jedną ręką melonów kantalupa z bagna? Poza tym mało kto zdaje sobie sprawę, że każda osoba uczestnicząca w operacji chirurgicznej musi opanować dość skomplikowany i czasochłonny rytuał, obejmujący staranne wyszorowanie dłoni i przedramion, a następnie założenie w prawidłowy sposób kitla i rękawiczek. No właśnie, rękawiczki!

„Co pan na to, żebyśmy podali panu dziecko od razu po tym, jak wyciągniemy je z brzucha pańskiej żony? – proponuję. – Będziemy mieli na dłoniach rękawiczki, więc to pan jako pierwszy faktycznie dotknie córki".

Kupił to.

25 lutego 2010, czwartek

Na porodówce rozlega się dzwonek systemu przywoławczego i cały zespół położniczy zaczyna biegać po korytarzu, na próżno wypatrując migającej lampki przy drzwiach którejś z sal porodowych.

Biorąc pod uwagę, że na oddziale położniczym ważą się ludzkie losy, można by sądzić, że dyrekcja szpitala zainwestuje w bardziej nowoczesne rozwiązania, ale nic z tego – musimy zadowolić się systemem przywoławczym przypominającym ten stosowany w samolotach pasażerskich. Kiedy ktoś naciśnie guzik, co kilka sekund rozlega się świdrujący sygnał alarmowy; członkowie personelu pokładowego, czyli zespołu położniczego muszą namierzyć migającą lampkę oraz ustalić, kto nacisnął przycisk, i dopiero wtedy mogą wyłączyć dzwonek. W szpitalu alarm uruchamiany jest w sytuacji zagrożenia życia lub zdrowia pacjenta – dlatego zazdroszczę stewardesom, ponieważ na pokładzie samolotu dzwonek alarmowy rozlega się zwykle w sielankowych okolicznościach, na przykład wtedy, gdy któryś z pasażerów zapragnie dolewki ginu z tonikiem albo gdy terrorysta zagrozi zdetonowaniem bomby.

Tymczasem na naszym oddziale wciąż rozbrzmiewa dzwonek systemu przywoławczego, a my nadal nie wiemy, kto nas wzywa. Najwyraźniej jedna z lampek alarmowych musiała się zepsuć. Cenny czas ucieka, dlatego decydujemy się zaglądać po kolei do każdej sali porodowej i sprawdzać, czy któraś z rodzących pacjentek nie wymaga pomocy.

Wygląda na to, że w żadnej z sal porodowych nie dzieje się nic niepokojącego. Do sprawdzenia pozostają jeszcze przebieralnie, sale operacyjne, toalety, gabinety przedzabiegowe, a także pokój socjalny – rozdzielamy się, niczym Scooby Doo i jego paczka, żeby jak najszybciej przeczesać cały oddział. I nic. To fałszywy alarm. Problem w tym, że dzwonek ciągle brzęczy ogłuszająco; w dodatku wszyscy członkowie szpitalnego personelu reagują na ten dźwięk odruchową gotowością do działania. Jest on zbyt irytujący, by dało się go ignorować – to zupełnie tak, jakby przez radio zaczęto emitować wycie syren przeciwlotniczych.

Dzwonimy do firmy zajmującej się serwisowaniem systemu. Wkrótce zjawia się facet, który przez dziesięć minut bezskutecznie majstruje w skrzynce na ścianie, po czym oznajmia, że jego firma przyśle nazajutrz kogoś, kto naprawi system – do tego czasu możemy albo wysłuchiwać ciągłego brzęczenia, albo obyć się bez systemu alarmowego. Postanawiamy wezwać na oddział profesora Carrowa, dyżurującego pod telefonem lekarza specjalistę. Profesor Carrow jest wściekły. Głównie dlatego, że przez ostatnią dekadę ani razu nie musiał pojawić się na oddziale podczas swoich dyżurów. Ale również dlatego, że – jak wyjaśnia technikowi – awaria systemu przywoławczego to bardzo poważna sprawa. Naraża na szwank życie pacjentów i firma odpowiedzialna za obsługę techniczną musi natychmiast usunąć usterkę. Technik mamrocze, że zrobi, co w jego mocy, ale niczego nie obiecuje – poza tym przecież sto lat temu lekarze położnicy potrafili sobie jakoś radzić bez systemów przywoławczych, czyż nie?

Profesor Carrow przygważdża go spojrzeniem o temperaturze zera bezwzględnego.

„Sto lat temu jedna na dwadzieścia kobiet umierała w trakcie porodu".

3 marca 2010, środa

Planowana cesarka przebiegła bez żadnych komplikacji i właśnie kończę zszywać skórę pacjentki. Kiedy zakładam ostatni mechaniczny szew, asystująca przy operacji pielęgniarka oznajmia, że nie może się doliczyć jednego z chirurgicznych tamponów*. Tylko bez paniki, mówimy sobie, panikując. Sprawdzamy na podłodze i w fałdach obłożenia – ani śladu brakującego tamponu. Zanurzamy ręce w koszu na odpady medyczne, grzebiąc w łożysku i w krwawych skrzepach, zupełnie jakbyśmy brali udział w jakiejś makabrycznej loterii fantowej – wszystko na nic. Dzwonię do doktora Fortescue, pełniącego tego dnia dyżur lekarza specjalisty. Proszę, by zdecydował, czy mamy ponownie otworzyć brzuch pacjentki, czy może powinniśmy wysłać ją na prześwietlenie†.

* Podczas każdej operacji korzysta się ze zinwentaryzowanych zestawów narzędzi chirurgicznych i elementów opatrunkowych – dodatkowo są one starannie przeliczane zarówno przed rozpoczęciem zabiegu, jak i po jego zakończeniu. Tampony chirurgiczne pakowane są po pięć sztuk; na koniec operacji pielęgniarka chirurgiczna upewnia się, że łączna liczba tamponów wyrzucanych do pojemnika na odpady jest wielokrotnością pięciu – dzięki temu mamy pewność, że w ciele pacjenta nie pozostał żaden pojedynczy tampon (metoda ta może jednak okazać się zawodna, jeśli w ciele pacjenta jakimś sposobem zawieruszy się pięć tamponów).

† W tampony chirurgiczne wplata się specjalne paski, pełniące funkcję znaczników radiocieniujących. Na zdjęciach rentgenowskich są one wyraźnie widoczne w postaci linii. To trochę mało pomysłowe – według mnie paski radiocieniujące powinny układać się w napis OJEJ!

Doktor Fortescue postanawia, że trzeba ponownie otworzyć pacjentkę. Czekamy, aż zacznie działać kolejna dawka środka do znieczulenia zewnątrzoponowego, a doktor Fortescue opowiada mi w tym czasie historię, która przydarzyła mu się kilka lat wcześniej. Pewna starsza kobieta zgłosiła się do poradni ginekologicznej, skarżąc się na bóle w okolicy podbrzusza. Doktor Fortescue przeprowadził serię rutynowych badań, po czym zlecił wykonanie prześwietlenia. Zdjęcie rentgenowskie wykazało, że w jamie brzusznej kobiety znajduje się łyżeczka. Pomimo zadania pacjentce wielu rzeczowych pytań w stylu: „Czy kiedykolwiek połknęła pani łyżeczkę?"; „Czy zdarza się pani wkładać łyżeczki do pochwy lub odbytu?", nie udało się ustalić, w jaki sposób element zastawy stołowej znalazł się w jej brzuchu. Ponieważ jego obecność sprawiała pacjentce ból, bezwzględnie należało go usunąć; w tym celu konieczne było przeprowadzenie operacji w znieczuleniu ogólnym.

Po otworzeniu jamy brzusznej z wnętrzności pacjentki wydobyto łyżeczkę deserową. Znaki szczególne: zarysowania na wypukłej stronie miseczki oraz wybity na trzonku napis „Własność Szpitala św. Teodora". Doktor Fortescue odwiedził pacjentkę, która dochodziła do siebie po przebytej operacji; żadne z nich nie potrafiło jednak wyjaśnić, jakim cudem łyżeczka ze Szpitala św. Teodora mogła trafić do brzucha kobiety. Ostatni kontakt pacjentki z wyżej wymienioną placówką medyczną miał miejsce w latach sześćdziesiątych, kiedy przeszła tam operację cesarskiego cięcia. Doktor Fortescue nawiązał korespondencję ze Szpitalem św. Teodora, którego przedstawiciel stanowczo zaprzeczył, by umieszczanie w ciele pacjentów łyżeczek deserowych było standardowym elementem przeprowadzanych w ich placówce zabiegów chirurgicznych. Pracownicy szpitala odszukali też dokumentację medyczną pacjentki. Nie rzuciła ona wprawdzie nowego światła na sprawę łyżeczki – najwyraźniej lekarze wykradający sztućce ze szpitalnej stołówki i podrzucający je pacjentom do brzucha nie zwykli wspominać o tym fakcie w służbowych notatkach – ale pozwoliła ustalić nazwisko lekarza, który w latach sześćdziesiątych operował pacjentkę. Co prawda chirurg ten od dawna już nie żył, ale doktorowi Fortescue udało się porozmawiać z jednym z dawnych podwładnych lekarza i zapytać go, czy jego były szef nie urządzał sobie w trakcie operacji przerw na skonsumowanie porcji Pieczonej Alaski. O dziwo, rozmowa ta pozwoliła wyjaśnić tajemnicę deserowej łyżeczki. Okazało się, że ów chirurg miał zwyczaj posługiwać się wyjałowioną łyżeczką podczas zszywania pochewki mięśnia prostego brzucha* – zabezpieczał nią znajdujące się poniżej narządy. Kiedy zszywał pacjentkę po cesarskim cięciu, łyżeczka musiała wymsknąć mu się z ręki i wpaść do wnętrza jamy brzusznej, a on najwidoczniej stwierdził, że nie będzie zawracał sobie tym głowy.

Anestezjolog informuje mnie tymczasem, że znieczulenie zewnątrzoponowe zaczęło już działać i mogę przystąpić do pracy. Zabieram się za zdejmowanie dopiero co założonych szwów, gdy nagle do sali operacyjnej wbiega położna, która przynosi nam pomyślne wieści: zaginiony tampon odnalazł się w zaciśniętej piąstce noworodka. Wszyscy wzdychamy z ulgą.

* Pochewka mięśnia prostego brzucha to włóknista warstwa pokrywająca powierzchnię mięśni brzucha – zszywając ją, trzeba uważać, by przez przypadek nie zahaczyć igłą o żaden z narządów znajdujących się poniżej.

„Mały złodziejski gnojek" – rzuca pielęgniarka chirurgiczna, która niepotrzebnie się stresowała i przez pół godziny przetrząsała pojemnik na odpady. Nie zdaje sobie sprawy, że „mały złodziejski gnojek" znajduje się tuż za plecami położnej, trzymany na rękach przez swojego ojca.

18 marca 2010, czwartek

Dostaję przez pager pilne wezwanie na izbę przyjęć, gdzie przed chwilą zaczęła rodzić kobieta w dwudziestym piątym tygodniu ciąży. Pędzę na miejsce razem ze starszym stażystą, położną oraz anestezjologiem; za nami podąża zespół neonatologów, którzy ciągną wózki ze swoim specjalistycznym sprzętem. Pacjentka sapie, dyszy i jest w okropnym stanie – anestezjolog niezwłocznie podaje jej środek przeciwbólowy. Położna próbuje dokonać pomiaru bicia serca płodu za pomocą detektora tętna, ale bez powodzenia. To zły znak.

Przystępuję do badania. Szybko dochodzę do wniosku, że u pacjentki wcale nie doszło do rozpoczęcia akcji porodowej. Szyjka macicy jest długa, twarda i zamknięta – pacjentka z całą pewnością nie zaczęła jeszcze rodzić. Dziwne. Pytam, który szpital wybrała wcześniej jako miejsce porodu, a pacjentka odpowiada, że właśnie ten. Sprawdzamy jej dane w komputerze, ale niczego nie znajdujemy. No cóż, zdarza się. Szpitalny system komputerowy notorycznie wypiera się posiadania jakichkolwiek informacji na temat naszych pacjentów – więcej powiedziałyby nam o nich karty tarota.

Ktoś z personelu izby przyjęć wyrusza na poszukiwanie ultrasonografu, a ja pytam pacjentkę, kiedy ostatnio miała robione USG. W zeszłym tygodniu. W tym szpitalu? Tak. Na piątym piętrze? Tak. Aha. Odsyłam anestezjologa, położną oraz neonatologów z powrotem na oddział położniczy. W naszym szpitalu wszystkie badania USG wykonuje się na parterze, a szpitalny budynek ma tylko trzy piętra.

Pojawia się ultrasonograf i już po chwili okazuje się – na moje szczęście, bo przecież dopiero co odesłałem resztę zespołu – że pacjentka w ogóle nie jest w ciąży. Ma jedynie lekko wzdęte jelita, przez co może się wydawać ciężarna. Pod warunkiem że naprawdę wytęży się wzrok.

„Ale gdzie jest moje dziecko? Co się z nim stało?" – krzyczy rozdzierająco pacjentka, wzbudzając żywe zainteresowanie tłoczących się na izbie przyjęć ludzi.

Zapewniam ją, że wkrótce zjawią się tu moi koledzy, którzy wszystko jej wyjaśnią; potem proszę członków personelu izby przyjęć, by skontaktowali się z oddziałem psychiatrycznym i poprosili o przysłanie kogoś, kto zajmie się pacjentką. Wymykam się do kawiarni, żeby usiąść i na spokojnie zastanowić się nad tym, co się przed chwilą wydarzyło. Jestem wkurzony, bo przez fałszywy alarm tej kobiety niepotrzebnie ściągnęliśmy z oddziału położniczego tylu lekarzy, wystawiając tym samym na potencjalne niebezpieczeństwo innych pacjentów. Zachodzę również w głowę, co właściwie spodziewała się osiągnąć – musiała przecież mieć świadomość, że zostanie zdemaskowana? Jest mi jej też zwyczajnie żal – jakie traumatyczne przeżycia i osobiste demony doprowadziły ją do takich zachowań? Mam nadzieję, że moi koledzy z psychiatrii już się nią zajęli i że zdołają jakoś jej pomóc.

Naiwnie liczyłem na to, że będzie mi dane w spokoju dopić kawę. Pager wzywa mnie jednak na porodówkę i pędzę tam co sił.

„Sala numer cztery!" – krzyczy do mnie starsza położna, gdy tylko wpadam na oddział. W sali porodowej numer cztery zastaję kobietę z izby przyjęć, która ponownie sapie i dyszy z całych sił. Najwyraźniej nie jest z tych, które łatwo dają za wygraną; musiała prysnąć z izby przyjęć, zanim jeszcze zdążyli przebadać ją psychiatrzy, i teraz próbuje szczęścia tutaj.

Wygląda na naprawdę wkurzoną moim widokiem – znowu wlazłem jej w paradę i wszystko popsułem.

27 marca 2010, sobota

Spędzam miły wieczór na mieście w towarzystwie kilku moich przyjaciół ze studiów medycznych. Próbujemy przekonać w ten sposób samych siebie, że z naszym życiem wszystko jest w porządku mimo wielu dowodów na to, że jest wprost przeciwnie. Przyjemnie jest spotkać się z kolegami z dawnych lat i dowiedzieć się, co u nich słychać, nawet jeśli musieliśmy wcześniej siedem razy przekładać termin naszego spotkania.

Po kolacji, kierując się sentymentem do starych, dobrych czasów, lądujemy w ulubionym barze studentów medycyny, gdzie z jakiegoś powodu – możliwe, że wizyta w tym często odwiedzanym przez nas kiedyś miejscu uaktywniła naszą pamięć mięśniową – zaczynamy bawić się w gry towarzyskie, w jakie grywa się przy kieliszku. A właściwie to w jedną grę, której zasady pamięta każdy z nas, czyli w „Ja jeszcze nigdy...". Zabawa szybko zamienia się w sesję psychoterapii: całej naszej szóstce zdarzyło się płakać z powodu pracy; pięciu z nas płakało w trakcie pracy; wszyscy co najmniej raz znaleźliśmy się w sytuacji, w której czuliśmy się zagrożeni; trzech z nas było w związkach, które rozpadły się z powodu pracy;

każdemu zaś praca uniemożliwiła uczestnictwo w ważnych rodzinnych wydarzeniach. Na plus trzeba zaliczyć fakt, że trzech z nas uprawiało seks z pielęgniarkami, z czego jeden robił to w pracy. Nie jest zatem tak źle.

19 kwietnia 2010, poniedziałek

Doktor Burbage, zatrudniona w naszym szpitalu lekarka specjalistka, przebywa właśnie na dwutygodniowym urlopie okolicznościowym, który wzięła z powodu śmierci jednego ze swoich psów. Stała się przez to obiektem wielu złośliwych komentarzy, wygłaszanych w pokoju socjalnym na oddziale położniczym. Ku zaskoczeniu wszystkich obecnych – nie wyłączając mnie samego – stanąłem w jej obronie.

Doktor Burbage gardzi mną z całego serca – zapałała do mnie nienawiścią, gdy tylko mnie poznała, i od tamtej pory jej stosunek do mnie nie zmienił się ani na jotę. Któregoś razu poinformowałem ją, że jestem umówiony na kolację z okazji rocznicy mojej i H., i spytałem, czy w związku z tym mógłbym tego dnia wyjść z poradni trochę wcześniej („wcześniej" to znaczy przed zakończeniem godzin urzędowania poradni, a nie przed godziną, o której planowo powinien zakończyć się mój dyżur). Doktor Burbage odparła, że powinienem zostać w poradni aż do jej zamknięcia, ponieważ „łatwiej mi będzie znaleźć nowego partnera niż nową pracę". Innym razem zakomunikowała mi, że jeśli chcę pracować w poradni dla ciężarnych z cukrzycą, gdzie musiałbym omawiać z pacjentkami sprawy związane z dietą, to muszę najpierw nauczyć się szanować własne ciało i zrzucić kilka kilogramów (mój wskaźnik BMI wynosi 24). Na sali operacyjnej dostałem od niej po łapach, bo w niewłaściwy sposób trzymałem rozwieracz; zbeształa mnie też za używanie bluźnierczego języka, bo wyrwało mi się: „niech to diabli". Kiedy indziej nawrzeszczała na mnie w obecności pacjentki, nazywając mnie idiotą i każąc mi wracać na studia.

A mimo to bronię jej teraz przed moimi kolegami. Dlaczego uważamy, że mamy prawo nabijać się z czyjegoś smutku? Moim zdaniem doktor Burbage zasługuje na szacunek – przecież na pewno zdawała sobie sprawę, że teraz wszyscy będą wiedzieć, że jej twarda powierzchowność to tylko maska. Poza tym czy nie powinniśmy współczuć osobie, której życie jest tak puste, że śmierć psa to dla niej tak ogromna strata? Nie ma lepszej i gorszej rozpaczy, tak jak nie ma jednego właściwego sposobu na jej przeżywanie. Kilkoro moich kolegów mamrocze pod nosem: „Może masz rację". Udało mi się zdusić kpiny poduszką mojego współczucia. Swoją drogą, dwa tygodnie urlopu z powodu martwego psa – ta kobieta naprawdę ma coś nie w porządku z głową.

21 kwietnia 2010, środa

Jeden z uczestników prowadzonego przeze mnie seminarium podchodzi do mnie po zakończeniu zajęć i pyta, czy nie zechciałbym rzucić okiem na jego penisa. Nie mam na to najmniejszej ochoty, ale chyba nie mam też wyboru – trzeba nie lada odwagi, by poprosić nauczyciela o obejrzenie waszego fiuta (chyba że jest się bohaterem filmu porno – tam takie rzeczy dzieją się non stop). Zapraszam studenta do sąsiedniej sali i nakładam rękawiczki, by nadać tej sytuacji przynajmniej pozory profesjonalizmu. Student twierdzi, że jego penis jest posiniaczony i że od wczoraj ma problemy z oddawaniem moczu.

Po wstępnych oględzinach stwierdzam, że pacjent pominął pewne istotne fakty: jego członek jest nie tylko posiniaczony, ale do tego wygląda jak bakłażan rozszarpany przez tygrysa. Jest opuchnięty, fioletowy i na całej długości pokryty głębokimi ranami ciętymi. Wypytywany o okoliczności powstania tych obrażeń, student wyznaje w końcu, że zeszłej nocy przechwalał się przed swoją dziewczyną siłą swoich erekcji; oznajmił między innymi, że jego członek w stanie wzwodu zdoła zatrzymać wirujące łopatki biurkowego wiatraka. Jego teza została jednak brutalnie sfalsyfikowana: przeprowadzona próba sił zakończyła się bezapelacyjnym zwycięstwem wiatraka.

Zalecam studentowi pilną wizytę na izbie przyjęć, ponieważ kilka ran wymaga zszycia; z powodu opuchlizny niezbędne może być także założenie cewnika. Sugeruję mu również, by udał się na izbę przyjęć w jakimś innym szpitalu – w przeciwnym razie przez resztę swojego szkolenia w naszej placówce może być znany wśród swoich kolegów jako Cock au Fan. Albo Tony Fancock. Albo Knob-in-Fan Persie.*

22 kwietnia 2010, czwartek

Pod czujnym okiem profesora Carrowa po raz pierwszy w życiu przeprowadzam zabieg założenia szwu okrężnego szyjki macicy†. W wypadku niemal każdej innej

* Cock au Fan to gra słów nawiązująca do podobieństwa brzmieniowego z nazwą potrawy *coq au vin* (z franc. kogut w winie). W języku angielskim słowo „cock" oznacza m.in. fiuta, a słowo „fan" – wiatrak. Tony Fancock to z kolei przekręcone nazwisko popularnego brytyjskiego aktora i komika Tony'ego Hancocka, natomiast Knob-in-Fan Persie to przekręcone nazwisko występującego przez wiele lat w lidze angielskiej piłkarza Robina van Persiego – „knob" oznacza m.in. kutasa (przyp. tłum.).

† Założenie szwu okrężnego szyjki macicy to procedura stosowana w wypadku niewydolności cieśniowo-szyjkowej; u ciężarnych dotkniętych tym

procedury medycznej nadzorujący was lekarz specjalista może w każdej chwili przejąć kontrolę niczym instruktor pilotażu w samolocie z dwusterem, zapobiegając narobieniu przez was poważnych szkód. Ale podczas zakładania szwu okrężnego jesteście zdani wyłącznie na siebie – lekarz specjalista może udzielać wam na bieżąco szczegółowych instrukcji, jeśli jednak zadrży wam ręka i omsknie się wam igła, to może to doprowadzić do przebicia błon macicy i w konsekwencji do przerwania ciąży – czyli do tego, przed czym ma uchronić pacjentkę cała ta procedura. W dodatku nie da się przećwiczyć tej techniki w domu, tak jak stażyści ćwiczą zamykanie ran, nacinając, a następnie zszywając pomarańcze.

Pacjentka S.W. już raz poroniła w dwudziestym tygodniu; teraz jest w trzynastym tygodniu drugiej ciąży. Profesor przypomina mi, żebym działał delikatnie i powoli; ruchy mojej ręki powinny być tak pewne, jak to tylko możliwe. Mam świadomość, że długie szczypce, za pomocą których trzymam igłę i manipuluję nią w szyjce macicy pacjentki, dziesięciokrotnie wzmacniają najlżejsze drgnięcie dłoni. Oddycham głęboko, mrugam, by strząsnąć z powiek krople potu, zakładam pierwszy szew, potem drugi, trzeci, czwarty i gotowe. Udało się.

Muszę przebrać się w świeżą bluzę medyczną, bo ta, którą miałem na sobie podczas zabiegu, jest cała wilgotna – to prawdopodobnie pierwszy raz, gdy mój lekarski uniform jest mokry nie od płynów ustrojowych pacjentki,

schorzeniem szyjka macicy rozwiera się na zbyt wczesnym etapie ciąży, powodując późne poronienia lub bardzo przedwczesne porody. Zakładany w pierwszym trymestrze ciąży szew powinien sprawić, że szyjka macicy pozostanie zamknięta aż do momentu, gdy nadejdzie właściwy termin porodu.

tylko od mojego własnego potu. To chyba nie przypadek, że lekarskie uniformy szyje się z materiału w takim odcieniu niebieskiego, który dobrze maskuje ślady potu; spokój i profesjonalne podejście mogą nie wystarczyć, jeśli pacjent zauważy, że na waszym ubraniu w okolicy pach pojawiły się nagle dwie ciemne plamy.

Później wpadam na pomysł, w jaki sposób mógłbym podszlifować swoje umiejętności z zakresu drobnej motoryki, które niewątpliwie przydadzą mi się przy kolejnym zabiegu zakładania szwu okrężnego. Wysyłam do mojej mamy SMS-a z pytaniem, czy w jej domu na dnie jakiejś szuflady nie leży przypadkiem gra planszowa „Operacja".

Mama odpisuje, że udało jej się odnaleźć grę. Dodaje, że znalazła też magiczną kulę numer 8 – na wypadek gdybym potrzebował jej przy stawianiu diagnoz.

24 kwietnia 2010, sobota

Z cyklu: dylematy moralne lekarzy. Pacjentka A.B. przebywa na sali porodowej; wyniki przeprowadzonego badania akcji serca płodu są niejednoznaczne. Pacjentką opiekuje się już trzecia z rzędu położna – dwie poprzednie (obie czarnoskóre) A.B. obrzuciła rasistowskimi obelgami. Ostrzegamy ją, że jeśli takie zachowanie powtórzy się raz jeszcze, to zostanie wyrzucona z porodówki. Pełniąca wraz ze mną dyżur starsza stażystka przejrzała tymczasem wyniki kardiotokografii płodu i jest zdania, że konieczne będzie wykonanie cesarskiego cięcia. Ponieważ nie jestem do końca pewien, czy spełnienie naszej groźby i wykopanie pacjentki z oddziału byłoby zgodne z prawem, postanawiamy zignorować fakt, że A.B. wygłosiła rasistowskie komentarze także pod adresem starszej stażystki, z pochodzenia Hinduski.

Badam pacjentkę i dochodzę do tego samego wniosku co moja młodsza koleżanka – trzeba przeprowadzić cesarkę. Kobieta zostaje przewieziona na salę operacyjną, a ja notuję sobie w pamięci, by nie wspominać przy niej, że jestem Żydem. Operacja przebiega szybko i bez żadnych komplikacji – pacjentka zostaje matką małego chłopca (którego przypuszczalnie ubierze wkrótce w śpioszki z doszytym kapturem Ku Klux Klanu, a do rączki wetknie mu grzechotkę w kształcie płonącego krzyża).

Ale. Gdyby wspomniana przeze mnie pacjentka miała w prawej pachwinie tatuaż przedstawiający delfina, to czy byłoby czymś bardzo złym, gdybym postanowił wykonać nieco szersze niż zwykle nacięcie skóry i przy okazji musiałbym zdekapitować delfina? Gdyby wszczęto w tej sprawie postępowanie wyjaśniające (albo gdyby nagabywał mnie jakiś sympatyk Angielskiej Ligii Obrony), mógłbym powiedzieć, że miałem pewne obawy z powodu większych niż przeciętne rozmiarów dziecka i poszerzenie pola operacyjnego wydawało mi się zasadnym posunięciem. Drugie pytanie: czy byłoby czymś bardzo złym, gdyby podczas zszywania przeze mnie skóry pacjentki, z jakiegoś dziwnego, niemal na pewno niemożliwego do zweryfikowania powodu, nie udałoby mi się precyzyjnie ściągnąć rany, przez co głowa wytatuowanego delfina znalazłaby się o dobre półtora centymetra na lewo od reszty jego ciała?*

* No cóż, rozmawialiśmy o tym z prawnikiem, który stwierdził: „Tak. Bez wątpienia można to uznać za formę napaści". Będziemy więc zgodnie twierdzić, że nigdy czegoś takiego nie zrobiłem.

1 maja 2010, sobota

Po zakończonym dyżurze w poradni położniczej moja koleżanka Padma i ja udajemy się do szpitalnej kawiarni, żeby przedyskutować pewien przypadek kliniczny. Do naszej rozmowy wtrąca się jedna z siedzących obok położnych.

„My nie używamy już tego słowa" – stwierdza.

Zaczynam się zastanawiać, o który ze wspomnianych przez nas archaicznych terminów medycznych może jej chodzić (Suchoty? Skrofuły?). Położna wyjaśnia, że użyliśmy słowa „pacjentka". A przecież powinniśmy mówić „klientka" – słowo „pacjentka" ma paternalistyczny i poniżający wydźwięk, a poza tym ciąża to naturalny, w pełni normalny proces, który nie ma nic wspólnego z patologicznym stanem, jakim jest choroba. Słucham jej wywodów w milczeniu i uśmiecham się, przypomniawszy sobie mądrą radę, jakiej udzielił mi kiedyś doktor Flitwick, jeden z pierwszych szkolących mnie lekarzy specjalistów; owa rada dotyczyła wdawania się w dyskusje z położnymi i brzmiała: „Nigdy nie negocjuj z terrorystami".

Padma najwyraźniej nie wyznaje tej zasady.

„Nie miałam pojęcia, że pacjentka to takie poniżające określenie – mówi. – Bardzo mi przykro, nigdy więcej go nie użyję. Klientka. Klientka brzmi znacznie lepiej. W końcu prostytutki też mają klientów".

9 maja 2010, niedziela

Siedzę w oddziałowej toalecie, zajęty robieniem kupy, gdy nagle rozlega się dzwonek systemu przywoławczego. Kilkanaście minut później jestem już na sali operacyjnej i wykonuję nieplanowaną wcześniej cesarkę. Przed opuszczeniem ubikacji zdążyłem się podetrzeć, ale zrobiłem to w najlepszym razie pobieżnie – i dlatego stojąc przy stole operacyjnym, czuję nieznośne swędzenie w tyłku. Lekarz przeprowadzający operację może poprosić jedną z asystujących mu osób, które w przeciwieństwie do niego nie muszą mieć sterylnie czystych rąk – na przykład położną lub któregoś z członków personelu bloku operacyjnego – o poprawienie mu maseczki chirurgicznej albo zsuwających mu się z nosa okularów, a nawet o podrapanie go po nosie. Czy prośba o poskrobanie mnie po swędzącym tyłku byłaby przegięciem?

24 maja 2010, poniedziałek

Sam z siebie nigdy nie podejmuję tematu porodów domowych. Jeśli jednak, tak jak dzisiaj, pacjentka zapyta mnie wprost, co o tym sądzę i jaki poród wybrałbym na jej miejscu, odpowiadam całkowicie szczerze. Zazwyczaj wygłaszam pięciominutową przemowę, zaczynając od tego, że domowy poród, który przebiega zgodnie z planem i bez żadnych komplikacji, z całą pewnością jest sto razy bardziej spokojny, relaksujący i przyjemny od porodu szpitalnego (choć nie jestem pewien, czy ja sam zdołałbym się zrelaksować, mając świadomość, że na moją sofę w każdej chwili może chlusnąć krew albo płyn owodniowy – macie pojęcie, jak ciężko jest usunąć taką plamę?).

Zapewniam też, że szanuję wybory pacjentek i uważam za niezwykle istotne, by każda z nich miała poczucie, że to ona sama decyduje o wyborze formy opieki okołoporodowej. Dodaję jednak, że niepokoi mnie nachalne promowanie porodów „naturalnych" i że nasilająca się tendencja do demedykalizacji ciąży niekoniecznie jest zjawiskiem pozytywnym; postępy medycyny nie powinny nas przerażać ani onieśmielać – powinniśmy być z nich dumni, bo dzięki nim możemy ratować ludzkie życie.

Wspominam też o tym, że byłem naocznym świadkiem wielu sytuacji, w których o włos udało się uniknąć tragedii – w jednym przypadku dosłownie sekundy dzieliły nas od utraty dziecka, które trafiło na nasz oddział po tym, jak poród domowy przybrał zły obrót. Opisuję również znane mi z własnego doświadczenia przypadki szpitalnych porodów kobiet z grupy niskiego ryzyka*, podczas których dochodziło do rzadkich i niemożliwych do przewidzenia komplikacji, które niechybnie doprowadziłyby do śmierci matki lub dziecka, gdyby poród nie odbywał się w warunkach szpitalnych.

Podkreślam zalety domów narodzin, w których opieka porodowa świadczona jest wyłącznie przez położne – w takich miejscach kobiety mogą liczyć na swój cudowny, wspaniały poród w bardziej kontrolowanych warunkach niż te, jakie panują w ich własnym domu. Kryształy, pufy, szwedzkie covery piosenek Radiohead puszczane wspak – krótko mówiąc, cokolwiek sobie życzycie, pod warunkiem że rodzicie nie dalej niż kilkaset metrów od szpitalnego oddziału porodowego i zespołu wykwalifikowanych lekarzy, którzy potrafią radzić sobie z każdą kryzysową sytuacją.

Przyznaję, że jeśli chodzi o porody domowe, mam do czynienia jedynie z tymi przypadkami, które kończą się problemami, a nie z tymi, które zakończyły się sukcesem.

* W trakcie pierwszej wizyty pacjentki w poradni położniczej jej ciąża zostaje zaklasyfikowana do grupy wysokiego lub niskiego ryzyka; pacjentki z tej drugiej grupy mogą wybrać poród w domu. Ludzie często jednak zapominają o tym, że „niskie ryzyko" to nie to samo, co „brak ryzyka".

Zdaniem niektórych to słaby punkt mojej argumentacji. Ci, którzy tak uważają, mają też pewnie zastrzeżenia do apeli strażaków zachęcających ludzi do zapinania pasów bezpieczeństwa – no bo przecież strażacy w swojej pracy widują wyłącznie ofiary wypadków samochodowych, wydobywane z wraków za pomocą szlifierek kątowych, a nie tych wszystkich, którym udało się bezpiecznie dotrzeć do celu podróży. Jeśli o mnie chodzi, to jestem gotów położyć rękę na sercu i zapewnić pacjentkę, że błagałbym każdą bliską mi osobę, by zastanowiła się dwa razy przed podjęciem decyzji o porodzie domowym.

Niestety, dzisiaj mieliśmy w poradni poważne opóźnienia, a ja spieszę się na kolację, na którą umówiłem się z H. Nie mam więc czasu na wygłaszanie mojej zwykłej pogadanki. Zamiast tego serwuję pacjentce skróconą wersję:

„Domowe powinno być jedzenie, a nie porody".

2 czerwca 2010, środa

Dziś rano prowadzę zajęcia dla studentów, którzy będą mieli okazję podszlifować swoje umiejętności w zakresie opisywania rentgenogramów. Biorę do ręki kilka zdjęć leżących na wózku i umieszczam jedno z nich na negatoskopie: to standardowe zdjęcie klatki piersiowej, jakie wykonuje się przed operacją. Pierwszy student podchodzi do negatoskopu i zaczyna opisywać zdjęcie.

„Mamy tu rentgenogram klatki piersiowej wykonany w dniu wczorajszym, w projekcji tylno-przedniej. Pacjentka to sześćdziesięcioczteroletnia N.W., urodzona trzeciego stycznia tysiąc dziewięćset czterdziestego szóstego roku. Odpowiednie wypełnienie płuc powietrzem, właściwy poziom penetracji, brak rotacji w prawo i w lewo".

Gość jest niezły.

„Tchawica położona centralnie, śródpiersie nieprzemieszczone, sylwetka serca w granicach normy. Widoczną na pierwszy rzut oka anomalię stanowi obecność guza w górnym płacie prawego płuca, zajmującego..."

Moment. Anomalia? O czym on do diabła gada? Ożeż kurwa! Oglądałem to zdjęcie wcześniej, a mimo to nie zauważyłem na nim guza – wysłałem pacjentkę na operację i na pewną śmierć. Przeciskam się obok studenta, żeby przyjrzeć się temu z bliska. Przesuwam lekko zdjęcie i rzekomy guz się przemieszcza. To nalepka „Zostań krwiodawcą", którą ktoś przykleił na ekran negatoskopu*.

5 czerwca 2010, sobota

Moje życie zaczyna przypominać odcinek *Zagubionego w czasie*. Któregoś dnia obudzę się i nie będę wiedział, gdzie jestem ani co mam robić. Dzisiaj ze snu wyrwał mnie gwałtownie głośny stukot – przestraszony rozejrzałem się dookoła i zdałem sobie sprawę, że siedzę za kierownicą mojego samochodu. Musiałem zasnąć po tym, jak zatrzymałem się na skrzyżowaniu na czerwonym świetle. Jakiś zaniepokojony staruszek stukał w boczną

* Kiedy mój przyjaciel Percy, lekarz ortopeda, był jeszcze starszym stażystą, pewnego dnia został wezwany na izbę przyjęć, na którą przywieziono rannego motocyklistę – facet spadł z motocykla i połamał sobie wszystkie gnaty. Na zdjęciu rentgenowskim płuc (wykonywanym w takich przypadkach rutynowo w celu sprawdzenia, czy płuca również nie zostały uszkodzone) Percy rozpoznał objawy varicella pneumonia – rzadkiego i groźnego powikłania ospy wietrznej, dającego charakterystyczny obraz radiologiczny. Percy doszedł do wniosku, że płuca pacjenta zostały zainfekowane przez wirusa ospy wietrznej; choroba przyczyniła się do utraty kontroli nad motocyklem i do upadku. Jak się w końcu okazało, płuca motocyklisty były zupełnie zdrowe – podczas upadku pod jego kurtkę dostało się po prostu sporo drobnego żwiru, który został uchwycony na rentgenogramie.

szybę rączką parasola i dopytywał, czy wszystko ze mną w porządku.

To była moja druga niezamierzona drzemka w ciągu kilku godzin; wcześniej przysnąłem na stołku w sali operacyjnej. Pielęgniarka chirurgiczna obudziła mnie pukaniem w ramię i poinformowała, że właśnie przywieziono pacjentkę na zabieg marsupializacji*. Dyrekcja szpitala nieustannie przypomina nam o zakazie spania w pustych pokojach dla pacjentów w czasie nocnych dyżurów – argumentuje, że płaci się nam za to, żebyśmy przepracowali całą zmianę. Mam ochotę zapytać naszych przełożonych, czy słyszeli kiedykolwiek o wielkiej ognistej kuli, która wisi na niebie i sprawia, że zaśnięcie w ciągu dnia jest nieco trudniejsze niż w nocy? Chciałbym też wiedzieć, czy uważają, że łatwo jest się przestawić w ciągu dwudziestu czterech godzin z pracy w ciągu dnia i spania w nocy na dokładnie odwrotny tryb życia? Ale najważniejsze pytanie, jakie chciałbym im zadać, brzmi: czy gdyby ich własna żona musiała przejść nieplanowaną cesarkę o siódmej rano, to czy woleliby, żeby operację przeprowadził rezydent, który w nocy wykorzystał chwilę spokoju na czterdziestominutową drzemkę, czy może rezydent, któremu przez cały nocny dyżur nie wolno było zmrużyć oka?

Zmęczenie jest tak dojmujące, że to wręcz surrealistyczne – czuję się tak, jakbym był bohaterem gry komputerowej. Jestem tam, ale mnie tam nie ma. Podejrzewam, że mój czas reakcji jest teraz taki sam jak po wypiciu

* Marsupializacja to jedna z metod leczenia torbieli gruczołów Bartholina – schorzenia, do którego dochodzi w następstwie infekcji gruczołów odpowiedzialnych za wytwarzanie śluzowej wydzieliny nawilżającej pochwę. Zabieg polega na utworzeniu w ścianie pochwy kieszonki i zapewnieniu w ten sposób ujścia dla nadmiaru śluzu.

trzech dużych piw. A jednak, gdybym przyszedł do pracy wstawiony, dyrekcja szpitala prawdopodobnie nie byłaby tym zachwycona – najwyraźniej moje zmysły powinny być przytępione jedynie przez zmęczenie.

Wychodzę z pracy o 9.30 rano – przez ostatnią godzinę wypełniałem dokumentację medyczną dotyczącą przeprowadzonej cesarki. Zajęło mi to tak długo, bo nie mogłem znaleźć właściwych słów, zupełnie jakbym pisał maturę z hiszpańskiego i mozolnie usiłował sklecić kolejne zdania. Ciekawe, czy sąd wziąłby to wszystko pod uwagę, gdybym w drodze do domu przysnął za kierownicą i skosił samochodem całą rodzinę?

11 czerwca 2010, piątek

Oznajmiam pacjentce poradni położniczej, że musi przestać palić papierosy. Spogląda na mnie takim wzrokiem, że zaczynam się zastanawiać, czy omyłkowo nie powiedziałem czegoś w rodzaju: „Chcę wyruchać pani kota" albo „Zamykają Lidla". Pacjentka stanowczo odmawia uczestnictwa w warsztatach rzucania palenia. Tłumaczę jej, jak bardzo szkodliwe dla jej dziecka jest palenie, ale kobieta nie wygląda na przejętą – twierdzi, że wszystkie jej koleżanki paliły w ciąży, a mimo to ich dzieci mają się świetnie.

Jestem zmęczony i marzę tylko o tym, by pójść do domu. Zerkam na zegar: jest 18.30, mój dyżur w poradni powinien skończyć się godzinę temu, a tymczasem w poczekalni przed moim gabinetem wciąż czeka jeszcze kilka pacjentek. Puszczają mi nerwy.

„Jeśli nie rzuci pani papierosów teraz, przez wzgląd na dziecko, to już nigdy nie przestanie pani palić i w końcu umrze pani na jedną z chorób związanych z paleniem".

Wypowiadając to zdanie, słyszę je powtarzane powoli przez prawnika na sali sądowej – i natychmiast przepraszam pacjentkę za moje słowa. O dziwo jednak, najwyraźniej odniosły one skutek. Tym razem pacjentka patrzy na mnie tak, jakbym był pierwszą osobą w jej życiu, której naprawdę wysłuchała; mam wrażenie, że za chwilę wskoczy na krzesło i zakrzyknie: „O, Kapitanie! Mój Kapitanie!". Nie robi tego – i całe szczęście, bo krzesło w moim gabinecie mogłoby tego nie wytrzymać – ale za to wypytuje mnie o warsztaty rzucania palenia. Dobrze wiedzieć, że groźba śmierci działa na moje pacjentki.

Wychodząc z gabinetu, kobieta rzuca żartobliwie: „Może w zamian przerzucę się na heroinę!".

Śmieję się i nie wspominam o tym, że byłoby to znacznie bezpieczniejsze dla jej nienarodzonego dziecka.

14 czerwca 2010, poniedziałek

Dziś lekarzem specjalistą dyżurującym pod telefonem jest profesor Carrow. Tyle samo pożytku mielibyśmy z dyżuru wyciętej z tektury sylwetki Cher. Chociaż kartonowa Cher mogłaby przynajmniej podnieść nieco morale personelu.

Profesora Carrowa nie widuje się w szpitalu za dnia i pod żadnym pozorem nie dzwoni się do niego w nocy – jest zbyt ważną osobą, by zajmować się bzdurami. Dlatego kiedy dziś wieczorem pojawia się na oddziale, zaczynam się zastanawiać, czy zabłądził, czy może któraś z jego krewnych pierwszego stopnia właśnie rodzi u nas dziecko.

Zagadka się wyjaśnia, gdy w ślad za Carrowem na oddział wkracza ekipa filmowa z włączonymi kamerami – kręcą tu film dokumentalny dla telewizji*.

„Zapoznaj mnie, proszę, z sytuacją na oddziale porodowym – poleca mi Carrow. Kiedy kończę zdawać raport, z zadowoleniem kiwa głową do kamery. – Wygląda na to, że masz wszystko pod kontrolą, Adamie. Gdybyś jednak miał jakiekolwiek problemy, dzwoń do mnie śmiało".

Filmowcy mają już potrzebny im materiał i wyłączają kamery.

„Oczywiście nie rób tego, co przed chwilą powiedziałem" – dodaje pospiesznie profesor.

15 czerwca 2010, wtorek

Miałem dziś okazję spędzić sporo czasu w towarzystwie pacjentki V.F., ponieważ co godzinę przeprowadzałem badanie krwi jej płodu†. Od czterech godzin pacjentka i jej mąż kłócą się ze sobą zawzięcie. Zaczęło się od różnicy zdań na temat jego rodziców; potem usłyszeliśmy obszerną relację z przebiegu wesela ich przyjaciółki, na której to imprezie pacjentka znowu flirtowała z Chrisem;

* W Londynie najbliższy szczur jest od was nie dalej niż dwa metry – w dużym szpitalu taki sam dystans dzieli was od ekipy filmowej kręcącej jakiś dokument.

† Badanie krwi płodu to najdokładniejszy sposób na określenie stanu zdrowia dziecka. Aby je przeprowadzić, należy ułożyć ciężarną na boku, wsunąć do jej pochwy wąską, długą rurkę, a następnie na czubku głowy dziecka wykonać niewielkie nacięcie, posługując się skalpelem przymocowanym do długiego trzonka. Kropelka krwi z głowy dziecka zbierana jest za pomocą rurki kapilarnej i przekazywana położnej, która upuszcza próbkę na podłogę, gubi ją albo odkrywa, że aparatura do badania krwi jest zepsuta. Niekiedy jednak badanie udaje się przeprowadzić i położna wraca do was z informacją o poziomie pH krwi dziecka. Z jakiegoś powodu na studiach medycznych nie wspomina się ani słowem o tej dość często stosowanej procedurze.

aktualnie zaś przedmiotem ich gwałtownego sporu są pieniądze. Gdyby rzecz działa się u nich w domu, a ja byłbym gościem na wyprawionej przez nich kolacji, dyskretnie ukryłbym niedojedzony pudding w serwetce i pod pierwszym lepszym pretekstem już dawno dał nogę. Ponieważ jednak awanturują się na moim oddziale, nie mam innego wyjścia jak mimowolnie słuchać ich kłótni. To wymowna ilustracja stanu ich związku; czuję się jak terapeuta par z wyłączoną fonią.

Prawdę powiedziawszy, oboje zachowują się poniżej wszelkiej krytyki, ale biorąc pod uwagę, że kobieta rodzi właśnie dziecko – co, jak powszechnie wiadomo, nie jest szczególnie przyjemnym procesem – 100 procent punktów za bycie sukinsynem otrzymuje ode mnie jej mąż.

W pewnym momencie facet wychodzi na korytarz, by odebrać telefon; położna korzysta z okazji i pyta pacjentkę, czy mąż nie stosuje wobec niej przemocy fizycznej. Kobieta zapewnia jednak, że nic takiego nie miało miejsca. Po powrocie męża kłótnia toczy się dalej i z czasem staje się coraz gwałtowniejsza. Mąż, purpurowy na twarzy, wydziera się na pacjentkę – prosimy go, by się uspokoił albo opuścił salę porodową.

„I tak nie chciałem tego pieprzonego dziecka!" – wrzeszczy do swojej żony, po czym wybiega z sali i więcej nie pojawia się już w szpitalu. Jezu.

18 czerwca 2010, piątek

Pacjentka R.B. przybyła na izbę przyjęć w asyście załogi karetki pogotowia oraz dwóch policjantów. Wypada również dodać, że z jej ciała sterczał trzydziestocentymetrowy metalowy pręt. Poinformowano nas, że kobieta uciekała pieszo przed ścigającymi ją z jakiegoś powodu policjantami. Podczas ucieczki próbowała przedostać się na teren parku, co wymagało pokonania solidnego metalowego ogrodzenia – niestety, jej plan się nie powiódł, bo kiedy forsowała przeszkodę, obsunęła jej się noga i biedaczka nadziała się na jeden z wieńczących ogrodzenie metalowych szpikulców. Ostro zakończony metalowy pręt wszedł prosto w waginę i wyszedł na zewnątrz, przebijając podbrzusze kobiety.

Wcześniej tego wieczora kobieta naszprycowała się kokainą, która znieczuliła ją na tyle skutecznie, że udało jej się wytrzymać do czasu przybycia na miejsce wypadku straży pożarnej. Strażacy odcięli metalowy szpikulec od ogrodzenia tuż poniżej krocza kobiety (zapewne wyrwał im się przy tym niejeden okrzyk „jasna cholera!"). Pacjentka dotarła do szpitala hemodynamicznie stabilna i, zważywszy na okoliczności, w zaskakująco dobrym stanie. Przeprowadziliśmy niezwłocznie tomografię komputerową, by ustalić, które kawałki mięsa nadziały się na ten osobliwy rożen. Okazało się, że jakimś cudem nie doszło do uszkodzenia pęcherza ani żadnego z głównych naczyń krwionośnych – wystarczyło więc przewieźć pacjentkę na salę operacyjną i zaszyć ranę wejściową oraz ranę wyjściową.

Jakiś czas po operacji przebadaliśmy ją ponownie, tym razem zupełnie już otrzeźwiałą, obolałą i wyraźnie zawstydzoną. Musieliśmy to zrobić w towarzystwie umundurowanej przyzwoitki – ponieważ kobieta została aresztowana, w szpitalu przez cały czas pilnował jej policjant. Zapewniliśmy ją, że wszystko zmierza w dobrym kierunku, i przekazaliśmy jej zalecenia pooperacyjne. Pacjentka spytała, czy mogłaby zatrzymać sobie na pamiątkę metalowy szpikulec, na co odparłem, że nie widzę przeciwwskazań. Dostrzegła je jednak pilnująca pacjentki funkcjonariuszka – jak stwierdziła, wręczanie aresztowanemu przestępcy broni, którą można przebić brzuch, to nie najlepszy pomysł.

22 czerwca 2010, wtorek

Próbujecie poradzić sobie z nagłym przypadkiem i dostajecie wezwanie do drugiego nagłego przypadku. Co robić w takiej sytuacji? Jestem na oddziale, kiedy rozdzwania się dzwonek alarmowy. Matka prze, KTG dziecka wygląda bardzo niepokojąco. Trzeba natychmiast wyciągnąć je za pomocą kleszczy. Poród kleszczowy przebiega bardzo sprawnie, ale ciało dziecka jest wiotkie. Pediatrzy odprawiają swoje czary i dziecko odzyskuje siły, dając nam o tym znać krzykiem. Wyciągam łożysko, pacjentka umiarkowanie krwawi z powodu rozległej epizjotomii* i nieco „grząskiej" macicy. Zabieram się do sprzątania tego bałaganu, kiedy słyszę kolejny dzwonek alarmowy. Powinienem zostać, krwawienie może się nasilić, poza tym nawet teraz kobieta traci sporo krwi, a jeśli nie zacznę jej natychmiast zszywać i nie będę informować położnej, jakie leki ma jej wstrzykiwać, utrata krwi będzie jeszcze większa. Jednak ten drugi nagły przypadek może być znacznie poważniejszy, poza tym jest bardzo mało prawdopodobne, że mojej pacjentce stanie się coś złego, jeśli zostawię ją teraz pod opieką doświadczonej położnej.

* Epizjotomia to wykonane nożyczkami nacięcie krocza (chciałbym móc napisać, że są to specjalne chirurgiczne nożyczki, ale to najzwyklejsze nożyczki na świecie), które pozwala uniknąć dużo trudniejszego do zszycia samoistnego pęknięcia krocza (samoistne pęknięcie często biegnie w kierunku odbytu). Mówiąc krótko, jest to coś w rodzaju kontrolowania eksplozji.

To dzienna zmiana, ale przecież moi koledzy i moje koleżanki mogą być teraz zajęci swoimi pacjentkami i zakładać, że ktoś inny zareaguje na dzwonek alarmowy, który nie przestaje dzwonić. A może to sytuacja w rodzaju „wszystkie ręce na pokład"? Zastanawiam się, czy nie wysłać położnej, żeby sprawdziła, co się stało, ale przecież ta minuta może okazać się kluczowa dla tej drugiej pacjentki. Wręczam położnej duży tampon z gazy i mówię jej, żeby uciskała mocno ranę na kroczu, dopóki nie wrócę. Instruuję ją też, jakie leki powinna podać pacjentce, w razie gdyby okazało się to konieczne. Wybiegam na korytarz. Światło miga nad drzwiami sali numer trzy. Wbiegam do środka, mając nadzieję, że podjąłem właściwą decyzję. Jak się okazuje, żywiłem płonną nadzieję.

Jedna z położnych prowadzi w tej sali ćwiczenia z resuscytacji krążeniowo-oddechowej. Wokół łóżka, na którym leży manekin, zgromadzili się lekarze i pielęgniarki. Mówią, co zrobiliby, gdyby życie pacjentki było zagrożone. Choć oczywiście nie ma tu żadnej pacjentki. Pacjentka została w sali, którą właśnie przed chwilą opuściłem. „O, rezydent już jest – mówi położna do starszego stażysty. – Co twoim zdaniem powinien teraz zrobić?" Nie czekając na czyjąkolwiek odpowiedź, podchodzę do łóżka, spycham z niego manekina, nazywam położną kretynką i oskarżam ją o umyślne narażenie pacjentki na niebezpieczeństwo. Następnie obracam się na pięcie i wracam do pierwszej sali, gdzie na szczęście nie wydarzyło się nic złego. Moja niefantomowa pacjentka miewa się świetnie (no, prawie).

Chyba w niewłaściwy sposób wyraziłem swoje uczucia, bo oddziałowa bierze mnie później na stronę.

Sugeruje mi, że powinienem przeprosić wzmiankowaną położną za przerwanie przygotowanych przez nią ćwiczeń i sprawienie jej przykrości. Zamiast przepraszać, wypełniam formularz wypadku przy pracy. Działania położnej opisuję jako niebezpieczne, a nawet ocierające się o zaniedbanie. A przecież kiedyś, zanim zostałem lekarzem, byłem miłym facetem.

23 czerwca 2010, środa

Dostajemy e-maila, który przypomina nam, jak ważne są wszystkie ćwiczenia, podczas których doskonalimy swoje umiejętności. Szpital postanowił jednak wprowadzić zasadę, że przed rozpoczęciem ćwiczeń należy zajrzeć do wszystkich sal, aby sprawdzić, czy jacyś członkowie personelu nie zajmują się nagłym przypadkiem.

5 lipca 2010, poniedziałek

Oto rzadki przykład ciągłości opieki zdrowotnej. Miesiąc temu przyjmowałem tę kobietę w ogólnej poradni ginekologicznej prowadzonej przez doktor Burbage. Postawiłem jej wstępną diagnozę zespołu przedwczesnego wygasania czynności jajników. Ponieważ nie znam się na przedwczesnej menopauzie, do czego się przyznałem, przeprosiłem ją na chwilę i wyszedłem z gabinetu, by porozmawiać z doktor Burbage na temat planu działania. Ponieważ ona również nie czuła się mocna w tej dziedzinie, postanowiła skierować pacjentkę do doktora Bryce'a, specjalisty endokrynologa. Pacjentka, wiedząc, że następnym razem spotka się z ekspertem, nawet się nie złościła, że zmarnowała czas na tę poranną wizytę.

Dzisiaj przyjmuję w poradni endokrynologicznej, zastępując doktora Bryce'a, który właśnie wyjechał na wakacje. Ostatnim razem, kiedy widziałem tę pacjentkę, oświadczyłem jej, że nie mam bladego pojęcia, jak leczyć jej przypadłość; tymczasem ona znowu siedzi przede mną, znowu poświęciła swój czas, żeby tutaj przyjechać, znowu chce dostać odpowiedź na swoje pytania i znowu oczekuje skutecznego leczenia. Czy mam jej powiedzieć, że podczas naszego ostatniego spotkania po prostu troszkę się krygowałem? Może skłamię, że zdążyłem ukończyć specjalistyczny kurs? Zmienię akcent? Albo przykleję sobie sztuczne wąsy?

Rezerwuję jej wizytę za dwa tygodnie. Wiem, że będę miał wtedy nocny dyżur, więc z pewnością nie dam się przyłapać na niewiedzy trzeci raz z rzędu.

27 lipca 2010, wtorek

Ron chciał dzisiaj oficjalnie zakończyć naszą przyjaźń – to była rzeczowa i nieco posępna rozmowa dwóch dorosłych mężczyzn. Jak stwierdził, sam nie wie, dlaczego wciąż stara się utrzymywać ze mną kontakt, skoro jest oczywiste, że nasze drogi życiowe już dawno się rozeszły.

Powiedział mi też, że powinienem przynajmniej nieco urozmaicać swoje wymówki. Nie mogłem przyjść na jego przyjęcie zaręczynowe z powodu pracy? Jego wieczór kawalerski też opuściłem z powodu pracy? Nie byłem na jego ślubie i spóźniłem się na wesele również z powodu pracy? Nie pojawiłem się na pogrzebie jego ojca i chrzcinach córki z powodu pracy? Czy ja naprawdę uważam, że on w to uwierzy? On przecież wie, że moja praca zabiera mi mnóstwo czasu, ale chyba mogę od czasu do czasu zamienić się z kimś na dyżury, jeśli faktycznie mi na tym zależy?

Przyciskając rękę do serca, przysięgam Ronowi, że go kocham, że jest jednym z moich najlepszych przyjaciół i że nigdy bym go nie okłamał. Wiem, jestem beznadziejnym przyjacielem. Ale przecież i tak widywałem się z nim ostatnimi czasy częściej niż z kimkolwiek innym. Po prostu moja praca pochłania niemal cały mój czas. Nielekarzom ciężko jest zrozumieć, jak trudny to zawód i jak ogromny ma wpływ na życie prywatne osoby, która go wykonuje. Natomiast jeśli chodzi o chrzest córki Rona, to niestety go okłamałem.

Jasna cholera.

2 sierpnia 2010, poniedziałek

To moja ostatnia zmiana tutaj – oczywiście nocna zmiana. Pracę w nowym szpitalu, piętnaście kilometrów stąd, zaczynam godzinę przed końcem pracy w tym szpitalu, ale będę się tym martwił, kiedy już się tam pojawię – spóźniony dwie godziny, z zaczerwienionymi ze zmęczenia oczami.

Teoretycznie powinienem skończyć o północy. Uświadamiam to sobie o godzinie 0.10, kiedy stoję na klatce schodowej i gdy dociera do mnie również to, że moja karta magnetyczna została automatycznie dezaktywowana. Jestem Kopciuszkiem w stroju chirurga.

Jeśli poprosicie zarząd szpitala o uzupełnienie braków kadrowych, kupno odpowiedniego systemu informatycznego czy nawet dostawienie paru krzeseł w poczekalni którejś z poradni, możecie liczyć jedynie na lekceważące wzruszenie ramion i popis gigantycznej niekompetencji. Kiedy jednak chodzi o zamykanie i otwieranie drzwi, nagle staje się zorganizowany niczym jakaś bibliotekarka cyborg. Gdyby karty magnetyczne chorowały na raka, natychmiast znaleziono by skuteczny lek na tę chorobę.

Przez kwadrans dobijam się do zamkniętych drzwi, modląc się, żeby akurat teraz nie rozdzwonił się mój pager. Wreszcie ktoś wpuszcza mnie do środka*.

* Mądry położnik nigdy nie nosi komórki w kieszeni uniformu. Wystarczy jeden iPhone utopiony w powodzi krwi, żebyście przyswoili sobie tę lekcję. Mogę was też zapewnić, że wrzucenie iPhone'a do miski ryżu nie przywróci mu życia.

9

Starszy rezydent

Medycyna jest jak gospodarz przyjęcia, któremu udaje się namówić was, żebyście zostali jeszcze trochę, choć już kilka godzin temu mieliście ochotę wrócić do domu. „Nie idź jeszcze. Za chwilę będziemy kroić tort", „Zanim wyjdziesz, musisz poznać Steve'a", „Julie mieszka niedaleko ciebie, za chwilę będzie się zbierać. Moglibyście iść razem". Ani się obejrzycie, a ucieka wam ostatni pociąg i musicie przekimać u gospodarzy na kanapie.

Jeśli już zaczęliście studiować medycynę, równie dobrze możecie ją skończyć. Potem równie dobrze możecie zostać stażystą. Potem starszym stażystą, następnie rezydentem, w końcu starszym rezydentem – i już jesteście niemal lekarzem specjalistą. Przypuszczam, że na drodze do pełnej zawodowej autonomii nie potrzeba aż tylu stopni wtajemniczenia. Ścieżkę awansu celowo zaprojektowano w taki sposób, żebyście ciągle musieli gonić króliczka. Uganiać się za nim jak za pięćdziesięciofuntowym banknotem, który podmuch wiatru unosi w górę, gdy już niemal macie go w ręce. To działa. Pewnego dnia uświadomiłem sobie – było to doświadczenie podobne do gwałtownego przebudzenia ze śpiączki będącej wynikiem obrażeń odniesionych w wypadku samochodowym – że mam już przeszło trzydzieści lat i wciąż podążam ścieżką kariery, którą wybrałem jako czternastolatek, nie przemyślawszy należycie tej decyzji.

Mój identyfikator i moja pensja głosiły dumnie, że jestem starszym rezydentem (chociaż, mówiąc szczerze, moja pensja równie dobrze mogłaby być pensją kasjera bankowego lub mleczarza z kilkuletnim stażem). Jeszcze tylko kilka rezydenckich etatów dzieliło mnie od całkowitej zawodowej samodzielności. Życie lekarza specjalisty wydawało mi się całkiem pociągające. Moja pensja poszybowałaby w górę, a liczba przepracowanych godzin – w dół. Czas upływałby mi na bezstresowym wypełnianiu papierków, mógłbym też bez problemu załatwić sobie dzień wolny. Nikt nie zmuszałby mnie do pracy w poradni uroginekologicznej. Moje imię i nazwisko (zapisane dużymi literami) pojawiłyby się na pierwszym miejscu listy spadkobierców w testamencie moich rodziców (prawdopodobnie z dopiskiem: „specjalista w dziedzinie ginekologii"). I najlepsze z tego wszystkiego: stabilizacja. Mógłbym pracować w jednym miejscu tak długo, jak bym chciał, nie musiałbym pakować walizek dzień po tym, jak uda mi się wreszcie zapamiętać kod do szatni.

Ale najpierw musiałem zaliczyć jeszcze kilka szpitali jako starszy rezydent – burza przed ciszą. Owszem, praca rezydenta była bardzo nerwowa, ale teraz miałem poznać inny rodzaj stresu. Wiedziałem, że od tej pory będę najbardziej doświadczonym lekarzem na oddziale poza standardowymi godzinami pracy. Miałem świadomość, że jeśli rozdzwoni się mój pager, będę musiał poradzić sobie z sytuacją, z którą nie poradził sobie starszy stażysta ani rezydent. Jeśli ja również nie znalazłbym rozwiązania, mogło się to skończyć śmiercią matki lub dziecka. W teorii mogłem jeszcze zadzwonić po lekarza specjalistę, jednak w większości nagłych przypadków decyzję trzeba podjąć w ciągu kilku minut. W tak krótkim czasie mój mentor nie zdąży nawet zrzucić szlafroka i przebrać się w coś normalnego. Musiałem zaakceptować fakt, że przyjmuję na siebie odpowiedzialność za błędy popełnione przez starszych stażystów i rezydentów, których mogłem nawet nigdy nie widzieć na oczy. Często zdarzało się, że podczas nocnego dyżuru mój pager milczał przez godzinę lub dwie. Krążyłem wtedy niespokojnie po oddziale, zaglądając do kolejnych sal i pytając, czy wszystko w porządku. Od czasu do czasu przypominało mi się, co powiedział mi pewien rezydent, kiedy byłem jeszcze studentem: „Ginekologia i położnictwo to łatwa specjalizacja". Kłamliwy gnojek.

Nie zdziwiło mnie zatem, że kiedy któregoś dnia wybrałem się do przychodni i moja lekarka pierwszego kontaktu zmierzyła mi ciśnienie, okazało się, że wynosi ono 182/108 mmHg*. Tłumaczyłem jej, że właśnie skończyłem nocny dyżur, na którym miałem dwóch lekarzy na zastępstwie i że te dwanaście godzin na oddziale wciąż daje mi się we znaki. Przez mój rozedrgany mózg przelatywały setki medycznych odpowiedników pytania „Czy wyłączyłem gaz?": „Czy wysłałem pacjentkę na tomografię komputerową?"; „Czy założyłem drugą warstwę szwów?"; „Czy nie zapomniałem przepisać metotreksatu?". Jednak internistka nie wzięła tych wyjaśnień za dobrą monetę.

* Prawidłowe ciśnienie krwi wynosi poniżej 120/80 mmHg (czyli milimetrów słupa rtęci). Jeśli wetkniecie szklaną rurkę wypełnioną rtęcią do serca, napór krwi powinien podnieść poziom rtęci właśnie o taką wartość (jednak w dzisiejszych czasach tę metodę pomiaru ciśnienia uważamy za nieco inwazyjną). Wyższa wartość oznacza ciśnienie krwi w momencie skurczu serca, a niższa – w momencie rozkurczu.

Kazała mi przyjść ponownie za tydzień. Jednak również wtedy moje ciśnienie było za wysokie, ponieważ znowu pojawiłem się w jej gabinecie zaraz po wyjściu ze szpitala. Zapewniłem ją, że sam zmierzyłem sobie kilkukrotnie ciśnienie podczas pracy w poradni i że było zupełnie prawidłowe. Oczywiście skłamałem. Mimo tych fałszywych zapewnień internistka chciała sama się przekonać, jakie wartości osiąga moje ciśnienie krwi, i zapisała mnie na dwudziestoczterogodzinny monitoring ciśnienia*. Ponieważ wolne dni nie są czymś, czego lekarze mają pod dostatkiem, nosiłem rękaw, pracując w poradni położniczej, co teoretycznie (i w pewnym stopniu także praktycznie – w końcu nie musiałem tego dnia operować) miało sprawić, że mój dzień pracy będzie mniej stresujący niż zwykle. Siedziałem przy biurku i tłumaczyłem pacjentkom, że muszę przepisać im leki obniżające ciśnienie, tymczasem wyświetlacz na moim ramieniu pokazywał, że sam mam dużo wyższe ciśnienie niż one.

Pośród wielu „prześmiesznych" komentarzy moich pacjentek trafił się jeden zaskakująco przenikliwy. „Zabawna rzecz. Nigdy nie myślimy o tym, że lekarz też może zachorować" – stwierdziła pewna kobieta. Dobrze powiedziane. Myślę, że jest to część szerszego zjawiska: w oczach pacjentów nie jesteśmy ludźmi. To właśnie

* Monitoring ciśnienia polega na włóczeniu się po oddziale z mierzącym ciśnienie krwi rękawem, który napompowuje się co jakieś piętnaście minut i zapisuje pomiary, żeby lekarz mógł je później odczytać. Procedura ta jest szczególnie przydatna w wypadku tak zwanego efektu białego fartucha (pacjent denerwuje się wizytą u lekarza, więc jego ciśnienie gwałtownie skacze, kiedy ktoś mu je mierzy). Na tydzień przed ostatnimi egzaminami na medycynie mój kolega Antonin zapytał podczas seminarium, dlaczego to zjawisko nazywa się efektem białego fartucha. Na wypadek gdybyście chcieli wiedzieć przy jakich lekarzach trzeba się mieć na baczności, podpowiem wam, że ukończył specjalizację z hematologii.

dlatego pacjenci od razu składają na nas skargi, kiedy popełnimy błąd lub puszczą nam nerwy. To dlatego chcą odgryźć nam głowę, kiedy o godzinie siódmej wieczorem w końcu wywołujemy ich nazwisko w przepełnionej poradni. Nie myślą wtedy o tym, że my też mamy domy, w których wolelibyśmy teraz przebywać. Pacjenci nie potrafią też zaakceptować tego, że ich lekarz może być omylny. To druga strona tego samego medalu. Odmawiają nam prawa do błędu. Nie myślą o medycynie jak o zbiorze pewnej wiedzy, którą praktycznie każda osoba na świecie może sobie przyswoić. Nie mieści im się w głowach, że ich kuzyn mający wiecznie otwarte usta też mógłby zostać lekarzem.

Po powrocie do domu moje ciśnienie wróciło do normy. Dzięki Bogu moje tętnice wciąż były w przyzwoitym stanie. To było całkiem interesujące doświadczenie – zmierzyć sobie w milimetrach słupa rtęci, ile stresu przysparza mi praca na stanowisku starszego rezydenta.

9 sierpnia 2010, poniedziałek

Dziś pacjentka nazwała dziecko moim imieniem. To była planowa cesarka z powodu pośladkowego ułożenia płodu. Kiedy wyjąłem dziecko z brzucha, powiedziałem jak zwykle: „Adam to ładne imię".

Rodzice mi przytaknęli.

No wreszcie!

Po każdym porodzie, który odbieram, mówię: „Adam to ładne imię". Ale pierwszy raz ktoś się ze mną zgodził. Wcześniej nie udawało mi się nawet przekonać rodziców, żeby dali dziecku na drugie imię Adam. Dziś w końcu wynagrodzono moją pracę. Drużyna Adamów, na posiadanie której z pewnością sobie zasłużyłem, została założona w sali operacyjnej numer dwa. (Sam nie wiem, co będę robić z nimi w przyszłości, kiedy skompletuję już cały zespół. Zwalczać przestępczość? A może przekonam ich, żeby brali za mnie dyżury?)

Starszy stażysta asystujący mi przy cesarce spytał, ilu dzieciom pomogłem przyjść na świat. Z grubsza licząc, było ich tysiąc dwieście. Stażysta poszperał w jakichś danych statystycznych i poinformował mnie, że średnio dziewięcioro spośród tysiąc dwieście dzieci urodzonych w Wielkiej Brytanii otrzymuje imię Adam. Musiałem nieźle zaleźć za skórę ośmiu parom, skoro zrezygnowały z wybranego wcześniej imienia.

15 sierpnia 2010, niedziela

Zostaję wezwany na salę porodową przez jedną z rezydentek – ma problem z zaciśnięciem kleszczy na głowie dziecka. Czasem zdarza się, że dostajemy ze sterylizatorni błędnie sparowane kleszcze (dwie lewe łyżki albo złączone razem łyżki z różnych modeli).

Szybko znajduję przyczynę kłopotów rezydentki. Lewa łyżka została prawidłowo umieszczona na główce dziecka, natomiast prawą wetknięto do połowy długości w odbyt pacjentki.

Naprawiam błąd, odbieram poród (nawiasem mówiąc, teraz uważam, że rezydenci nie mają odpowiednich kwalifikacji nawet do tego, żeby odebrać polecony na poczcie, a co dopiero poród).

„Czy musimy jej mówić?" – szepcze konspiracyjnie rezydentka, testując moją etykę zawodową, jakbym był budowlańcem, a ona zleceniodawcą, który ma nadzieję uniknąć płacenia VAT-u.

„Nie musimy – odpowiadam. – Ty musisz".

23 sierpnia 2010, poniedziałek

Pracuję tutaj trzeci tydzień i już niemal udało mi się przyswoić sobie wszystkie kryteria kwalifikowania pacjentek do leczenia niepłodności*. Dzisiaj przyszła do mnie para po nieudanym zapłodnieniu *in vitro*. To, że procedura nie przyniosła pozytywnych rezultatów, nie było szczególnie zaskakujące. W tym konkretnym przypadku szanse na zapłodnienie w jednym cyklu wynosiły około 20 procent. Miesiąc temu pracowałem w szpitalu (rzut beretem od mojego obecnego miejsca pracy), gdzie przysługiwałyby im trzy podejścia, co zwiększyłoby ich szanse do mniej więcej 50 procent. Pytają mnie, ile kosztowałoby prywatne leczenie. Odpowiadam, że cztery tysiące funtów za

* W trakcie mojego szkolenia specjalizacyjnego poradnie leczenia niepłodności zostały przemianowane na poradnie leczenia problemów z płodnością (co miało brzmieć mniej negatywnie), a potem na poradnie płodności. Wyglądało to trochę tak, jakbyśmy wszyscy mieli zatkać sobie uszy palcami i powtarzać: „La, la, la, to się wcale nie dzieje". Ciekawe, czy w onkologii też pojawił się podobny trend. Może powstały już poradnie leczenia nie-chorób piersi?

cykl. Po ich minach widzę, że równie dobrze mógłbym rzucić kwotę czterech bilionów funtów*.

Mówi się, że posiadanie dzieci to kwestia wyboru. Jest to bez wątpienia prawda. Ale nikt nie twierdzi, że pacjentki, u których dochodzi do ciągłych poronień, nie powinny być leczone, dopóki nie urodzą dziecka – NHS zupełnie słusznie nie ogranicza im dostępu do odpowiedniej terapii. A co sądzicie o sytuacji pacjentki, która zaszła w dwie ciąże pozamaciczne, czego skutkiem było wycięcie obu jajowodów i pozbawienie jej szans na naturalne poczęcie? W klinikach leczenia niepłodności pozwalamy ludziom dokonać wyboru, którego dokonaliby, gdyby nie przeszkodziła im w tym choroba. Albo nie pozwalamy, ponieważ ich nazwisko zaczyna się na literę G. Oczywiście przesadzam, to przecież byłoby niedorzeczne. Odmawiając pacjentkom dostępu do terapii, kierujemy się wyłącznie racjonalnymi przesłankami takimi jak to, że czyjś dom mieści się ulicę dalej od arbitralnie wyznaczonego terenu.

* Warunki oferowane w prywatnych ośrodkach są pod pewnymi względami lepsze niż to, co może zapewnić wam NHS. Krócej czekacie na wizytę. Recepcjonistka, która was obsługuje, ma wszystkie zęby. Gdy traficie do prywatnego szpitala, możecie wybrać sobie coś dobrego z listy całkiem przyzwoitych win. Jednak jeśli chodzi o samo leczenie, nie ma różnic. Wyjątek stanowi leczenie niepłodności – w tym przypadku prywatne ośrodki biją na głowę te publiczne. Będą was tam badać i leczyć, aż zajdziecie w ciążę (albo aż dostaniecie sądowe orzeczenie o upadłości konsumenckiej). Chcąc leczyć się w publicznych placówkach, musicie wpasować się w wąski profil demograficzny i mieć na uwadze, że to, co może wam zaoferować NHS, nie zawsze wystarczy, aby osiągnąć pożądany rezultat. Rozumiem, że NHS dysponuje ograniczoną pulą pieniędzy, jednak w żadnych innych dziedzinach medycyny nie korzysta się z takiej wymówki, aby odesłać pacjenta z kwitkiem. „Z uwagi na ograniczone zasoby finansowe nie leczymy białaczki", „Zajmujemy się wyłącznie złamaniami z prawej strony ciała, bo mamy mało pieniędzy".

Siedzącemu przede mną małżeństwu radzę, aby dali sobie trochę czasu na przemyślenie wszystkich opcji i uporządkowanie własnych emocji. Przypominam im, że mogą zostać rodziną zastępczą lub adoptować dziecko. „Ale to przecież nie to samo, prawda?" – mówi mąż. Trudno odmówić mu racji.

W ciągu trzech tygodni pracy w tym szpitalu zakwalifikowałem do programu leczenia niepłodności lesbijską parę, ale musiałem odmówić parze gejów szukających surogatki. Poinformowałem pewną kobietę, że według naszych kryteriów jest już zbyt stara na leczenie, chociaż nie była zbyt stara, kiedy kilka miesięcy temu została tutaj skierowana (w szpitalu kilka przecznic dalej również nie byłaby za stara). Zostałem obsadzony w roli złośliwego bóstwa.

W moim nowym miejscu pracy pacjentki chcące poddać się leczeniu obowiązuje limit BMI. Z czymś takim nie spotkałem się jeszcze nigdy. Musiałem powiedzieć jednej z kobiet, że waży o trzy kilogramy za dużo, żebym mógł skierować ją na zapłodnienie *in vitro*, i że może przyjść do mnie na kolejną wizytę, jeśli schudnie. Wybuchła spazmatycznym płaczem, więc przypadkowo wpisałem do formularza, że waży kilka kilo mniej*. W zeszłym tygodniu napisałem list z prośbą o umożliwienie leczenia pacjentce, której dziecko z poprzedniego związku zmarło jeszcze w niemowlęctwie. Fakt, że urodziła kiedyś dziecko, uniemożliwia jej otrzymanie leczenia w tym szpitalu.

Wychodząc z poradni, mijam regał pełen ulotek szczegółowo opisujących różne rodzaje leczenia niepłodności, z których pacjentki mieszkające akurat w tej okolicy nie

* Może to jest właśnie ten zachwalany przez reklamy w internecie „jeden niesamowity sposób na utratę wagi, o którym lekarze nie chcą ci powiedzieć"?

mogą skorzystać. Może powinniśmy postawić na szczerość i zastąpić je wszystkie broszurą zatytułowaną *Czy myśleliście o tym, żeby wziąć kota?*.

25 sierpnia 2010, środa

Osiemdziesięciopięcioletnia pacjentka onkologiczna, od dłuższego już czasu przybywająca na naszym oddziale, podczas wczorajszego obchodu chwyciła nas wszystkich za serca. Poskarżyła się, że tęskni za zmarłym mężem, że jej dzieci bardzo rzadko ją odwiedzają i że nawet nie może wypić sobie przed snem szklaneczki whiskey, tak jak to miała w zwyczaju robić w domu. Postanowiłem pobawić się w harcerza i na listę zażywanych przez nią leków wpisałem whiskey (50 ml na noc). Wręczyłem też stażyście dwadzieścia funtów i kazałem mu kupić jej ulubiony trunek w pobliskim supermarkecie, a potem przekazać go pielęgniarkom, żeby podczas nocnego obchodu mogły wypełnić lekarskie zalecenie.

Dzisiaj rano oddziałowa mówi mi, że pacjentka odmówiła wypicia drinka, bo (uwaga, cytat): „Jack Daniel's to pieprzone kocie szczyny".

13 września 2010, poniedziałek

W tym tygodniu pracę w naszym szpitalu rozpoczęła nowa pielęgniarka naczelna położnych. Stana zrobiła na nas fenomenalne wrażenie: jest spokojna, doświadczona, rozsądna. Jest teraz drugą pielęgniarką naczelną na oddziale o tym imieniu. Ta pierwsza to roztrzepane i zawsze wściekłe jak osa babsko. Aby uniknąć pomyłki nadaliśmy im ksywki: „Stan Dobry" i „Stan Terminalny".

24 października 2010, piątek

Z cyklu: dylematy moralne lekarzy. Fantastycznie, po prostu fantastycznie. Pager wzywa mnie na salę operacyjną. Jest piątek, godzina 16:55, więc to na pewno coś, co zajmie mi mnóstwo czasu. Okazuje się, że dzisiejszy zawodnik to ciąża pozamaciczna, ostry przypadek. Że też akurat teraz! Na ten wieczór zaplanowałem randkę z H. A właściwie coś więcej niż zwyczajną randkę. To randka w ekstremalnie drogiej restauracji, randka, podczas której miałem przeprosić go za dziesiątki innych niedoszłych do skutku randek i spróbować umniejszyć moje liczne związkowe przewiny; Randka przez duże „R". Kalkuluję: jeśli wyjdę o osiemnastej, powinienem zdążyć. O 17.45 pacjentka jest przygotowana do operacji. Pracujący na nocną zmianę rezydent utknął na izbie przyjęć i nie może mnie zastąpić.

Najlepiej byłoby operować laparoskopowo – zajęłoby mi to godzinę, ale pacjentka miałaby tylko kilka malutkich dziurek w brzuchu i jutro mogłaby wrócić do domu. Mogę też zdecydować się na szybkie cięcie i już na zawsze oszpecić ten dwudziestopięcioletni nieskazitelny brzuch dużą blizną. Pacjentka musiałaby też wtedy zostać dłużej w szpitalu, ale ja nie spóźniłbym się na randkę z H. i miałbym szansę uzdrowić mój związek. A może ta dziewczyna lubi szpitalne jedzenie? Waham się jeszcze przez chwilę, po czym proszę o zestaw do laparoskopii.

5 października 2010, wtorek

Rozmawiam przez telefon z moją przyjaciółką Sophią. Żalimy się sobie nawzajem na nasze wycieńczenie i poziom demoralizacji, jaki obserwujemy w naszych szpitalach. Oboje mamy dosyć. Sophia mówi mi, że właśnie zrobiła licencję prywatnego pilota i że zamierza zrobić sobie przerwę od pracy w państwowej służbie zdrowia. „Będziesz pracować dla linii lotniczych?" – pytam.

Otóż nie. Sophia zamierza wyczarterować samolot i polecieć do dwudziestu czterech afrykańskich krajów. Będzie odwiedzać słabo zurbanizowane tereny, gdzie śmiertelność matek przy porodach jest największa, i uczyć miejscowe położne procedur medycznych ratujących życie. Zamierza także przekazać mieszkańcom odwiedzanych przez siebie krajów ogromne ilości leków, środków medycznych i materiałów edukacyjnych, na które zbierze fundusze, zanim tam wyruszy. Po rozmowie z Sophią czuję się jeszcze bardziej wyczerpany i zdemoralizowany, a do tego samolubny.

11 października 2010, poniedziałek

Po dłuższej przerwie dostaję SMS-a od Simona. Przez ostatnie osiemnaście miesięcy brak wiadomości traktowałem jako dobrą wiadomość, więc martwieję ze strachu, gdy na wyświetlaczu telefonu pokazuje się jego imię. Pyta o mój adres – chce mi wysłać zaproszenie na ślub. Pamiętał. Ze wzruszenia aż ściska mnie w gardle. Będę z niecierpliwością czekał na tę uroczystość, a potem w ostatniej chwili okaże się, że nie mogę pojechać, bo nie ma mnie kto zastąpić w szpitalu.

12 października 2010, wtorek

Ostatnia pacjentka w groteskowo przepełnionej poradni położniczej prosi o rozwiązanie ciąży przez cesarskie cięcie z powodu traumatyczności poprzedniego porodu waginalnego. To dosyć częsta prośba, głównie dlatego, że każdy poród waginalny jest traumatyczny. Starszy stażysta, który przyjmował ją ostatnio, zrobił mądrą rzecz i poprosił szpital, w którym wcześniej rodziła, o jej dokumentację medyczną. Przeglądam teraz te papiery, żeby dowiedzieć się, co tak szczególnie traumatycznego miało miejsce w trakcie jej pierwszego porodu.

Miała długi poród zakończony użyciem kleszczy, w jego trakcie doszło do rozerwania szyjki macicy, którą później zszyto na sali operacyjnej. W nocy dostała masywnego krwotoku, który spowodował zatrzymanie akcji serca. Skutecznie ją reanimowano – w końcu leżała w szpitalu – i zabrano ją z powrotem na salę operacyjną, żeby ponownie zszyć pęknięcie szyjki macicy. Brzmi to nieprawdopodobnie, ale podczas drugiej operacji wszystko potoczyło się jeszcze gorzej – doszło do uszkodzenia jelita cienkiego. W efekcie lekarze musieli usunąć jelito mniejsze i wyłonić stomię. Do karty leczenia szpitalnego dołączono listy od jej psychiatry dokumentujące powolny proces leczenia zespołu stresu pourazowego, którego przyczyną były wydarzenia związane z porodem oraz rozpad jej małżeństwa. A teraz proszę. Zrobiła to znowu. Ta kobieta jest tak twarda, że moglibyście na niej złamać diamentowe wiertło. Powinna dostać to, czego chce.

Wyznaczam termin planowej cesarki. To miłe uczucie mieć poprzeczkę zawieszoną tak nisko, że cokolwiek zrobimy, prawdopodobnie i tak będziemy lepsi od naszych poprzedników.

14 października 2010, czwartek

Byłem trochę zdziwiony, kiedy pierwszy raz zdarzyło mi się, że pacjentka zaczęła pisać SMS-a w trakcie badania ginekologicznego. Dzisiaj podczas pobierania wymazu z szyjki macicy pacjentka prowadziła z kimś rozmowę wideo.

17 października 2010, niedziela

Późno w nocy zostaję wezwany na salę porodową do dystocji barkowej*.

Dziecko jest bardzo duże, jego szyja jest tak mocno wciśnięta w krocze matki, że zrobiły mu się cztery podbródki. Poród prowadzi doświadczona położna; wiem, że na pewno spróbowała wszystkiego, co mogłoby pomóc. Nie staramy się udawać przed rodzącą, że nie dzieje się nic złego, ale akurat ta pacjentka to marzenie każdego lekarza – jest spokojna i reaguje na każde nasze polecenie.

Opróżniam pęcherz kobiety za pomocą cewnika, układam jej nogi w pozycji McRobertsa i wywieram ucisk w miejscu nad spojeniem łonowym. Nigdy nie miałem do czynienia z taką dystocją. Wszystkie moje wysiłki na nic – dziecko ani drgnęło. Proszę superwizorkę położnych, żeby sprawdziła, czy w budynku jest jakiś ginekolog specjalista. Przechodzę do manewru rotacyjnego Wooda – żadnych efektów. Próbuję uwolnić tylny bark dziecka – znowu nic nie wskórałem. Proszę pacjentkę, żeby przyjęła pozycję na czworakach, i wykonuję te same manewry co wcześniej. Wysyłam położną, żeby zadzwoniła do pełniącej dyżur specjalistki. Ta patowa sytuacja

* Dystocja barkowa to prawdziwy koszmar dla położników – główka dziecka opuszcza kanał rodny, ale ramiona pozostają uwięzione w środku. Przez cały ten czas do mózgu dziecka nie dociera tlen, więc nieodwracalne uszkodzenie tego narządu jest kwestią zaledwie kilku minut. Wszyscy regularnie ćwiczymy, jak poradzić sobie z taką sytuacją. W głowę wdrukowane mamy akronimy, które pomagają nam zapamiętać poszczególne etapy procedury; obudzeni w środku nocy potrafilibyśmy powtórzyć sekwencję ruchów wszystkich koniecznych w tym przypadku manewrów położniczych. Są to: manewr McRobertsa (maksymalne uniesienie i przyciśnięcie nóg rodzącej do jej brzucha), ucisk nadłonowy, manewr rotacyjny Wooda (ręczne przemieszczenie barku dziecka w znieczuleniu) i uwolnienie tylnego barku dziecka.

trwa już pięć minut jeśli chcemy, żeby dziecko przeżyło, musimy przełamać impas.

Mogę zrobić jeszcze trzy rzeczy. Pierwsza to manewr Zavanellego polegający na wepchnięciu główki dziecka do środka i wykonaniu awaryjnego cesarskiego cięcia. Nigdy nie miałem okazji przyjrzeć się, jak ktoś wykonuje tę procedurę, ale jestem pewien, że potrafiłbym sobie z tym poradzić. Jestem również pewien, że dziecko tego nie przeżyje.

Mogę też złamać obojczyk dziecka, dzięki czemu jego ciało będzie mogło pokonać kanał rodny. Też nigdy tego nie widziałem. Zupełnie nie wiem, jak się do tego zabrać. To niezwykle trudna procedura nawet dla dużo bardziej doświadczonych lekarzy ode mnie.

Trzecia opcja to symfizjotomia – przecięcie kości łonowej, skutkujące poszerzeniem kanału rodnego. Tego też nigdy nie miałem okazji zobaczyć, ale jestem pewien, że bez trudu sobie z tym poradzę. Co jeszcze ważniejsze, jest to najszybszy sposób na wyciągnięcie dziecka na świat. Przez telefon informuję dyżurującą specjalistkę, co zamierzam zrobić. Moja rozmówczyni pyta, jakie kroki podjąłem do tej pory, i upewnia się, czy wiem, jak przeprowadzić symfizjotomię. Jest w domu, ale przyjedzie do szpitala, chociaż oboje wiemy, że kiedy tu dotrze, będzie już po wszystkim. W dobrym lub złym znaczeniu tego wyrażenia.

Jeszcze nigdy w całej mojej medycznej karierze nie znalazłem się w tak trudnej sytuacji: za chwilę złamię pacjentce miednicę, ale dla jej dziecka i tak może być za późno. Zanim przytknę skalpel do jej brzucha, podejmuję ostatnią próbę uwolnienia tylnego barku dziecka. Wszystkie wykonane przeze mnie wcześniej manewry i zmiana pozycji matki, zmieniły trochę ułożenie dziecka. Uwalniam ramię malucha i wyciągam jego wiotkie ciało na zewnątrz. Położna przekazuje noworodka pediatrom. Czekając na pierwszy krzyk (którego możemy się nie doczekać), przypominam sobie fragment ze starego podręcznika położnictwa opisujący zakończony sukcesem poród z dystocją barkową jako „wysiłek mięśni jak po jakiejś piekielnej żonglerce" i w zupełności rozumiem, co autor miał na myśli. Dziecko zanosi się płaczem. Alleluja. Położna wybucha łzami. Pediatrzy muszą jeszcze tylko sprawdzić, czy nie doszło do niedowładu Erba*. Po chwili jeden z nich szepcze mi do ucha, że z obiema rączkami dziecka wszystko wydaje się być w porządku.

Matka ma pęknięcie krocza trzeciego stopnia. Oczywiście wolałbym, żeby do tego nie doszło, ale jest to tylko drobny skutek uboczny, który nie ma większego znaczenia, jeśli weźmiemy pod uwagę, czego udało nam się właśnie uniknąć. Proszę położną, żeby przygotowała salę do zabiegu zszycia krocza. Będę miał teraz dwadzieścia minut na uzupełnienie dokumentacji i poziomu kofeiny we krwi. Nie mija nawet minuta, a podchodzi do mnie starszy stażysta i pyta, czy mógłbym szybko wyciągnąć próżniociągiem dziecko w sali obok.

* Niedowład Erba to porażenie splotu ramiennego wynikające ze zbyt silnego pociągnięcia za szyję dziecka.

20 października 2010, środa

Być może nieporozumienie wyniknęło stąd, że ojczystym językiem tego starszego stażysty jest grecki. Być może zapomniał o naszej wcześniejszej rozmowie – zaproponowałem wtedy, że pomogę mu przy badaniach USG. Być może powinienem użyć sformułowania „określić płeć płodu". Sądząc po jego wyrażającej zdumienie i obrzydzenie minie oraz po tym, jak szybko uciekł w głąb korytarza, z całą pewnością nie powinienem był wesoło zawołać do niego: „Chcesz zobaczyć, jak sprawdzam, co dziecko ma między nogami?".

21 października 2010, czwartek

Przeglądam dokumentację medyczną pacjentki, która zapisana jest na dziś do poradni ginekologicznej. Poznaję nazwisko.

Przerzucając kolejne strony, natrafiam na list, który napisałem w marcu do jej internisty, i dostrzegam okropny błąd w formułce kończącej list – opuściłem słowa „wahać się".

Jeśli ma Pan jakieś wątpliwości, proszę nie pytać.

Zadziałało. Żadnej próby kontaktu.

27 października 2010, środa

Idę do naszej poradni medycyny pracy, żeby zrobić test na HIV. Trzy miesiące temu ukłułem się w palec igłą, która miała kontakt z krwią seropozytywnej pacjentki. Co prawda liczba kopii wirusa w krwi kobiety utrzymywała się poniżej poziomu wykrywalności, nie mogę jednak powiedzieć, żebym zupełnie nie przejął się tym małym wypadkiem. Wciąż miałem to z tyłu głowy niczym nieuregulowaną niedopłatę podatku.

Trochę zdenerwowany zamieniam kilka zdań z pobierającym mi krew rezydentem. Pytam go, czy ginekolog położnik zarażony wirusem HIV nadal może wykonywać swój zawód. „Nie będziesz mógł przeprowadzać żadnych procedur medycznych. Wykluczy cię to z pracy na oddziale, na sali operacyjnej, podczas dyżurów. Zostanie ci chyba tylko możliwość przyjmowania pacjentek w poradni".

Nic nie mówię, ale usłyszawszy to, przestaję bać się ewentualnej diagnozy*.

31 października 2010, niedziela

W trakcie imprezy halloweenowej u znajomych dostrzegam kogoś, kogo, jak mi się wydaje, skądś już znam. Pewnie ze szkoły.

Podchodzę, żeby się przywitać. Nie dostrzegam błysku rozpoznania w oczach rozmówcy. To nie szkoła. Może studia? Też nie.

Gdzie się wychowałeś? Pracowaliśmy razem? Mężczyzna pewnie zdaje sobie sprawę, że będzie to dla mnie nieco krępujące, ale mając na uwadze własne zdrowie psychiczne, powstrzymuje mój słowotok i informuje mnie, że prawdopodobnie widziałem go w telewizji – ma na imię Danny i jest prezenterem. Choć przyznaję, że jego personalia wydają mi się znajome, upieram się, że poznałem go w innych okolicznościach. Tym razem to on jest trochę skrępowany. Na szczęście pojawia się

* Od 2013 roku seropozytywni lekarze z niewykrywalną wiremią mogą operować. Jest to efekt dziesięciu lat przekonywania ustawodawcy i opinii publicznej, że w takich okolicznościach ryzyko zarażenia pacjenta jest naprawdę znikome. Na wypadek gdybyście zastanawiali się, czy szykuje się tutaj jakiś nieprzyjemny zwrot akcji, dodam, że w mojej krwi nie wykryto wirusa HIV.

jego żona i brakująca część układanki wskakuje na swoje miejsce – jakiś rok temu robiłem jej cesarkę.

Wymiana uścisków dłoni, przytulaski, okrzyki: „Co za zbieg okoliczności!". Danny jest w żartobliwym nastroju. „Jak to dobrze, że to była cesarka" – mówi. Głupio by mu było rozmawiać z facetem, który widział pochwę jego żony. Mam ochotę powiedzieć mu, że widziałem pochwę jego żony, kiedy zakładałem jej cewnik. Gdybym jeszcze dodał, że w trakcie operacji widziałem też drugi koniec jej pochwy, jego mózg pewnie by eksplodował. Oczywiście nic nie mówię, na wypadek gdyby wcale nie żartował. Nie chcę, żeby sytuacja stała się jeszcze bardziej krępująca.

8 listopada 2010, poniedziałek

Wisienką na torcie dzisiejszego wyjątkowo koszmarnego nocnego dyżuru (z kompletnie bezużytecznym rezydentem na zastępstwie) była nagła cesarka o godzinie 7.45, przeprowadzona piętnaście minut po teoretycznym końcu mojego dyżuru. Nocna zmiana wyglądała dziś tak: cesarka, kolejna cesarka, poród z próżniociągiem, poród kleszczowy, kolejna cesarka... Potem straciłem już rachubę, ale odebrałem jeszcze kilkoro dzieci. I teraz jako ukoronowanie tego wszystkiego – kolejna cesarka. Jestem wykończony, najchętniej poczłapałbym do ludzi z porannej zmiany i przekazał im ten przypadek. Zrobiłbym to, gdyby stan dziecka nie był preterminalny*.

Od dwunastu godzin nie miałem okazji usiąść ani zamknąć na dłużej oczu. Nietknięta kolacja leży w mojej szafce. Przed chwilą przez pomyłkę powiedziałem do położnej „mamo". Biegniemy na salę operacyjną.

* Stan preterminalny oznacza w tym kontekście sytuację, w której dziecko umrze, jeśli szybko czegoś nie zrobimy.

Błyskawicznie przeprowadzam cesarskie cięcie. Ciało dziecka jest wiotkie, ale pediatrzy coś tam po swojemu czarują i po chwili dziewczynka wydaje z siebie pierwszy krzyk. Wyniki gazometrii krwi pępowinowej potwierdzają, że podjęliśmy właściwą decyzję. Zszywając pacjentkę, czuję się, jakbym był na haju.

Kiedy wychodzimy z sali operacyjnej, jeden z pediatrów prosi mnie na słowo. Mówi, że wykonując nacięcie macicy, skaleczyłem dziecko w policzek. Nie jest to nic poważnego, ale chce, żebym o tym wiedział. Od razu idę zobaczyć dziecko i porozmawiać z rodzicami. Nacięcie nie jest głębokie ani długie. Nie będzie szycia ani blizny. Nie da się jednak ukryć, że jest to mój błąd. Przepraszam rodziców, którzy chyba nie przejęli się zbytnio tym incydentem. Są cali zakochani w swojej małej cudownej (i tylko nieznacznie okaleczonej) córeczce. Rozumieją, że musieliśmy się spieszyć z wyciągnięciem jej na świat. I wiedzą, że czasem zdarza się coś, czego nikt nie przewidział. Chcę im powiedzieć, że takie rzeczy nie powinny mieć miejsca. Że coś takiego nigdy wcześniej mi się nie zdarzyło. I że niemal na pewno nie doszłoby do tej sytuacji, gdyby była to jedna z pierwszych cesarek na moim dyżurze.

Wręczam im ulotkę przygotowaną przez PALS (Zespół ds. poradnictwa i kontaktów z pacjentami) – nie są zainteresowani tym, co w niej napisano. Mało brakowało, a straciłbym prawo do wykonywania zawodu. Mało brakowało, a biedne dziecko straciłoby zdrowie. Kilka centymetrów wyżej i uszkodziłbym mu oko. Kilka centymetrów głębiej – krwotok i blizna do końca życia. Medycyna zna przypadki dzieci, które zmarły z powodu ran będących wynikiem cesarskiego cięcia. Dokumentuję przebieg rozmowy z rodzicami, wypełniam formularz wypadku przy pracy, robię wszystko, czego wymaga ode mnie system, który w żaden sposób nie zapobiega takim wypadkom, a wręcz im sprzyja. Niedługo ktoś z kierownictwa udzieli mi delikatnej lub mniej delikatnej reprymendy, ale pewnie nie przyjdzie mu do głowy, że przyczyny tego typu wypadków leżą głębiej*.

11 listopada 2010, czwartek

Do poradni leczenia niepłodności zgłosiło się pewne małżeństwo. Podejrzewam, że mężczyzna może cierpieć na infekcję przewodu moczowego, dlatego wręczam mu plastikowy pojemniczek i proszę, żeby udał się do toalety i dostarczył mi próbkę do badań. Mężczyzna bierze pojemniczek, przygląda mu się badawczo przez kilka sekund, po czym wychodzi z gabinetu. Kiedy wraca (nad podziw szybko), w pojemniczku znajduje się kilka mililitrów spermy. Przypuszczam, że to moja wina – nie wyraziłem się wystarczająco precyzyjnie. Skutki tego nieporozumienia mogły być zresztą o wiele gorsze – mężczyzna mógł na przykład wypróżnić się do pojemniczka, utoczyć do niego nieco krwi albo wbić sobie szpikulec w komorę mózgu i dostarczyć mi porcję płynu mózgowo-rdzeniowego.

Zastanawiam się, czy kłopoty tej pary z poczęciem dziecka nie biorą się przypadkiem z tego, że facet podczas seksu oddaje mocz do pochwy żony.

* Niemal dekadę wcześniej w trakcie moich studenckich wakacji pracowałem w tym samym szpitalu jako sekretarz medyczny. Wszyscy pracownicy biurowi musieli robić sobie dwudziestominutową przerwę po dwóch godzinach wpatrywania się w ekran komputera z uwagi na obowiązujące ich przepisy BHP.

14 listopada 2010, niedziela

Jest niedziela, pora lunchu. Brak postępów porodu u pacjentki R.Z. powoduje, że konieczna staje się cesarka. Pacjentka nie ma nic przeciwko temu, ale obiekcje zgłasza jej mąż – nie chce, żebym to ja odbierał poród, ponieważ jestem mężczyzną. Oboje małżonkowie są ortodoksyjnymi muzułmanami i podobno zapewniono ich, że podczas porodu będą mogli liczyć na opiekę zespołu położniczego złożonego z samych kobiet. Odpowiadam, że nie mam pojęcia, kto im to powiedział – rzeczywiście, często się zdarza, że wśród dyżurujących lekarzy są także kobiety, ale nasza praca odbywa się w systemie rotacyjnym i w tej chwili wszyscy obecni na oddziale lekarze to mężczyźni. Mężczyzną jest także dyżurujący w domu lekarz specjalista.

„Czyli twierdzi pan, że w całym szpitalu nie ma ani jednej lekarki?"

„Nie, proszę pana. Twierdzę, że w całym w szpitalu nie ma ani jednej lekarki, która mogłaby wykonać cesarskie cięcie. Jestem pewien, że udałoby mi się znaleźć lekarkę, która mogłaby udzielić pańskiej żonie porady dermatologicznej".

Wygląda na to, że pacjentka jest skłonna zaakceptować mój udział w porodzie, ale mąż nie daje jej dojść do głosu. Kontynuujemy naszą coraz bardziej jałową dyskusję.

„Kiedy na oddziale pojawi się jakaś lekarka?"

„Kiedy rozpocznie się kolejna zmiana, czyli za siedem godzin. Siedmiogodzinna zwłoka byłaby bardzo niebezpieczna dla waszego dziecka".

„Czy porodu nie mogłaby odebrać położna?"

„Nie, nie mogłaby. Nie może tego zrobić także sprzątaczka".

W poszukiwaniu moralnego wparcia dzwonię do pełniącego dyżur lekarza specjalisty, który proponuje mi, żebym przebrał się za kobietę – odnoszę wrażenie, że nie był to tylko żart. Wracam do sali porodowej.

„Czy według Koranu nie jest przypadkiem tak, że w nagłych przypadkach operacja może zostać przeprowadzona przez mężczyznę?" – pytam i przypominam, że właśnie z takim przypadkiem mamy do czynienia.

Powołanie się na Koran to czysty blef, ale mam przeczucie, że ta święta księga mogłaby zawierać jakąś wzmiankę na ten temat. Małżonkowie proszą, bym dał im pięć minut, po czym wykonują kilka telefonów. W końcu mąż pacjentki podchodzi do mnie i oznajmia, że zgadzają się, żebym to ja odebrał poród. Mówi to takim tonem, jakby uważał, że powinienem być za to wdzięczny. I rzeczywiście, jestem wdzięczny, ale tylko dlatego, że chcę bezpiecznie sprowadzić na świat jego dziecko – a nie dlatego, że obchodzi mnie, co sądzi na ten temat jego (lub jakikolwiek inny) Bóg. Poza tym nie miałem żadnego planu B i skóra cierpnie mi na samą myśl o górze papierkowej roboty, z jaką musiałbym się zmierzyć, gdyby pacjentka i jej mąż nie wyrazili ostatecznie zgody na przeprowadzenie przeze mnie cesarki.

Zjawia się anestezjolog (rzecz jasna, mężczyzna), który znieczula pacjentkę przed operacją, a ja w tym czasie zastanawiam się, czy takie sytuacje nie będą zdarzać się coraz częściej. Być może powinniśmy wziąć przykład z czyścicieli toalet i rozstawiać na oddziale żółte tablice ostrzegawcze z napisem: „Uwaga! Dyżur pełnią położnicy płci męskiej".

Wkrótce potem na sali operacyjnej przychodzi na świat ich córeczka. Zdrowa mama i zdrowe dziecko – to wszystko, na czym zależy każdemu położnikowi. Rodzice dziewczynki powinni się cieszyć, że poród przebiegł bez żadnych komplikacji; wiele rodzin, które pojawiają się na naszym oddziale, nie ma tyle szczęścia.

Kiedy jest już po wszystkim, mąż pacjentki dziękuje mi wylewnie i przeprasza, że zmarnował tyle mojego czasu i przysporzył mi niepotrzebnego stresu; zapewnia też o swojej wdzięczności za wszystko, co dla nich zrobiłem. Tak jak większość mężczyzn, którzy mają po raz pierwszy zostać ojcami, był prawdopodobnie niezwykle przejęty i zdenerwowany całą sytuacją. Obawa przed wiecznym potępieniem zapewne również zrobiła swoje.

Świeżo upieczony tata dodaje, że wybiera się właśnie do sklepu, i pyta, czy czegoś nie potrzebuję. Kusi mnie, żeby sprawdzić, jaka byłaby jego reakcja, gdybym poprosił o kanapkę z bekonem, butelkę smirnoffa i działkę amfy.

18 listopada 2010, czwartek

Miałem być w domu punktualnie o dziewiętnastej, a tymczasem jest już 21.30, a ja dopiero co wyszedłem ze szpitala. To dość wymowne, że z powodu pracy muszę przełożyć odbiór rzeczy z mieszkania, z którego niedawno się wyprowadziłem. Na plus mogę zapisać to, że ponura kawalerka, w której obecnie mieszkam, oddalona jest tylko o dziesięć minut drogi od szpitala.

22 listopada 2010, poniedziałek

Pacjentka z niezbyt silnym bólem brzucha, czekająca na badanie na izbie przyjęć, zajmuje coraz niższą pozycję na liście moich priorytetów, w miarę jak spiętrzają się przede mną kolejne obowiązki na oddziale. Próbuję właśnie ustabilizować pacjentkę z poważnym stanem przedrzucawkowym, kiedy dzwoni do mnie wściekły rezydent z izby przyjęć.

„Jeśli natychmiast nie przyjdziesz na izbę, pacjentka będzie oczekiwać na badanie dłużej niż zakładają nasze wytyczne*".

„OK, ale jeśli teraz do niej przyjdę, moja obecna pacjentka umrze". W słuchawce zapada cisza.

Mija dobrych pięć sekund, podczas których wkurzony rezydent zastanawia się zapewne, co powinien mi odpowiedzieć, żebym w końcu przyszedł na izbę przyjęć i zaoszczędził mu mnóstwa kłopotów. Ja tymczasem dumam nad systemem, który jest tak bardzo nastawiony na osiąganie arbitralnie ustalonych celów, że mój rozmówca poświęca tyle czasu na wymyślenie tej riposty.

„W porządku. Przyjdź, kiedy będziesz mógł – stwierdza wreszcie. – Ale wcale mi się to nie podoba".

Parametry życiowe mojej pacjentki wracają do normy. Żebym tylko nie zapomniał powiedzieć jej później, że musi wystosować pisemne przeprosiny do rezydenta z izby przyjęć.

26 listopada 2010, piątek

Prowadzę dziś konsultacje przedoperacyjne. Ostatnia w kolejce jest Q.S., starsza pani uskarżająca się ostatnio na krwawienia z pochwy – w związku z tym ma przejść

* Ponieważ w szpitalach pracujemy pod zbyt małą presją, rząd wymyślił sobie, że wszyscy pacjenci, którzy zgłoszą się na izbę przyjęć, powinni zostać przyjęci na oddział lub wypisani do domu przed upływem czterech godzin, niezależnie od tego, czy mają udar, czy uderzyli się w duży palec u stopy. Jeśli więcej niż 5 procent pacjentów zostanie obsłużonych po upływie tego czasu, na placówkę nakładana jest kara finansowa. Zarząd szpitala dostaje wtedy szału i daje odczuć swoją złość pracownikom izby przyjęć.

u nas histeroskopię. Pacjentce towarzyszy jej syn, ubrany w czerwone spodnie arogancki typ, święcie przekonany, że im gorzej będzie traktował członków szpitalnego personelu, tym skuteczniej ich przekona, jak ważną jest personą, i tym lepszą opieką medyczną zostanie otoczona jego matka. Co ciekawe, przekonanie to podziela wielu pacjentów. Niestety, jest ono najzupełniej słuszne. Personel medyczny zdaje sobie sprawę, że to właśnie takie osoby najczęściej składają skargi do PALS, zwykle z byle powodu – wystarczy, że ukruszy im się lakier na paznokciu u stopy.

Po każdym zadawanym mi przez syna pacjentki pytaniu muszę coraz mocniej gryźć się w język. „Ile razy wykonywał pan taki zabieg?" „Czy tym nie powinien zajmować się wasz lekarz specjalista?" Gdyby działo się to w restauracji, a ja byłbym kelnerem, to właśnie doprawiałbym moją śliną i spermą porcję wołowiny po burgundzku zamówionej przez tego typa. Ale Q.S. to urocza starsza pani i nie każę jej cierpieć tylko dlatego, że jej syn to dupek. Badanie dobiega końca. „Proszę leczyć ją tak, jakby to była pańska matka" – napomina mnie syn pacjentki. Zapewniam go, że wcale by tego nie chciał.

2 grudnia 2010, czwartek

Na popołudniowym dyżurze na oddziale położniczym towarzyszy mi bardzo zdolna starsza stażystka. Prosi mnie, żebym przyjrzał się wynikom badania kardiotokograficznego, które przeprowadziła u jednej z pacjentek. Przychylam się do jej opinii, że z uwagi na zagrożenie płodu niezbędne będzie wykonanie cesarskiego cięcia. Pacjentka i jej mąż to doprawdy urocza para; niedawno się pobrali, to będzie ich pierwsze dziecko. Rozumieją sytuację i konieczność przeprowadzenia cesarki.

Stażystka pyta, czy może przeprowadzić operację z moją asystą. Pacjentka trafia na salę operacyjną, a moja młodsza koleżanka przystępuje do przecinania kolejnych warstw powłok brzusznych: skóry, tkanki tłuszczowej, mięśni, otrzewnej ściennej, otrzewnej trzewnej, macicy. Po nacięciu macicy zamiast płynu owodniowego wypływa z niej krew. Dużo krwi. Musiało dojść do przedwczesnego odklejenia łożyska*. Zachowuję spokój i polecam stażystce, by wydobyła dziecko z otwartego brzucha – ona jednak twierdzi, że nie jest w stanie tego zrobić, bo coś blokuje jej dostęp. Przejmuję pałeczkę. Wyciągnięcie dziecka utrudnia nieprawidłowo położone łożysko. Okazuje się, że pacjentka miała niezdiagnozowane łożysko przodujące. Powinno to zostać rozpoznane podczas jednego z badań ultrasonograficznych – ciążę należało zakończyć cesarskim cięciem jeszcze przed rozpoczęciem naturalnego porodu. Wydobywam łożysko, a następnie dziecko, które, jak wszystko wskazuje, jest już martwe. Pediatrzy próbują je reanimować, ale bez powodzenia.

Pacjentka wciąż obficie krwawi z macicy – straciła już litr krwi. Po kilku chwilach to już dwa litry. Zakładam szwy, ale nie powstrzymuje to krwawienia; nie skutkują również podane pacjentce leki. Polecam natychmiast wezwać dyżurującą na oddziale lekarkę specjalistkę. Pacjentka jest teraz pod ogólną narkozą i przetaczamy jej krew; jej mąż zostaje poproszony o opuszczenie sali operacyjnej. Utrata krwi wynosi już pięć litrów. Próbuję

* Przedwczesne odklejenie łożyska to powikłanie ciąży polegające na tym, że całe łożysko lub jego część odrywa się od ścianek macicy. Ponieważ to właśnie za pośrednictwem łożyska płód otrzymuje tlen oraz wszystkie substancje odżywcze, przedwczesne odklejenie tego narządu może mieć bardzo poważne konsekwencje.

założyć pacjentce szwy kompresyjne*, ale to także nie przynosi rezultatu. Z całych sił zaciskam obie dłonie na macicy – to jedyny sposób, w jaki mogę zmniejszyć krwawienie.

Na salę operacyjną dociera lekarka specjalistka. Ona także podejmuje próbę założenia szwów kompresyjnych, ale krwawienie z macicy wciąż się utrzymuje. W oczach doświadczonej lekarki dostrzegam panikę. Anestezjolog informuje nas, że nie jest w stanie przetaczać pacjentce płynów na tyle szybko, by mogło to rekompensować ich utratę; istnieje poważne ryzyko, że dojdzie do uszkodzenia narządów wewnętrznych. Specjalistka dzwoni do jednego ze swoich kolegów – nie pełni on w tej chwili dyżuru, ale to najlepszy, najbardziej doświadczony chirurg, jakiego zna. Przez dwadzieścia minut na przemian ściskamy łożysko rękami. W końcu pojawia się chirurg wezwany przez specjalistkę i natychmiast przeprowadza histerektomię, dzięki czemu udaje się wreszcie opanować krwawienie. Pacjentka zostaje przewieziona na oddział intensywnej terapii. Ktoś uprzedza mnie, że powinniśmy być przygotowani na najgorsze. Specjalistka opuszcza salę, by porozmawiać z mężem pacjentki. Jakiś czas później próbuję napisać raport na temat przebiegu operacji, ale nie jestem w stanie – przez godzinę po prostu siedzę i płaczę.

* Szwy kompresyjne to bardzo duże szwy, którymi ściska się macicę, co pozwala na zahamowanie krwawienia.

10

Epilog

To był ostatni wpis w moim dzienniku i powód, dla którego nie będę już starał się być zabawny na kilku ostatnich stronach tej książki.

Wszyscy w szpitalu byli dla mnie bardzo mili i powiedzieli mi to, co należy powiedzieć w takiej sytuacji: że to nie moja wina; że nie popełniłem żadnego błędu. Zwolnili mnie z reszty zmiany i odesłali do domu. Jednocześnie czułem się, jakbym zaledwie skręcił sobie kostkę. Wciąż słyszałem pytania, czy dobrze się czuję, ale wszyscy oczekiwali, że przyjdę do pracy następnego dnia. Tak jakby wystarczyło wcisnąć guzik z napisem „reset". Nie chcę przez to powiedzieć, że uważam moich byłych współpracowników za nieczułych czy bezmyślnych – problem leży w samym zawodzie lekarza. Nie możecie zakładać na ramię czarnej opaski za każdym razem, kiedy coś pójdzie nie tak, nie możecie wziąć sobie miesiąca urlopu „z przyczyn osobistych", bo takie wydarzenia to szpitalny chleb powszedni.

Pracując w publicznej służbie zdrowia, z trudem wyszarpiecie dla siebie urlop zdrowotny, więc nie spodziewajcie się, że wasi przełożeni będą patrzeć przychylnym okiem na takie wymysły jak chęć odzyskania równowagi emocjonalnej po strasznym dniu w pracy. Lekarze nie mogą nawet przyznać się, jak szkodliwe dla ich psychiki są tego typu sytuacje. Jeśli chcecie leczyć ludzi i nie zwariować, musicie przekonać samych siebie, że uczestnictwo w takim horrorze to normalna część tej pracy. Tak jak w *Czarnoksiężniku z Krainy Oz* – nie wolno wam patrzeć za zasłonę. Od tego zależy wasze zdrowie psychiczne.

Byłem już wcześniej świadkiem śmierci dziecka. Zdarzało mi się widzieć kobiety walczące o życie na szpitalnym łóżku. Tym razem jednak było inaczej. Kiedy wydarzyła się ta okropna sytuacja, byłem najbardziej doświadczonym lekarzem na oddziale, byłem osobą, na której spoczywała cała odpowiedzialność. I zawiodłem.

Oczywiście nie dopuściłem się żadnego zaniedbania, nikt nawet nie sugerował, że było inaczej. Naczelna Izba Lekarska, oceniając, czy doszło do zaniedbania obowiązków, zawsze zadaje to samo pytanie: „Czy pana koledzy i koleżanki z pracy postąpiliby inaczej w tej samej sytuacji?". Moi koledzy i moje koleżanki postąpiliby dokładnie tak samo i osiągnęliby dokładnie ten sam rezultat. Ale to mi nie wystarczało. Wiedziałem, że gdybym był lepszym lekarzem – superspostrzegawczym, supersumiennym, superjakimś-tam – mógłbym wejść do tej sali godzinę wcześniej. Mógłbym zauważyć pewne subtelne zmiany na wykresie KTG. Mógłbym ocalić życie dziecka i zdrowie matki. Nie potrafiłem uwolnić się od tych gdybań.

Następnego dnia wróciłem do pracy, ale jako zupełnie inny lekarz – nie akceptowałem najmniejszego ryzyka. Jeśli tętno dziecka zwolniło o jedno uderzenie serca na minutę, zarządzałem cesarkę. Nie pozwalałem przeprowadzić jej żadnemu starszemu stażyście ani młodszemu rezydentowi. Sam musiałem wziąć skalpel do ręki.

Znałem statystyki mówiące o tym, że zbyt wiele ciąż kończy się cesarskim cięciem. Wiedziałem, że odbieram moim młodszym kolegom i koleżankom szanse na doskonalenie umiejętności. Ale postępując w ten sposób, minimalizowałem ryzyko, że komuś stanie się coś złego. Więc było warto. Wcześniej podśmiewałem się z nadmiernie ostrożnych lekarzy specjalistów. Przewracałem oczami, kiedy tylko odwracali głowę. Teraz ich rozumiałem. Wszyscy oni musieli uporać się z własnymi gdybaniami. I właśnie w taki sposób to robili.

Ja, niestety, nie uporałem się z tym, co mi się przytrafiło, a jedynie próbowałem jakoś sobie z tym radzić. Powinienem był pójść do psychologa. Właściwie to szpital powinien był zająć się zorganizowaniem mi takiej wizyty. Przez pół roku ani razu się nie roześmiałem. Każdy mój uśmiech był zaledwie wymuszonym grymasem – przytłaczał mnie smutek. Ale żadnej ze stron nie wypadało poruszyć tego tematu. Taka zmowa milczenia sprawia, że ci, którzy najbardziej potrzebują pomocy, nie otrzymują jej.

Wiedziałem, że mimo mojej wzmożonej czujności wkrótce wydarzy się kolejna tragedia. Nie da się wszystkiemu zapobiec. Pewna świetna lekarka specjalistka powiedziała kiedyś swoim stażystom, że zanim przejdą na emeryturę, każdy z nich będzie miał swój własny autobus pełen martwych noworodków i dzieci z porażeniem mózgowym. Uświadomiła młodym adeptom medycyny, że na ich dyżurach z pewnością dojdzie do wielu „powikłań", jak to się określa w szpitalnym żargonie. I dodała, że jeśli nie będą potrafili sobie z tym poradzić, źle wybrali zawód. Może gdybym usłyszał kiedyś coś takiego, zastanowiłbym się dwa razy nad tym, co robię. Najlepiej byłoby, gdyby taka przestroga dotarła do moich uszu, gdy podchodziłem do matury i już na serio postanowiłem władować się w ten bajzel.

Zapytałem dyrekcję szpitala, czy mogę przejść na niepełny etat („Tylko gdyby zaszedł pan w ciążę") i zacząłem zastanawiać się nad rozpoczęciem specjalizacji z interny. Oznaczałoby to jednak degradację do stopnia starszego stażysty i kilkuletnie szkolenie na izbie przyjęć, w szpitalach psychiatrycznych i poradniach zdrowia dziecka. Nie chciałem cofać się tak daleko tylko po to, żeby zrobić krok do przodu, tym bardziej że wcale nie byłem pewien, czy byłby to krok w dobrym kierunku.

Przerwałem szkolenie specjalizacyjne i bez większego entuzjazmu zająłem się badaniami naukowymi. Od czasu do czasu brałem też zastępstwa w prywatnych placówkach medycznych, dbając o to, żeby się zbytnio nie przepracować. Po kilku miesiącach zawiesiłem jednak na kołku swój stetoskop. Skończyłem z medycyną.

Nie zwierzyłem się nikomu z powodów, dla których postanowiłem odejść z zawodu. Być może powinienem był mówić o tym otwarcie; może spotkałbym się ze zrozumieniem. Moi rodzice zareagowali na moją decyzję tak, jakbym im oznajmił, że jestem sądzony za podpalenie. Początkowo w ogóle nie byłem w stanie o tym mówić; potem po prostu nie poruszałem tego tematu. Kiedy ktoś mnie indagował, przywdziewałem maskę klauna i serwowałem ciekawskiemu rozmówcy garść anegdotek o przedmiotach, jakie zdarzyło mi się wyciągać z ludzkich odbytów, i o pacjentach „mówiących przezabawne rzeczy". Niektórzy z moich najbliższych przyjaciół poznają szczegóły tej historii dopiero teraz, gdy przeczytają moją książkę.

Obecnie jedyne zabiegi, z jakimi mam na co dzień do czynienia, to zabiegi stylistyczne – zajmuję się bowiem pisaniem i redagowaniem scenariuszy seriali komediowych. Zły dzień w pracy oznacza teraz tyle, że zepsuł mi się laptop albo że fatalny sitcom osiągnął fatalne wyniki oglądalności – żadne z tych wydarzeń nie ma w gruncie rzeczy większego znaczenia. Nie mogę powiedzieć, by brakowało mi tego, co oznaczał zły dzień w czasach, gdy byłem jeszcze lekarzem, ale przyznaję, że brakuje mi tamtych dobrych dni. Tęsknię również za moimi kolegami z pracy i za pomaganiem ludziom. A także za poczuciem, jakie towarzyszyło mi w drodze ze szpitala do domu – za świadomością, że dokonałem czegoś wartościowego. No i mam wyrzuty sumienia z powodu tego, że społeczeństwo wydało tyle pieniędzy na moje wykształcenie i szkolenia, a ja pewnego dnia po prostu odwróciłem się na pięcie i poszedłem w zupełnie inną stronę.

Wciąż odczuwam bardzo silną więź z profesją lekarską – tak naprawdę bowiem nigdy nie przestaje się być lekarzem, w każdym razie nie do końca. Nadal podbiegam do każdego poszkodowanego w wypadku rowerzysty, leżącego bezwładnie na środku drogi; nadal odpisuję na SMS-y od przyjaciół moich przyjaciół, którzy proszą o poradę w sprawie kłopotów z zajściem w ciążę. Dlatego w 2016 roku, kiedy rząd wypowiedział lekarzom wojnę – zmuszając ich do pracy jeszcze cięższej niż wcześniej, w dodatku za mniejsze niż poprzednio pieniądze – poczułem solidarność z moimi byłymi kolegami po fachu. A kiedy ten sam rząd zaczął powtarzać kłamliwe tezy o chciwości lekarzy, którzy mieliby kierować się w swojej pracy chęcią zarobienia jak największych pieniędzy – a także innymi niskimi pobudkami, tylko nie troską o pacjentów – ogarnęła mnie wściekłość. Bo wiedziałem, że to nieprawda.

Młodzi lekarze przegrali tamtą bitwę przede wszystkim dlatego, że ich rozsądne, oparte na faktach i wygłaszane spokojnym głosem argumenty nie przebiły się przez hałaśliwy i nienawistny język, jakim posługiwali się rządzący. Uświadomiłem sobie wtedy, że każdy pracownik służby zdrowia – każdy lekarz, pielęgniarka, położna, farmaceuta, fizjoterapeuta i ratownik medyczny – musi przez cały czas głośno mówić o tym, jak naprawdę wygląda jego praca. Żeby następnym razem, gdy minister zdrowia zacznie powtarzać swoje oszczerstwa o tym, że lekarze pracują wyłącznie dla forsy, opinia publiczna zdawała sobie sprawę z niedorzeczności tych zarzutów. Czy ktokolwiek przy zdrowych zmysłach parałby się takim zajęciem, gdyby nie kierowały nim szlachetne pobudki? Jeśli o mnie chodzi, to nie życzyłbym nikomu pracy w tym zawodzie. Jednym z powodów, dla których darzę takim szacunkiem osoby trwające na pierwszej linii frontu w państwowej służbie zdrowia, jest to, że – jak się okazało – ja sam nie potrafiłem wytrwać na tym posterunku.

Pisząc tę książkę sześć lat po odejściu z zawodu, spotkałem się z kilkudziesięcioma dawnymi kolegami i koleżankami z pracy. Z ich relacji wyłania się przygnębiający obraz kondycji, w jakiej znajduje się dziś NHS. Każdy z moich rozmówców opowiadał o trwającym exodusie z zawodu lekarza. Kiedy rezygnowałem z praktykowania medycyny, moje odejście było anomalią, drobnym zakłóceniem w matriksie. Dziś w każdym szpitalnym grafiku dyżurów zieją wyrwy po odejściu lekarzy, którzy wdrożyli w życie swój plan B – i pracują teraz w Kanadzie lub w Australii, w firmach farmaceutycznych albo w City.

Większość moich rozmówców przyznawała, że oni sami również rozglądają się za inną pracą – a przecież są wspaniałymi, pełnymi pasji lekarzami. To tyranizujący ich politycy odebrali im motywację do pozostania w zawodzie. Pomyśleć tylko, że kiedyś ci sami lekarze przekładali dla tej pracy własne śluby.

W moich rozmowach z lekarzami powracał stale jeszcze jeden temat: to, jak wyraźnie i szczegółowo pamiętali oni wszystkie smutne i złe rzeczy. Mózg zapisuje taki materiał w jakości HD. Lekarze potrafią podać numer sali, w której rozegrały się jakieś tragiczne wydarzenia, choć już od dziesięciu lat nie pracują w tamtym szpitalu. Pamiętają buty, jakie nosił mąż pacjentki, i piosenkę, którą nadawano wtedy w radiu. Nawet doświadczonym starszym specjalistom drży głos, gdy opowiadają o najbardziej tragicznych epizodach swojej kariery – wyobraźcie sobie niemal dwumetrowego faceta, twardego gościa, który na studiach grywał w rugby na pozycji skrzydłowego napastnika, a teraz z trudem powstrzymuje łzy. Jeden z moich przyjaciół opowiedział mi o tym, jak musiał kiedyś wykonywać pośmiertne cesarskie cięcie: martwa pacjentka leżała na podłodze, a on rozcinał jej brzuch, by wydobyć z niego dziecko. Noworodek przeżył. „To ją powinieneś uratować! To ją powinieneś uratować!" – krzyczał zrozpaczony ojciec dziecka.

Nie jestem kimś, kto powie wam, jak radzić sobie z żalem i smutkiem – i nie o tym jest ta książka. To po prostu opis przeżyć lekarza, jednego z wielu, dający pewne wyobrażenie o tym, jak naprawdę wygląda ta praca.

Obiecajcie mi na koniec jedno: kiedy następnym razem rząd zabierze się za demolowanie publicznej służby zdrowia, nie przyjmujcie bezkrytycznie tych wszystkich głodnych kawałków, jakie próbują wciskać wam politycy. Pomyślcie o wyrzeczeniach, jakie ponosi codziennie każdy pracownik służby zdrowia zarówno w pracy, jak i w życiu prywatnym. I pamiętajcie, że każdy z nich stara się wykonywać swoje arcytrudne zadanie najlepiej, jak potrafi. Wasz pobyt w szpitalu bywa dla nich dużo trudniejszym przeżyciem niż dla was.

List otwarty do ministra zdrowia

Roger Fisher, profesor prawa na Uniwersytecie Harvarda, zaproponował w 1981 roku, by amerykańskie kody nuklearne wszczepić do serca kogoś, kto dobrowolnie zgodzi się na takie poświęcenie. Gdyby prezydent USA zechciał nacisnąć duży czerwony przycisk i w konsekwencji doprowadzić do śmierci setek tysięcy niewinnych ludzi, musiałby najpierw wziąć rzeźnicki nóż i własnymi rękami wyciąć z piersi ochotnika kody umożliwiające odpalenie rakiet – w ten sposób miałby okazję przekonać się osobiście, jak to jest zabić człowieka, i lepiej zrozumiałby konsekwencje swoich działań. Profesor Fisher uważał, że dzięki temu żaden prezydent nigdy nie zdecydowałby się na naciśnięcie atomowego guzika.

Powinniśmy wprowadzić u nas coś podobnego. Pan, panie ministrze, a także pański następca oraz wszyscy, którzy przyjdą po nim, powinniście mieć obowiązek przepracowania kilku zmian ramię w ramię z młodszymi lekarzami. Nie chodzi mi o to, co praktykuje się obecnie – gdy dyrektor jakiegoś szpitala oprowadza pana po nowiutkim oddziale, który lśni niczym stacja kosmiczna. Nie. Powinien pan spróbować uśmierzyć ból chorego na raka; zobaczyć na własne oczy, jak amputuje się nogę ciężko rannej ofierze wypadku; odebrać poród martwego dziecka. Bo nie wierzę, by jakikolwiek człowiek, nawet pan, mógł zdawać sobie sprawę z tego, jak naprawdę wygląda praca młodych lekarzy, i jednocześnie miał czelność podawać w wątpliwość motywację tych ludzi. Gdyby rzeczywiście wiedział pan, na czym polega ich praca, biłby im pan brawo i byłby z nich dumny, chyliłby pan przed nimi czoła i czuł wdzięczność za wszystko, co robią.

Sposób, w jaki postępuje pan z młodymi lekarzami, ewidentnie nie poprawia stanu naszej służby zdrowia. Stanowczo więc radzę, by zasięgnął pan jeszcze czyjejś opinii.

Podziękowania

Ogromnie dziękuję Jess Cooper i Cath Summerhayes z Curtis Brown. Jess, bardzo mi przykro, że musiałaś tyle razy czytać tę książkę, będąc w zaawansowanej ciąży. Dziękuję też Francesce Main, mojej niesamowitej redaktorce – chciałbym jakoś bardziej spektakularnie wyrazić moją wdzięczność, ale brak mi słów. Jak zwykle.

Dziękuję Jamesowi, mojemu drugiemu pilotowi.

Podziękowania niech przyjmą także doktorzy Kay, Kay, Kay i Kay. Sophie – będziesz dużo lepszym położnikiem niż ja. Dan – dokonałeś właściwego wyboru, sprzeciwiając się rodzinnej tradycji i wybierając prawo. Mamo, tato – bardzo was kocham.

Dziękuję każdemu z wydawnictwa Picador, a w szczególności Ami Smithson, Dusty'emu Millerowi, Paulowi Martinovicowi, Tomowi Noble'owi, Paulowi Baggaleyowi, Kish Widyaratna, Christine Jones, Stuartowi Dwyerowi, Caitrionie Row, Lucy Hine i Kate Tolley.

Dziękuję Markowi Watsonowi, bez którego to wszystko nie doszłoby do skutku. Dziękuję Jane Goldman za pokazanie mi, jak pisze się dłuższe kawałki. Danowi Swimmerowi za żarcik, który mi podsunął (Knob-in-Fan Persie to jego pomysł). Justinowi Myersowi za jego dryg do słów. Gerry'emu Farrelowi za tytuł. Stephenowi

McCrumowi za pierwszą pracę w telewizji po tym, jak rzuciłem medycynę. Caroline Knight za poradnictwo medyczne („Wyrzuć ten fragment. Po przeczytaniu czegoś takiego ludzie nie będą chcieli mieć dzieci"). A także producentom rumu Diplomático.

Dziękuję moim dawnym kolegom i koleżankom z pracy za wspólne przebieżki i wspominki. Szczególne podziękowania niech przyjmą doktorzy: Jones, Tanner, Gibson, Norbury, Trever, Henderson, van Hegan, Bonsall, Harvey, Heeps, Rehman, Bayliss, Saundersdywizvest, Laycock, McGinn, Lillie, Mansoori, Kupelian, Steingold, O'Neill, Biswas, Lieberman, Webster, Khan, Whitlock i Moore.

Dziękuję także Annie Welander, Megan McCluskie, Karlowi Websterowi, Zoe Waterman, Nikki Williams, Timowi Bittlestone'owi, Mike'owi Wozniakowi, Jacksonowi Sargeantowi, Cath Gagon, Jamesowi Seabrightowi, Paulowi Sullivanowi, Annie Cullum, Michaelowi Howardowi, Trish Farrell i każdemu, o kim zapomniałem.

Bez podziękowań dla Jeremy'ego Hunta.